L'esprit de sérail

Du même auteur
aux éditions Payot

Le Livre des séductions, Paris, « Petite Bibliothèque », 1996, nouvelle édition 2002.

Encyclopédie de l'amour en Islam. Érotisme, beauté et sexualité dans le monde arabe, en Perse et en Turquie, Paris, 1995.

La Féminisation du monde, Paris, 1996. Réédité sous le titre *Psychanalyse des Mille et Une Nuits*, Paris, « Petite Bibliothèque », 2002.

Formation de l'identité politique, Paris, « Petite Bibliothèque », 1998.

Traité du raffinement, Paris, 1999.

Du désir, Paris, 2000.

Malek Chebel

L'esprit de sérail

Mythes et pratiques sexuels au Maghreb

Édition revue et corrigée

Petite Bibliothèque Payot

La première édition de cet ouvrage portait
en sous-titre : « Perversions et marginalités sexuelles
au Maghreb » (Lieu commun, 1988).

NOTES DE L'ÉDITEUR

Dans ce texte, Islam, avec une initiale majuscule, renvoie à la communauté, transnationale, des croyants (l'*Oumma*) et à l'aire spatio-temporelle, historique, politique et culturelle du monde musulman.
Par contre, islam, avec une initiale minuscule, se rapporte à la religion, *stricto sensu*, à ses lois, ses codes et ses pratiques (comme christianisme ou judaïsme).

Au professeur Jean Laplanche

PRÉFACE
À LA DEUXIÈME ÉDITION

Que l'expression « esprit de sérail » soit devenue une notion commune aux recherches sur le Maghreb n'est pas le moindre des paradoxes de cette étude, qui se cantonnait initialement à l'univers restreint des sciences humaines. Mais voilà. Faisant fi de son inscription d'origine, l'accueil du public lui avait peu à peu fait une place de choix parmi les lectures de fond sur cette question. Les lecteurs ont fait mieux, car *L'Esprit de sérail*, ce livre, donc, n'était pas sauvé par l'*establishment* qui régentait alors les bonnes et les mauvaises lectures sur le Maghreb. L'esprit d'authenticité et de conviction de l'œuvre a prévalu sur les lois de pouvoir, sur le sérail, justement, car après-coup, et contre toute attente, celui-ci a emboîté le pas à ceux qu'il pensait museler, interdire de choix. Depuis, à l'intérieur du monde arabe et de l'islam, cette étude a généré une série de travaux sociologiques qui ne se limitent plus à comptabiliser les versets coraniques ou à rappeler les propos de tel ou tel prédicateur du passé : ils se permettent enfin d'interroger, de comprendre et d'approfondir la réflexion sans préjuger des résultats, encore moins de leur conformité. Imperceptiblement, un souffle de liberté s'est mis à souffler. Aussi le succès de *L'Esprit de sérail* tient-il au fait suivant : pour la première fois dans l'histoire de la recherche, la réflexion sur la sexualité au Maghreb, l'homosexualité arabe et les marginalités sexuelles en islam était *dépénalisée*. Ce n'était pas seulement l'objet d'étude qui subissait une mutation décisive, mais également le regard et l'attitude qui présidaient à sa naissance et qui le conduisaient.

Pourtant, un tel regard ne manquait pas d'être intransigeant quant à la méthode ; il se distinguait en outre du discours dogmatique et religieux et ne s'embarrassait d'aucun contenu moral. Au fil du temps, sa pertinence était devenue plus grande à mesure que les questions de l'*intime* commençaient à se poser. On découvrit soudainement, sans toutefois l'accepter (même aujourd'hui), que l'homosexualité n'était pas un mal étranger que les touristes emmenaient avec eux, puisqu'elle leur préexistait. On commençait à percevoir les effets néfastes des bonnes et vertueuses apparences, dans la mesure où ce qui se tramait derrière la prude société maghrébine n'était rien moins qu'un ensemble de perversions sexuelles plus ou moins identifiées et que personne ne semblait voir.

Parallèlement, une question plus insidieuse s'immisçait dans la conscience de ceux qui étaient à l'écoute : y a-t-il d'autres manifestations possibles de l'être arabo-berbère au Maghreb, distinctes du monotype que l'on connaît et comment allaient-elles émerger ?

Depuis dix ans, nous assistons à une transformation radicale de la notion de morale publique et des conduites individuelles qui s'ensuivent. À cet égard, et sans être nommé en tant que tel, le point de vue de l'*intime* – et de l'*intériorité* – traverse de part en part cette recherche et s'impose aux logistiques traditionnelles, lesquelles sont généralement affectées d'une parfaite cécité quant aux destins de l'éros.

Au moment de sa première parution, les rares travaux qui avaient cours sur cette question se limitaient à exposer les contextes dans lesquels la sexualité musulmane trouvait sa place, sans pousser la curiosité jusqu'à en dévoiler le sens caché. Au reste, s'en étaient-ils donné les moyens, lorsqu'ils se suffisaient à des exposés classiques de jurisprudence ou de théologie normative et lorsque leur interprétation brillait par sa ténuité et sa concision ? Peu de chercheurs pouvaient encore se risquer en dehors du cercle confortable et très conventionnel du juridisme ambiant et de l'emphase littéraire. C'est dire qu'à sa publication, *L'Esprit de sérail* a surtout contrasté par son *amoralisme* apparent. Pourtant, il ne s'agissait pas pour nous de juger des conduites, sans doute légitimes, ou de les justifier selon une grille personnelle qui aurait été tout aussi subjective. Il s'agissait de les décrypter, de les comprendre et, si besoin était, d'expliquer des pans entiers du système patriarcal qui, à la faveur de courants de pensée archaïques, s'est installé dans cette région du monde. Dès lors, le retournement d'attitude était complet, car pour la première fois on pouvait parler d'homosexualité sans être taxé de déviance ou de voyeurisme ; pour la première fois, dans une langue étrangère, l'érotisme homosexuel arabe, la sensibilité lesbienne, les dualités psychiques, le statut de l'androgyne et de l'eunuque, l'obscénité, le tabou de la virginité, la misogynie, ainsi que les diverses manies érotiques, étaient traités sans qu'il soit question de morale, de condamnation ou de peine, encore moins de *faute*.

L'autre dimension introduite par cet ouvrage concerne la pluralité des approches. Nous n'étions pas seulement en psychanalyse ou en anthropologie, en morale ou en histoire, mais dans l'échange systématique et spontané, presque naturel, de toutes ces disciplines. Partout et à chaque fois que nous pouvions leur emprunter un concept, un mot, une tournure d'esprit, nous l'avons fait sans craindre le courroux de l'Académie. Le seul objectif qui nous animait était de servir au mieux la lisibilité du travail, d'en faciliter l'accès au lecteur. Pour une fois, étant aussi valables les unes que les autres, plusieurs disciplines conjuguaient leurs structures explicatives et leurs concepts dans la complémentarité et dans le respect mutuel qu'elles se doivent.

Il va sans dire que la liberté qui a soufflé sur le contenu a affecté la forme, puisque non seulement la forme elle-même était nouvelle (on se permettait enfin de pratiquer une pluridisciplinarité qui restait alors théorique), mais on osait lui donner un corps, une saveur, une densité.

Depuis dix ans, *L'Esprit de sérail* continue à rendre ces menus services, au point où toutes les questions liées aux structures du pouvoir à l'intérieur du harem peuvent enfin se structurer et s'aménager autour des données nouvelles qu'il avait introduites dans le champ de la pensée. Cette réédition montre combien cette nouveauté, éclairée d'ailleurs par les nombreuses questions collectives qui se sont posées au public et que ce livre a largement anticipées (voile des jeunes filles musulmanes, prix de la chasteté prémaritale, nouvelle morale islamique), reste encore d'actualité.

M.C.
Septembre 1995.

PRÉLIMINAIRES

Les textes qui vont suivre et qui constituent autant de chapitres distincts – par leur contenu immédiat – que de chapitres solidaires – par leur nature – ont le Maghreb arabo-berbère pour champ d'émergence et la sensibilité traditionnelle pour horizon. Dans le traitement des sujets, nous n'avons voulu rompre à aucun dogme particulier, si l'on entend par dogme un discours ou une idéologie sclérosante, une contrainte discursive, voire un alignement imaginatif et intellectuel évoquant telle ou telle discipline. Pourtant, l'islam, par nombre de ses aspects, est une religion qui s'est construite autour d'un « dogme », et sa réalité actuelle n'aurait aucune cohésion s'il n'y avait la permanence d'un discours unifiant et commun d'archétypes, d'idées, de croyances animées de congruence. Notre lecture du Coran est une lecture attentive à la modernité du texte sacré (car cette modernité existe) et à l'intelligence d'une parole qui n'aurait jamais survécu si elle ne disposait de réponses adaptées à notre monde actuel, dans tous ses compartiments. En effet, la coloration socio-économique de l'Arabie ancienne, terre de naissance du texte coranique, s'avère, à l'analyse, bien moins contraignante que l'esprit scolastique dans lequel certains interprètent, momifient, ou tentent de momifier, l'extrême pertinence des concepts coraniques. La dimension épiphanique du Coran est donc prise comme une réalité tangible, car le croyant se situe dans cette même disposition pour accueillir au mieux le signe religieux. Cela nous amène à évoquer ce que nous appellerions *l'anthropologie des signes au Maghreb*, sans pouvoir malheureusement trop nous étendre sur le sujet.

Cette *anthropologie des signes* n'est pas un simple argument technique ou une ruse épistémologique. Elle nous semble, au contraire, fondatrice d'un ordre, celui de la compréhension des manifestations sexuelles au Maghreb et de leur analyse dans le creuset de la religion islamique, laquelle est le moteur puissant de la cohésion sociale et un élément actif de son identification. Aucun discours sur la société maghrébine actuelle ne peut faire l'économie d'une référence soutenue à l'islam, aux textes sacrés et à ceux que la tradition *(isnâd)* a consacrés : historiettes qui tiennent parfois en quelques lignes et relatant les faits du prophète Mohammed jalousement consignées, *hadiths*, apophtegmes des saints et autres paroles pieuses. Il est vrai, pourtant, que l'islam, tout en répondant à la majeure partie des questions qui apparaissent au sein du social, n'est pas – en lui-même – la société. Et celle-ci est extrêmement sourcilleuse en ce qui concerne les signes de la marginalité (sexuelle ou autre) au Maghreb. Si bien que le discours qui tente de déplacer les « signes périphériques » de la sensibilité maghrébine pour les ramener vers le « centre », en en faisant le motif d'une interrogation parée d'objectivité, est soit un discours irresponsable, inauthentique et donc « malade », soit au contraire un discours dit « responsable et sain », dont la virulence même risque d'en faire un adversaire intransigeant de l'édifice idéologico-mythique en vigueur. Sans faire œuvre de militant des causes perdues, il est aisé d'observer que la palette des sensibilités, en exercice de nos jours au Maghreb (ce que nous appelons les « signes »), est singulièrement répressive lorsqu'il s'agit de légiférer (au sens large du terme) et de réagir aux marginalités sexuelles. D'une certaine manière, les époques d'opulence que connut le monde arabo-musulman, par leur créativité (poétique, artistique, scientifique, etc.) et leur organisation de classe (domesticité, libéralisme princier, dépendance univoque des manants, pouvoir central, esclavagisme outrancier, dispositifs d'oppression, etc.) avaient tenu un discours plus cohérent sur l'ensemble des marginalités, bien qu'il ne se présentât point dans une complète docilité par rapport au dogme. La vie de cour, oisive et certainement ennuyeuse à certains moments, avait su sécréter de nombreux palliatifs. Les empires se bousculaient. Rois, princes et autres gouvernants rivalisaient d'imagination dans l'impérieuse nécessité de rajeunir les mœurs d'alors et de les adapter aux raffinements auxquels ils étaient supposés – à tort ou à raison – aboutir. Après les Ommeyades, les Abbassides et l'Espagne andalouse, le monde arabe, sombrant dans la léthargie, avait entraîné les expressivités populaires, les marginalités sexuelles et toutes les autres créations comportementales dans un véritable abîme de silence que la paupérisation, de plus en plus marquée, avait définitivement sécularisées. De là à déduire que les excentricités sexuelles n'étaient qu'une pure et simple création de cours princières, il n'y a qu'un pas qu'Ibn Khaldoun avait naguère franchi en montrant majestueusement la dégénérescence de la vie urbaine par opposition à la vie bédouine, incarnation de l'idéal le plus élevé de son époque.

Mais, depuis, ce qui apparaissait comme le pôle de référence de la moralité sexuelle s'est quelque peu perverti au profit d'une généralisation de conduites qui atteint indifféremment les mondes de grande « urbanité », intellectuels, commerçants repus de richesses matérielles, aristocrates en mal de dilettantisme, rêveurs de tous acabits et le monde paysan, dur, féru de grands espaces et cultivant parfois l'une des plus constantes perversions que l'être humain ait joyeusement pratiquées.

Indépendamment de cet aspect transversal des conduites marginales, il faut rappeler que la religion se fonde souvent sur une économie de signes dont l'apparence la plus immédiate et la plus franche n'est autre que la sécularisation.

Sécularisation de la pensée d'abord qui interdit la réflexion jusqu'à ses méandres enfouis. Sécularisation aussi des conduites qui attentent d'une manière ou d'une autre à un dogme conçu parfois comme un couvercle de fer forgé d'un chaudron en ébullition. Sécularisation enfin de l'agir quotidien, celui de la consommation, celui du plaisir, celui de l'échange. C'est ainsi que l'anthropologie sexuelle maghrébine déploie ses appartements dans un espace conquis par la référence à la sécularisation comme condition préalable et comme rappel constant de la Loi.

L'essai que voici débute par un chapitre où la condition de la sécularisation est en partie battue en brèche par la force et le dynamisme des « marginalités sexuelles ».

Le deuxième chapitre sera consacré au langage obscène. Il nous aidera à comprendre la place qu'occupent les divers personnages de la constellation familiale et la façon dont ils sont connotés, donc appréciés ou vilipendés, par le groupe social.

Avec le tabou de la virginité, nous aborderons le rythme de croisière et l'axe même de cette recherche qui s'est élaborée à équidistance entre le terrain, au Maghreb même, laboratoire irremplaçable permettant une observation directe, vivante, participative, le « laboratoire des gestes », et l'université, autre laboratoire irréductible où se forgent les concepts et les développements théoriques.

Le quatrième chapitre sera un hommage à la « perversité » du vêtement, séculaire par excellence, qu'est le voile. Nous lui trouvons des liens étroits avec la sphère sexuelle et notamment avec cette partie de la sexualité qui, à aucun moment, ne dira son nom au risque de disparaître en fumée, à savoir la « séduction ».

Quant au chapitre suivant, par son contenu même, il s'élargit à toute la sensibilité arabe en offrant une vision de la littérature érotique arabe qui nous est propre et qui s'occupe, en partie, de savoir si cette littérature, féconde à ses heures, va enfin se reproduire et fertiliser notre goût du genre dans un « ici et maintenant » dénué de fausse pudeur et d'hypocrisie.

Les *tzaghârid* sont un art vocal symbolisant la fête. Avec des exécutions différentes, cet art recouvre l'ensemble du Maghreb et du monde arabe. Au IVe siècle avant Jésus-Christ, Hérodote l'Halicarnassien le signalait déjà dans son *Enquête*, lorsqu'il évoque le cas de la Libye ancienne. Ses remarques sont d'un intérêt historique certain, mais elles s'arrêtent en surface. Par essence, notre approche sera différente de celle préconisée par le père de l'Histoire. Elle s'attachera à mettre en lumière la signification originelle en analysant les retombées au plan du vécu émotionnel et au plan des relations. Les *tzaghârid* ont l'avantage d'être, à ce stade du travail, une sorte de pont reliant les chapitres précédents à ceux qui suivront tout en préservant au mieux son identité propre et son autonomie.

En effet, l'ouvrage est conçu de telle manière que toutes les parties soient simultanément autonomes les unes des autres et solidaires tout à la fois. Cette solidarité est sous-tendue par la notion d'« anthropologie sexuelle ». Ainsi, le chapitre consacré à la circoncision rappellera-t-il, plus que tout autre, et presque contre toute attente, la prééminence de cette anthropologie sexuelle au détriment des idéologies sociales, construites parfois à l'image de systèmes magiques qui refusent l'expérience et la déduction scientifiques. Nous parachèverons cette recherche par l'évocation d'une attitude complexe, distinctive de la mentalité maghrébine sans être aucunement son seul privilège (car on en rencontre de semblables ailleurs, notamment autour du bassin méditerranéen) : l'« esprit de sérail », lequel aura deux prothèses particulières, des appendices mentaux, presque archétypaux, qui s'appellent *jalousie* et *appropriation*.

En définitive, un coup sérieux sera donné à la sécularisation de la conduite et de la pensée dans un domaine où les poncifs sont nombreux et où la « bonne parole » (la parole dogmatique) interdit quasiment de penser autrement, sous peine d'anathème immédiat.

CHAPITRE PREMIER

Homosexuels, pervers et androgynes

Évoquer les marginalités sexuelles dans le monde arabe actuel relève de la gageure. L'évolution des mentalités ne se prête pas aisément à une analyse qui vise les fondements mêmes de l'ordre sexué dans cette zone culturelle, mais nous sommes convaincu de la nécessité de « nommer » la diversité des penchants humains et peut-être même d'« épingler » le discours là où il tente d'émerger. Bien que la religion propose une vision plus ou moins complète de la vie sexuelle, il est de la plus haute importance de dépasser cette aune, de la contourner, si besoin est, tout en l'éclairant par d'autres feux que ceux traditionnellement retenus[1].

Il est étrange en effet que le silence soit aussi épais sur une multitude de questions qui ont marqué, à leur heure, la vie sociale et délimité l'horizon sensible de dynasties qui enjambèrent les siècles. Car, aujourd'hui, tout fonctionne en effet comme si l'homosexualité n'avait pas existé en terre d'Islam, que l'éphèbe n'avait jamais constitué, aux différents stades de la civilisation arabe, le personnage le plus proche du Prince (et donc du politique) et que l'androgyne, l'hermaphrodite *(al-khûnta)*, n'avait point donné du fil à retordre aux traditionnistes* musulmans. Il est certain que les marginalités sexuelles ne sont plus de nos jours ce qu'elles ont été, mais de là à les nier, à biffer même jusqu'à leur existence d'antan, il y a un fossé que nous ne voudrions pas franchir, persuadés que nous sommes que l'opération de colmatage, d'annihilation des signes et d'obturation de toutes les fissures du passé ne suffit pas à évacuer indéfiniment la question. Dans ce chapitre, nous tenterons de cerner la figure complexe de la « marginalité sexuelle », quelle qu'elle soit, non pas seulement parce qu'elle éveille en nous la curiosité de ce qu'il y a d'éminemment obscur et de fascinant, mais aussi – et c'est bien là l'essentiel – parce que c'est l'occasion d'établir une sorte de « carte des émois », de tous ces émois rebelles, non autorisés et non autorisables qui structurent en contrepoint notre imaginaire le plus quotidien. Nous parlerons aussi bien des attirances sexuelles pour le même sexe, douces homophonies sibyllines que l'adolescent pratique dans une sorte d'euphorie et d'inconsistance frisant l'esthétisme pur, que des manies les plus discrètes, ou encore des perversions, de l'inceste, de la misogynie et d'autres conduites relevant de la sphère intangible de l'éros asocial.

Éros en marge

Oui, mais en marge de quoi ? De la société, sans doute. Il ne faut pas aller plus loin pour voir poindre le sceptre du clerc tout-puissant et son prolongement naturel, la morale. Car il est un fait qu'aucun observateur ne pourra dénier, c'est que l'évocation de toute forme de « marginalité sexuelle » est taxée

* Ce terme, quelque peu néologique, nous permet d'identifier les maîtres et exégètes « autorisés » de la tradition *(N.d.A.)*.

de malédiction. Parler ou vivre une sexualité « hors normes » est ici, plus que partout ailleurs, une œuvre des plus impies. Mais, déjà, le simple fait d'en parler et le simple fait de lire quelque texte rédigé dans toute autre intention que punitive semblent correspondre aux yeux de la morale publique à une faute ou à la consommation d'un interdit. Bien que ce travail ne cherche d'aucune manière à faire l'apologie d'aucune sexualité spécifique, il risque d'être la rencontre de plusieurs « marginalités », envisagées sur le plan de la psychopathologie et sur celui de la sociologie culturelle.

Tout d'abord, il est indispensable de replier un voile épais, aux doubles coutures : celui du silence gêné. L'homosexuel maghrébin existe et fleurit : toutes les marginalités sexuelles coexistent là, comme ailleurs, même si, ici, elles sont moins bien connues que là. Cette inclination naturelle de la minorité sexuelle au Maghreb est, ni plus ni moins, aussi baroque, aussi richement assortie que toutes les autres sensualités et, *a fortiori*, que la sensualité méditerranéenne.

Le procès d'exclusion qui atteint l'expression de la marginalité sexuelle pourrait être celui-là même qui induit le discours discriminateur du sexe socialement dominant, de telle manière que l'individu, exclu pour sa non-appartenance à la norme sexuelle approuvée, l'est également pour des besoins de cohérence sociale. Autrement dit, par sa reconnaissance même, la marginalité est du même coup suspectée, chassée avec intransigeance et parfois rendue responsable de nombreuses incursions dans les mœurs de la majorité conventionnelle. La réinsertion de la marginalité n'a qu'un seul prix à payer : celui du « bouc émissaire ». En somme, la marginalité sexuelle constitue un bon indice d'appréciation de la morale en vigueur, de la tolérance et surtout de la créativité comportementale de la société. Nous évoquerons en premier lieu la « créativité » homosexuelle.

Le fait homosexuel

À vrai dire, l'ambiguïté qu'entretient le Maghrébin avec l'homosexualité est le reflet de tout le poids social qui pèse sur ce sentiment. Le refoulement de la séduction masculine, qu'elle soit franche homosexualité *(liwât)* ou simple homophilie, est en effet très marqué. Le vocabulaire qui en rend compte exprime à lui seul le caractère délétère attribué à toute attirance pour le même sexe. Dans ce chapitre, nous évoquerons donc l'homosexualité masculine et féminine sous leur forme « simple » (homosexualité duelle, souvent de type fonctionnel, courante et occasionnelle à la fois), les « apparences ambiguës », les fortes et faibles personnalités sexuelles, la place de l'éphèbe dans la littérature bachique ancienne et dans les usages des cours ommeyades, l'androgyne sur lequel n'arrivent pas à statuer les exégètes du Coran, de même que de l'hommasse, la femme garçonne, les travestis, etc., autant dire, toute la gamme des sexualités qui relient les pôles de la virilité extrême à la féminité totale. Entre ces extrêmes, tout un peuple d'appréciateurs, d'amateurs éclairés et de pervers, de dilettantes végète : ils sont voyeurs, exhibitionnistes invétérés, bisexuels actifs, uranistes aux affectivités troubles. La panoplie est aussi large ici qu'ailleurs et rien ne distingue un pervers d'un autre pervers que la situation inédite dans laquelle se joue leur déviation. Mais l'empreinte sociale particulière au Maghreb sera suffisamment forte pour faire de cette aire le lieu de l'évitement et de l'interdiction absolue de la liaison intrasexuelle. Les signes de l'appartenance sexuelle doivent être, en cette occurrence, distincts et ne prêter à aucune confusion possible : l'homme est sommé d'agir en conséquence et d'afficher autant que possible des comportements expurgés de toute ambivalence : cela constitue un paradigme essentiel. Douter de la masculinité d'un homme – alors qu'il s'évertue ostensiblement à en produire des marques appuyées – prend parfois des allures d'un affront suprême, car chacun sait que la virilité en terre arabe est chose tangible. On ne la questionne point, elle se propose, bruyante et brûlante, auréolant de sacré l'ensemble de l'univers sexuel.

Or nul ne peut évoquer ces sentiments sans prendre en considération le contexte particulier dans lequel ils émergent et, partant de là, toutes les déterminations qu'il subit : sociales, morales, religieuses et culturelles. Aussi les comportements sont-ils à ce point tranchés (un homme doit réagir comme ceci, une femme doit se tenir comme cela) qu'il est malaisé pour un jeune Maghrébin – tutélarisé jusqu'au rêve – d'admettre la moindre vibration hétérodoxe pour un compagnon sans se faire vertement conspuer. Mieux encore, et à supposer qu'il arrive à concevoir ses élans, que ceux-ci rencontrent l'oreille connivente, il lui faut d'abord faire le vide dans ses jugements, chasser ces mots par trop évocateurs qui soufflent : « faute » *(khatâ)*, « interdit » *(harâm)*, « illicite » *(zinâ)*, etc., qui surdéterminent aussi bien ses actes conscients que ses réactions les plus enfouies.

Pourtant, on serait tenté de dire sans ambages : l'uranisme existe. Bien évidemment, l'observateur n'a en tête que des images d'Épinal, faites, contrefaites, agrandies, fantasmées à loisir sans disposer de moyens sûrs pour les apprécier à leur juste valeur. Encore que la réalité de l'homosexuel maghrébin n'est souvent perceptible qu'au travers d'un échantillon d'images archaïsantes, « commercialement univoques » et soumises à une compartimentation appauvrie. L'omniprésence du couple actif/passif, si elle définit des limites à une relation appelée à survivre par l'acte sexuel lui-même, ne doit pas cacher les divers aspects de l'homosexualité, encore moins en épuiser le sens. De même qu'il est insensé de limiter les virtualités d'un couple hétérosexuel aux moments les plus intenses de la jouissance sexuelle, de même un couple d'homosexuels ne doit-il pas, à lui seul, faire les frais de la nécessité coïtale dénuée de toute projection mentale et affective. Et le corps ? Faut-il absolument contourner son expressivité, détourner son potentiel de vie et en faire un instrument coupable par lequel s'expie la faute du sodomite ? Quelle est cette échelle graduée de la bonne jouissance au nom de laquelle s'élaborent les meilleures stratégies coïtales ? Ces questions reposent sur la présomption selon laquelle la sexualité maghrébine ne se dit pas ; elle est privée de cette parole de grande urbanité qui la rendrait si sublime et si transparente. Généralement, les sentiments, de quelque nature qu'ils soient, sont tus aux proches, aux amis les plus intimes si celui qui les vit ne sait, au préalable, qu'ils seront protégés contre de néfastes jugements. La désignation de l'inversion connaît, elle, des destins tragiques chaque fois qu'elle déborde le cadre restreint du couple consommateur.

Le désir homosexuel est honni, déplacé de son but, mis hors système. L'homosexuel fait parler en lui toutes les « pulsions négatives » et « contre-nature », car il est apparenté dans la conscience végétative à un être « inférieur », « immature » et d'une certaine manière « imparfait ». Sa constitution physique et mentale est « douteuse » et ses émotions sont de pures comédies. La famille entière tremblera à la seule idée que son rejeton soit incapable de s'unir charnellement à une femme, et l'on préférera de beaucoup les dispositions du démon incube à celles du démon succube, la « performance » du violeur à la nature de l'inverti. On conçoit dès lors que la dichotomie homosexuelle soit, culturellement, plus favorable au partenaire actif qu'à son homologue passif ; que l'un soit irrévocablement banni de la sphère sociale et que les appréciations à l'égard de l'autre soient imprégnées d'une complicité qui confine parfois à l'admiration. Rejeté par les siens, renié par ceux-là même qui vont puiser chez lui le peu de tendresse que la société empêche de concrétiser par ailleurs, le sodomite est placé devant une contradiction difficilement réductible. Sous ces latitudes, en effet, l'alternance est simple : mariage ou détresse. Aucune sexualité intermédiaire ne vient soulager ceux qui ne s'identifient guère à l'« étalon de la race » ! C'est ainsi que le penchant sensuel d'un individu pour un compagnon de route du même sexe, la simple vibration, l'émoi le plus enfoui, deviennent tragiques. Pour celui qui les vit, un drame sans nom le poursuit.

Le père de la sociologie maghrébine, le savant Ibn Khaldoûn, en a dressé un tableau sévère, puisqu'il fait de l'homosexualité l'un des facteurs de la corruption des mœurs sociales de son époque, et plus particulièrement de la culture citadine, régulièrement mise dans l'orbite de la dégénérescence : « Une autre cause de la corruption des mœurs de la culture sédentaire, écrivait-il, c'est la tendance au plaisir et l'empressement avec lequel, par goût du luxe, on s'y adonne. On commence par varier la nourriture et la boisson, pour complaire à son estomac. On continue par la multiplication des plaisirs sexuels *(shahawât al-farah)* et la diversification des moyens de faire l'amour *(manâkih)*, de la fornication *(zinâ)* à la pédérastie *(liwât)*[2]. »

Plus récemment, certains auteurs maghrébins, de Rachid Boudjedra à Abdelhak Serhane, ont décrit le confinement, la misère affective et morale et finalement la résurgence – conflictuelle, culpabilisée, violente parfois – de l'homosexualité passive[3]. Il est courant que la distinction entre une homosexualité fonctionnelle et une homosexualité constitutionnelle ne soit pas opérée, car l'homosexualité agit comme une tentation dès lors que l'autre sexe se dérobe et se masque devant les exigences génésiques. Les bonnes mœurs font passer le clivage entre une homosexualité active et une homosexualité passive, cette dernière présentant l'avantage de la clarté apparente contre la confusion des étiologies, et même contre la dichotomie opératoire (passif = négatif/actif = positif), contre la dissolution des rôles. C'est à la suite d'une telle déviation que la société arrive à méconnaître la signification et l'indigence morale des homosexuels dans le monde arabe. C'est donc moins une tartuferie au sens strict qu'une méconnaissance méprisante et un déni complet de la réalité d'un tel élan.

Ce qu'il y a de plus pathétique encore semble pourtant être l'ignorance totale qu'entretient à l'endroit de l'homosexualité la bonne conscience moralisatrice de l'islam orthodoxe. Il est clair que l'identification de l'ensemble de la communauté à cet islam-là fige les rapports intersexuels dans quelque chose qui est à la fois immuable dans le temps et paternaliste et dogmatique dans le choix des partenaires. L'homosexuel lui-même finit par choisir son camp, et parfois ne comprend-il que peu les motivations de ce choix qu'il espère librement consenti. Combien d'homosexuels qui se méconnaissent se sont-ils approchés sans le savoir ? Combien d'émois de nature séductrice ont-ils provoqués les uns chez les autres, en se frôlant, en se touchant peut-être de ces mains fébriles qu'ils tendaient, alanguis ? Combien de jeunes éphèbes se sont-ils pris d'amour pour des ténors plus affranchis qu'eux ? Se doutent-ils seulement que leur dérive chancelante est d'autant plus masquée que le discours légitimiste ne la tolère pas, tout au moins sous sa formulation actuelle : coupable à souhait ! Mais sont-ils victimes ou quelques sujets d'un autre âge, inversés, dépassés par la puissante infrastructure mentale dont s'entoure l'*establishment* du Sexe conventionnel ? Oui, s'en doutent-ils eux-mêmes, savent-ils au moins pourquoi ils se troublent à la vue d'un homme au buste fier, pourquoi ils s'émeuvent tant d'une bourrade masculine et pourquoi ils ne sortent jamais de ces cafés maures grouillant d'hommes de diverses complexions ?

La question admettrait plusieurs réponses s'il ne régnait un calme victorien sur l'homosexualité en général et si la reconnaissance des amours socratiques en terre d'Islam était sensiblement plus avancée qu'elle ne l'est de nos jours. Il reste donc un constat austère, sévère même et une réalité placide, propice à la dramatisation, qui figent les marginalités (et au premier chef l'homosexualité) dans ce qu'elles ont de plus solipsiste et de plus « pervers ». Jusqu'à preuve du contraire ! Ainsi, ce « contraire » que nous rapporte l'ethnologie et auquel nous avons du mal à souscrire tant les témoignages en nombre et concordants nous manquent : « Les pratiques que nous qualifions d'aberrantes, lit-on[4], sont normales dans d'autres sociétés, l'homosexualité en particulier qui jouit souvent d'une approbation unanime du groupe. Tel est le cas des Beni-Brahim de Ouargla qui pratiquent des "mariages d'hommes" avant l'union conjugale normale. »

Est-ce un effet trompeur du « calme victorien » qui règne sur l'homosexualité dans cette partie du monde qui grossit les conduites autochtones d'un peuple et qui donne à ses observateurs le mirage de la grande trouvaille ? Car seuls les observateurs occidentaux semblent admettre la réalité des faits. Ainsi l'auteur de *L'éthique sexuelle de l'Islam*, G.H. Bousquet, pouvait-il écrire : « Quant à l'homme (dans le Maghreb actuel), le péché de *zinâ* (fornication) ne semble pas lui importer beaucoup : les maisons de tolérance sont prospères ; la pédérastie entre les enfants, ou jeunes gens, ne soulève pas d'indignation bien grande. [...] On sait que telle région de Tunisie est particulièrement réputée à cet égard. »

Lesbos ou le royaume des ténèbres

La difficulté de traiter de l'homosexualité masculine est démultipliée lorsqu'il s'agit du monde lesbien. Rien de tel ne paraîtra en effet dans les usages et rien qui puisse nous indiquer telle ou telle piste au détriment d'une troisième. Nous en sommes donc, le plus souvent, réduits à émettre des hypothèses de travail, en redoublant de vigilance quant à la moisson des données recueillies.

La réprobation morale à l'encontre de l'homosexualité se vérifie concrètement lorsqu'on en vient à la publicité que telle ou telle lesbienne fera ou ne fera pas de ses aventures et, partant, l'ensemble de l'information dans ce domaine s'en ressent. Si tous les auteurs sont réduits à conjecturer sur ce type de conduites, c'est que même les récits les plus allégoriques, comme *Les Mille et Une Nuits*, ne présentent finalement qu'une version plutôt mitigée de l'homosexualité en général et du lesbianisme en particulier. Si l'on en croit le lexique des thèmes érotiques qu'avait entrepris Enver Dehoï, dans tous ces contes, un seul cas de pédérastie véritable est rapporté : il s'agit d'un personnage surnommé Mahmoud le Bilatéral évoqué dans le conte « Grain de Beauté » (trad. Mardrus). Jamais évidente, toujours suggérée, l'homosexualité apparaît néanmoins dans une dizaine de contes, si l'on comptabilise aussi bien la simple intention à l'égard d'un individu du même sexe (clin d'œil, attouchement) que la séduction elle-même, en passant par l'homophilie et les poèmes d'amour. Il faut ajouter que l'homosexualité pourrait n'être qu'une étape narrative, une sorte d'artefact contextuel pouvant entraîner des situations où la sexualité est plus conforme à l'entendement du lecteur. Mais la frontière est toujours difficile à distinguer surtout lorsqu'on est face à un bisexuel parfait comme Abû Nuwâs qui ne répugne pas à « déguster » aussi bien la fesse masculine que la fesse féminine, celle des jouvenceaux comme celle des belles servantes. Le traitement du lesbianisme ne sera pas loin de celui de la pédérastie : on dénombre un seul cas véritable de jeux lesbiens dans tous les contes. Sinon, nous avons affaire à un « lesbianisme épisodique » (« Histoire de Camaralzamân ») ou à une hétérosexualité contrariée (harems) dont les cas sont plus nombreux. Le tout reste confus. Aucune description précise des jeux entre les individus en situation, aucune information sur leurs intentions : le conteur devient sibyllin et donne l'impression de déserter l'arène au moment où l'on annonce le début des combats.

En réalité, c'est à un refoulement plus systématique auquel on assiste grâce à cette illustration, car les suppositions vont bon train lorsqu'il s'agit d'interroger la nature des rapports qui régentent – parfois avec une minutie que l'on ne peut imaginer – la vie interne du gynécée. Il est patent que la promiscuité entre femmes de même tempérament, dans des pays qui refusent de rapprocher les deux sexes, entraîne inéluctablement des attitudes de tendresse, lesquelles préludent et installent le lesbianisme dans tous ses droits. La femme sait pourtant qu'il ne s'agit que d'un simulacre, un pis-aller aussi inconfortable que ponctuel. L'homosexualité féminine, à l'image de celle des hommes, est une anomalie que souvent les lesbiennes elles-mêmes se cachent et évitent d'ébruiter ; d'où la difficulté qu'elles ont de trouver l'âme « sœur », le corps complice. Car si, de fait, la situation de l'homosexuel maghrébin est pétrie des aléas que connaissent toutes les minorités, et *a fortiori* les minorités sexuelles dans un monde rigoureusement hétérosexuel, que pourrait être celle de la lesbienne ? Qui se soucie d'elle, en effet, lorsqu'elle refuse avec toute son énergie, avec toute la force de son âme meurtrie, la conjonction, le mariage que le règne mâle lui impose avec cet homme, commerçant aux mains graisseuses et cet autre, bourreau de la chair, elle qui ne souffre aucun contact charnel avec un homme, fût-il le plus dévirilisé ? De quelle couleur est son sang au lendemain de ses noces et comment va-t-elle ressentir l'inévitable pénétration tribale ? Peut-être sa mère sera-t-elle plus avenante et plus doucereuse, mais acceptera-t-elle l'« anomalie » dont est affligée sa fille ?

Le saphisme incarne une abjection, un blasphème à la création divine et, sur le plan social, la plus grande flétrissure qu'une famille puisse connaître, après l'uranisme déclaré de l'un des siens. Lesbiennes et pédérastes forment les deux visages d'une seule et même vilenie, celle des gueux. Comment, dès lors, la lesbienne arrivera-t-elle à se satisfaire dans de telles conditions ? Se suffira-t-elle en se caressant dans le secret de sa couche, tard dans la nuit, lorsque son mari, repu, s'abandonne à son sommeil ou alors cherchera-t-elle une compagne dans la société secrète des gynécées ? L'on en connut quelques-unes, cependant, qui auraient vécu intensément des liaisons passionnelles au grand jour[5] ! Mais le comique anodin bien vite s'en chargea : anomalie rarissime dans l'espèce ! Le groupe social reprit bientôt les rênes et décréta que la déviance n'avait que trop duré. Qu'attendre alors, après l'intervention carcérale des Pères ? La visite hebdomadaire au hammam de ces femmes qui viennent là se prélasser et auxquelles elles passeraient le *ghassoul*[6] sur tout le corps, en s'attardant plus longtemps à certains endroits. Mais comment trouver l'âme sœur dans ce dédale de conventions, dans une région où la seule sexualité admise et vénérée (même par les femmes) est celle de la jouissance hétérosexuelle ? Comment aimer en effet ce que l'on n'a jamais ressenti soi-même, charnellement ?

Qu'est-elle, cette parole usurpée, qu'est-elle, cette sexualité dévoyée et qu'est-elle enfin, cette émotion éprouvée par procuration ? Est-ce le lot de la lesbienne maghrébine ? On le craint…

Et pourtant, si paradoxal que cela puisse paraître, la sexualité féminine et plus particulièrement l'homosexualité féminine profite, encore de nos jours, de la discrétion coupable de tous les mâles de la cité et d'une certaine indifférence des autres femmes, tellement assurées quant à elles de tenir le sceptre royal ! De son côté, la lesbienne maghrébine n'ose pas dire son nom, n'ose pas apparaître au grand jour, ne clame ni son identité ni *a fortiori* son indépendance. Comment le pourrait-elle ? Il y en aurait trop d'un seul coup, étant donné que dans ce domaine l'égalité de base entre les deux sexes ne figure dans aucun projet de société des pays maghrébins[7]. C'est pourquoi la lesbienne maghrébine ne peut actuellement assumer sa différence, encore moins sa position sociale en tant que telle et les émotions qui en naissent. Même si la lapidation ne lui sera guère appliquée (faute de législation précise à ce sujet), il faut s'attendre qu'elle soit réprouvée et exclue. C'est précisément le sort que lui réservent les textes sacrés, à commencer par le Coran.

Au regard de l'islam

Quelques fragments du texte le plus sacré des musulmans évoquent l'homosexualité en des termes rigoristes qui valent pour toutes les marginalités. Il est à remarquer que seule l'homosexualité masculine est prise en considération, reléguant les lesbiennes au-delà des limites du nommable. Les versets dont il s'agit sont insérés dans deux *sourates* mekkoises, ce qui tend à prouver l'ancienneté de leur révélation. « Ainsi, vous allez vers les hommes avec désir au lieu d'aller vers les femmes, mais ne savez-vous pas que vous êtes dans l'égarement ? » (Sourate XXVII, verset 56)[8].

C'est en réaction à une situation qui prévalait dans l'Arabie du VIe siècle que ce verset a été inspiré au prophète Mohammed, comme il arrive souvent pour ce texte puissant qui fut révélé par fragments séparés. Le terme *taj halun*, que le traducteur rend par « vous êtes dans l'égarement », gagnerait à être traduit par : « vous êtes dans l'ignorance », ce qui atténue quelque peu la flétrissure morale dont sont victimes les homosexuels. Cependant, dans la symbolique musulmane, la notion d'« ignorance » n'est pas non plus dénuée de charge négative et donc de semonces de redressement. Les disciples de Sodome sont assimilés à des « ignorants », et le pieux musulman attend d'eux qu'ils se repentent ; d'où la dimension de la « faute », du fait contre-nature, de la marginalité répréhensible. Mais de quoi doivent-ils se repentir avec zèle ? Sont-ils vraiment sujets originels d'une étoffe interne qui, à terme, leur cause plus de désagrément qu'ils n'en retirent de plaisir ?

Le Coran est sans ambiguïté là-dessus : les homosexuels sont dans l'égarement et dans l'ignorance comme le fut le peuple maudit de Loth auquel est adressé cet autre verset qui, ironie du sort, vient dans la sourate « les Poètes » : « Parmi toutes les créatures de l'univers, allez-vous avoir commerce avec les hommes, abandonnant les femmes que Dieu a créées pour vous ? En vérité, vous êtes un peuple de transgresseurs » (XXVI, 165-166)[8]. Dans une autre sourate, les *'A'râf*, on peut lire : « (Rappelle) Loth quand il dit à son peuple : Vous livrez-vous à cette turpitude ? Nul de (ce) monde ne l'a commise avant vous (78-79). En vérité, par concupiscence, vous commettez l'acte de chair avec des hommes et non avec des femmes. Vraiment, vous êtes un peuple impie *(musrif)* (79-81). La seule réponse de son peuple fut : Expulsez la famille de Loth de votre cité ! Ce sont des gens qui affectent la pureté » (80-82).

Leur châtiment sera celui de tous les « fornicateurs et les fornicatrices » *(az-zânioûne wâl-zâniyâte)*. Dans la sourate *An-Nûr* (la Lumière, la Lueur), sont clairement posées les dispositions répressives visant les coupables : « La fornicatrice et le fornicateur, flagellez chacun d'eux de cent coups de fouet ! Que par égard pour la religion d'Allah, nulle indulgence ne vous prenne en leur faveur, si vous vous trouvez croire en Allah et au Dernier Jour ! Qu'un groupe de croyants soit témoin de leur tourment. » Les commentateurs du Coran estiment que ce verset ne concerne que le couple adultère, étant donné que la primauté de la faute semble être accordée à la femme *(az-zâniyatu u'azânî faj lidoû koûlla oûahidîn mînhoûma mî-atâ jâldatîn...)* cependant, nous souscrirons assez facilement à la thèse qui consiste à élargir la signification de l'idée de fornication ainsi que l'exprime précisément Régis Blachère dans une note adjacente au texte sacré : « Toutefois, dit-il, une tendance nette de l'exégèse a été d'inclure, sous le terme arabe, l'idée de fornication, en sorte que la présente disposition viserait aussi l'homosexualité[9]. »

L'homosexuel enfreint deux codes à la fois, le code de la nature souveraine et le code moral sur lequel s'instaure l'éthique coranique. Tous les commentateurs et tous les traditionnistes (Tabari, Badawi, Nawawi, 'Aïni, Bokhâri que nous citerons plus particulièrement, Al Ghazali, Moslem, etc.) ont relevé cette double omission de l'homosexuel qui est évidemment considéré comme la « turpitude des turpitudes », pour reprendre une expression de l'écrivain tunisien Abdelwahab Bouhdiba. Cet affront incommensurable à la divinité d'une part et à l'ordre clérical de l'autre, le Cordouan 'Alî Ibn Hazm ne manqua pas de le relever à diverses reprises : « Parfois la calamité prend des proportions énormes, le désir fait rage, la turpitude paraît légère, le sentiment religieux s'amenuise si bien que l'homme, pour arriver à ses fins, se laisse aller à des actes abominables et scandaleux. Tel fut le malheur qui frappa 'Ubayd Allâh ibn Yah' yâ al-Azdî, connu sous le nom d'Ibn-Jazîrî. Il consentit en effet à laisser à l'abandon sa famille, à profaner l'intangibilité de son harem, à compromettre l'honneur de ses femmes pour arriver à obtenir ce qu'il désirait d'un jeune homme dont il s'était épris. » Et de conclure, plus loin : « Quant à la sodomie, c'est une chose affreuse et répugnante. Allâh Très-Haut a dit : "Commettez-vous la turpitude abominable dans laquelle ne vous a précédés personne au monde ?" (Cor. VII, 78). » « Allâh a lancé contre les coupables de sodomie des blocs d'argile pourvus d'une marque » (Cor. XI, 84 ; XV, 74)[10].

Peuple honni que celui de Loth !

Peuple pervers qui, d'un côté, provoque la colère de Dieu et l'ire congestionnée des traditionnistes et autres législateurs de l'islam et, de l'autre, inspire la muse du poète, celle d'un Abû Nuwâs par exemple, qui, à sa manière, aurait verrouillé l'univers sensuel de l'Arabe devant l'irruption de l'érotisme partagé avec un « autre-soi-même ». Cet hérétique, ce libre penseur de l'islam fut le maillon qui permit que la tradition grecque, avec ses philosophes partisans de Sapho (Théocrite, Virgile, Platon) et de l'homosexualité comme médiation spirituelle et esthétique, continuât à exister dans la sensibilité et la culture arabo-persanes. Ainsi, ce qui fut une « abomination » pour le Lévitique, une « turpitude » pour le Coran, devint un ferment de créativité et de conduites « savantes » chez notre façonneur d'attitudes. En outre, ces excentricités étaient servies par des églogues d'une beauté indéniable et par des évocations – autrement plus louangeuses que les versets coraniques – sensibles, tendres et raffinées. Le bel échanson *(sa'k)* est mis sur le même piédestal que l'éphèbe au fin duvet *(al-ghoûlam)* ; quant aux mignons, ces adolescents à la peau satinée (*fityâ, fityân*, du substantif *fatâ*), au regard aussi doux que celui de la gazelle sauvage *(rîm wahchî)* et aux yeux auréolés de collyre noir, ils peuplent les fantasmes de tous les invertis.

Les « garçonnes », adeptes de Sapho, les *ghoulaymiyâtes*, y sont également présentes, en cortèges nombreux, soumis et affectueux. Elles se reconnaissent surtout à la beauté et à la grâce féline qui se dégagent d'elles et les parent avantageusement au point qu'elles émeuvent même les invertis[11]...

Mais force est de constater que dans l'orthodoxie musulmane qui est loin de s'identifier aux enthousiasmes du « poète aux longs cheveux », l'homosexuel n'a aucune place. Selon El-Bokhâri, le Prophète aurait même dit à Omm-Salama lorsqu'il vint la visiter et qu'il aperçut chez elle un garçon dont l'aspect et la conduite étaient efféminés *(mokhânnît)* : « Ne laissez pas entrer chez vous des individus comme cet homme[12] ! » Il s'agissait d'un *khûnta*, autrement dit d'un hermaphrodite, caractérisé par une ambivalence d'attributs physiques.

C'est précisément cette androgynie du *khûnta* qui alimentera la réflexion et le questionnement exégétique de nombreuses générations de *foqâha* (docteurs de la foi) pendant de nombreuses décennies : est-il un homme ? Est-ce plutôt une femme ? Comment statuer, en effet, sur une telle « créature » qui n'est ni homme ni femme et qui, pourtant, appartient à la création divine ? Question épineuse, certes, qu'un doctrinaire averti comme El-Bokhâri tentera de régler, sans y parvenir vraiment puisqu'il se perdra dans une infinité de situations entraînées par la particularité de chaque cas. Nul autre cependant n'arrivera à convaincre en raison du nombre incalculable de détails morphologiques retenus pour l'« expertise », de prescriptions entachées d'exception et d'apparences plus ou moins indéfinissables[13].

Cette difficulté, liée à l'indétermination du sexe de base, se ressent très nettement chez les lexicographes et les encyclopédistes qui, eux non plus, n'arrivent pas à trancher. Le célèbre dictionnaire d'Ibn Manzûr, *Lissan al Arab*, présente le *khûnta* comme celui qui n'a ni les organes mâles ni les attributs féminins. La conception qui prévaut dans le *Ma'jâm al-Wassît*, un autre dictionnaire, ne consacre pas le manque, mais la double attribution. L'androgyne est celui qui dispose, lit-on, des attributs des deux sexes *(mouta'âllîk bil-jinsaïne ma'ân)* ou encore « celui qui est né doué d'un attribut mâle et d'un attribut femelle sans pouvoir en disposer » *(allâdi khoûliqâ lahoû farjou ar-rajouli wâ farjoû al-mar'âti wâ lâ yakhloûssou li-ayyhimâ)*. L'orientaliste Kasimirski semble partir de cette seconde version pour traduire le mot d'« hermaphrodite ». Cet auteur – qui est par ailleurs l'un des traducteurs du Coran – propose en outre une expression caractéristique de la langue arabe, à savoir : *al-khûnta al-mouchakkâl*, autrement dit l'*androgyne contrarié*, de *chakkâla*, entraver (un animal).

Le marginal et le refoulé

Le refoulement progressif de l'homosexualité (considérée comme une anomalie « organique ») est l'épine dorsale de l'éducation sexuelle de l'enfant maghrébin. Le conditionnement social opère extrêmement tôt en le privant de son intérêt pour une éventuelle attirance pour son compagnon de jeu. Ce conditionnement est en fait une superstructure comportementale non consciente qui, bon gré mal gré, chasse de lui toute marque de l'autre sexe, tout vestige de la « sexualité récessive », qu'elle fût de l'ordre de l'apparence ou du psychologique. Ainsi, le mariage traditionnel dans son déroulement formel et dans ses aspects exhibitionnistes ne signifie-t-il rien d'autre qu'une tentative de reconnaissance ultime de l'hétérosexualité des partenaires. Il est la caution de vérité de cette hétérosexualité qui semble être l'aboutissement final du choix collectif : « Je me marie, semble dire le prétendant, donc hétérosexuel je suis ! » Dès lors, l'alternative de la bisexualité est momentanément (et peut-être définitivement) exclue du champ des possibilités conscientes et virtuelles des partenaires. D'où la connotation dépréciative accolée au célibat qui, de toute manière, ne relèverait jamais d'un choix délibéré et distinct du sujet. Mais le mariage n'est qu'un aboutissement du refoulement systématique imposé aux tendances homosexuelles des Maghrébins. Le système éducatif s'en est déjà chargé depuis la prime enfance, en définissant le cadre dans lequel il est permis de rechercher ses objets d'investissement et où la confluence de désir peut se nouer. La séparation précoce des sexes est une donnée que chaque adolescent expérimente par un retour en creux à des conduites de compensation et d'auto-érotisme. Le « compagnonnage » des bandes d'adolescents et post-adolescents n'est pas dénué de cette même tendresse que l'on retrouve à la naissance des relations hétérosexuelles[14]. Lors de la nuit de noces, le rejeton, devenu adulte, se trouve placé devant une situation complètement nouvelle, inhabituelle, où il lui faudra procéder à un véritable changement d'objet d'amour, méconnu jusqu'alors : la femme. Dans le jeu rapide du désinvestissement et du réinvestissement, dans ce transfert fulgurant de la pulsion d'un lieu à un autre, la dimension de l'angoisse est très aiguë. Telle qu'elle se présente, la séduction homosexuelle n'est pas une catégorie immuable à laquelle se conformerait obligatoirement toute genèse infantile. Elle se conçoit plutôt sous la forme d'une disposition plastique qui met l'enfant et l'adolescent maghrébins dans une situation virtuelle propice à l'investissement homosexuel. L'enfant et l'adolescent ne sont eux-mêmes que des substituts artificiels et inadéquats de l'objet d'investissement réel, autrement dit la femme. Nous avons suggéré plus haut que l'homosexuel actif, au-delà d'une critique superficielle, ne provoque pas l'invective générale, ni le mépris réservé à l'homosexuel passif. Pourtant, cette question de l'homosexualité a été au centre d'un débat séculaire entre les différentes tendances qui composent le directoire religieux de la société musulmane. Ce débat a vu naître les réactions des casuistes qui considéraient avec beaucoup de méfiance, voire de franche réprobation, tout ce qui relevait de l'homosexualité, consciente ou inconsciente, active ou passive[15].

Parmi les exemples les plus achevés, dans cette direction, citons celui de la codification des manières licites et illicites dans la conduite à tenir au hammam. Ce chapitre, débattu dans les travaux exégétiques sous la notion d'*Ih'yâ*[16] (le Pudique), gravite autour d'un pôle unique, celui de l'interdit sexuel. La succession dans le hammam des deux sexes implique l'accomplissement d'usages préliminaires afin d'éviter toute émanation pouvant « contaminer » l'autre sexe : parfums, restes d'eau, traces de toilette et autres dépôts ou odeurs suggestives sont implacablement pourchassés. D'autres interdictions structurent les relations verticales dans le même sexe : l'*Ih'yâ* exige de la personne moins âgée de se comporter avec déférence vis-à-vis d'une personne plus âgée, connue ou inconnue d'elle, proche ou éloignée. Dans le hammam, ces prescriptions sont sensiblement amplifiées et l'adolescent se livre plus passivement encore au désir de l'adulte. Cependant, que ce soit au hammam ou ailleurs, l'élément interdit concerne, dans sa totalité, la dimension du sexuel perçu sous le jour du dysfonctionnement : l'homosexualité étant, dans cet esprit, le dysfonctionnement majeur par excellence[17].

Du point de vue théorique, il y aurait un double interdit : interdit horizontal d'abord, puisque la communication entre les deux sexes est rigoureusement réprimée ; interdit vertical ensuite, puisque la codification touche également les rapports homosexuels dans l'une ou l'autre des communautés. L'idéal en effet serait une sorte de réserve dans laquelle deux groupes abstraits se feraient face, dont l'un serait composé de vestales irréductibles au désir enchanteur et l'autre d'anachorètes également insensibles, chastes, menant une vie accomplie jusqu'au mariage. Or, que l'on prenne l'un ou l'autre des groupes, ce « dysfonctionnement » tant décrié, cet interdit de la sexualité intrasexuelle, se trouvent être – là est le paradoxe qu'offre la libido humaine – l'aspect le mieux investi, sans quoi, il est vrai, il n'existerait aucun « bon » fonctionnement. Surgit alors un jeu extrêmement subtil qui consiste à nier vigoureusement par les écrits et les exégèses les plus sophistiquées ce qui, tous les jours, se commet dans la stricte banalité des faits. Ce qui est systématiquement obstrué, refoulé, défendu, ou sublimé par la « bonne » parole, revient dans le champ complexe des échanges verticaux sous la forme d'une exigence impérieuse du vécu, en dépit de la culpabilité dont il est entouré. Cette dimension de l'échec relatif des instances défensives et refoulantes de la société est un fait reconnu par tous, y compris par les *foqâha* (de *faqîh'*, savant musulman versé dans la jurisprudence) et autres législateurs de tout acabit.

Il est vrai que, s'agissant du hammam et des nombreuses autres situations où les rapports se tissent d'une manière informelle, il y a lieu de supposer que cette dimension réelle de l'homosexualité, cultivée par l'intensité de la sublimation qui auréole la virginité féminine[18], se double d'une structure psychique qui lui est corrélative et qui la double fantasmatiquement. Il s'agit en l'occurrence de la structure narcissique. Il y a beaucoup à dire sur cette notion et surtout sur ses retombées au plan social[19], mais nous nous limiterons ici à l'évoquer dans le seul contexte de l'homosexualité où tout concourt à ce qu'elle ait un rôle éminent de préparation et d'introduction au sentiment homophile proprement dit : l'amour porté vers son propre corps comme inauguration à celui porté vers le corps de l'autre. Ainsi, si le hammam entraîne une régression relative de l'individu[20], cela ne peut avoir lieu que si le retour est marqué d'un narcissisme idéal faisant du corps le tremplin d'une foule de sensations érotisées et prégénitales liées à la manipulation d'une zone corporelle gratifiante ou d'une autre. C'est pourquoi l'homosexualité sous toutes ses formes – lothiens que la Loi sainte avait exclus, lesbiennes du « continent noir », adolescents au règne amphibie appelés *makhânnatine* – se perpétuera longtemps dans l'indifférence de ceux qui détiennent la belliqueuse *muruwwâ* (virilité) et qui constituent, semble-t-il, ce que communément nous appelons « majorité statistique »…

Perversions

À la prodigieuse créativité des poètes et des auteurs anonymes qui nous léguèrent notamment les fameux contes des *Mille et Une Nuits*, où toutes les marginalités coexistent dans un bouquet parfumé d'érotisme le plus exquis, répond l'exigence doctrinale des traditionnistes, relayés de siècle en siècle par la chaîne des garants *(isnâd)* les plus confirmés. El-Bokhâri, dont nous citerons souvent l'œuvre monumentale, est extrêmement complet lorsqu'il s'agit de légiférer sur les diverses manifestations de l'illicite, du *zîna* et de la perversion. Si l'homosexualité est à ce point refoulée, « interdite de social », la question que l'on pourrait se poser est la suivante : qu'en est-il des autres manifestations de la sexualité humaine, et notamment des manifestations perverses ? Sont-elles pourchassées, réglementées, tolérées ou bien sont-elles complètement ignorées par le dogme islamique ? Auquel cas, à quel point l'indiffèrent-elles ? Plus largement encore, on est à se demander quel serait le modèle sur lequel se vivrait la perversion dans un monde dichotomisé, dans un univers de valeurs où le seul regard désirant est déjà un péché, l'annonce imminente d'un péché ? La grande rigueur dans la formulation des principes religieux se retrouve-t-elle dans leur application ? Qu'est-ce qui est véritablement organisateur du champ de la sensibilité maghrébine et qu'est-ce qui ne l'est pas ? La culture arabe et, plus spécifiquement, l'éducation des jeunes enfants, prédisposent-elles ses membres à devenir pervers plus tard ? Quelle instance incriminer ? L'éducation, la religion, la séparation des sexes, l'insatisfaction générale, le trop-plein d'affection maternelle au détriment de l'affection féminine ?

Par ailleurs, existe-t-il jamais une forme de perversion mieux adaptée qu'une autre selon les régimes émotionnels et sexuels ? Peut-on, par exemple, poser cette question ; « L'Arabe est-il voyeur ? » La tentation est de répondre : « Avant qu'il ne soit voyeur, il faut qu'il ait déjà "quelque chose" à voir ! » Paradoxe donc, et impasse même, puisque la société se charge de lui interdire jusqu'à la tentation de voir l'Autre ? Les circuits parallèles d'évolution des sexes sont également les circuits où la fonction visuelle est plus ou moins tolérée, acceptée ou éludée, l'homme ne pouvant généralement voir que les femmes qui lui sont prohibées pour le mariage en raison de l'interdiction de l'inceste[21].

Si, dans d'autres contextes, l'exhibitionniste sécrète son voyeur et si le voyeurisme, comme perversion, peut tantôt satisfaire un manque, tantôt élargir la faille, la complétude ici s'avère d'autant plus grande qu'elle est du ressort des faits. Est-ce à dire que le voyeurisme, dans ce cas, est plus contournable puisqu'il prend son origine dans l'interdiction même ? En d'autres termes, nous pouvons affirmer que nulle part ailleurs le voyeurisme n'est plus acceptable et n'est plus induit que dans cette culture dichotomisée et séparatiste par système qu'est la culture arabe. Or la pulsion de voir l'Autre est une pulsion de l'espèce humaine et ne pourrait véritablement se contenir dans un horizon de normes religieuses ou autres. Les législateurs musulmans n'ont jamais été dupes de cette recherche on ne peut plus compréhensible, en dépit de l'échafaudage de barrières morales qui amplifient la culpabilité que ressent le « voyeur » potentiel. Mais qu'importe ! Il semblerait que la séparation entre les sexes, si elle a rarement été mise en cause de manière ouverte, soit franchie allégrement par nombre d'individus qui, sans être « cliniquement » des voyeurs, sont amenés à procéder selon des voies détournées et peut-être même scabreuses. El-Bokhâri rapporte un cas étrange où la fonction visuelle est assumée par une tierce personne au profit de celui qui est censé en jouir : appelons cette perversion le voyeurisme imaginé. Ainsi donc, le Prophète aurait dit, si l'on en croit 'Abdallah-ben Mas'oud, un *isnâd* cité par El-Bokhâri[22], que « la femme ne doit pas fréquenter une autre femme pour la dépeindre ensuite à son mari, au point qu'il serait comme s'il l'avait vue ». Ce *hadith* a été confirmé par un autre *isnâd* que celui déjà cité, ce qui tend à prouver sa véracité ; ce qui montre également que la relation est véritablement perverse puisque l'homme qui la demande à sa femme jouit de la narration comme s'il avait été celui qui regardait : « Au point qu'il serait, lit-on, comme s'il l'avait vue. »

Voyeurisme différé donc qui, pour avoir suscité une réaction du prophète Mohammed lui-même, a dû se reproduire assez souvent et à grande échelle. Cela expliquerait-il qu'en se banalisant du contact physique, la fonction visuelle allait (ou pouvait) entraîner un interdit plus fort et plus incontournable ? Dans cette même perspective (celle de la prévention), peut-on considérer que le voyeurisme est une soupape de sécurité visant à amoindrir des tensions plus grandes ? Dispositif pervers (le voyeurisme qui n'est interdit qu'à demi-mot) contre souveraineté du modèle relationnel et sexuel installé !

Cette hypothèse est difficilement vérifiable, car l'un de ses effets, et non le moindre, serait qu'il y ait circularité – ou tout au moins circulation – entre l'interdiction et l'usage réel ou dévié de cette interdiction dans d'autres stratégies, dans d'autres buts. Ce qui est, il faut l'admettre, assez rare dans un système qui s'appelle précisément « dogme » en raison de sa cohérence et de l'intégration de toutes ses parties.

Est-ce que, par ailleurs, la culture arabe est une culture fétichiste ? Autrement dit, comment se manifeste l'investissement fétichiste ? Le symptôme fétichiste ? Qui en souffre ? Est-il accepté ?

Cliniquement, nous serions tenté de dire que la culture arabe produit des fétichistes à mesure que grandissent les frustrations de ses membres et comparativement à ce que peuvent produire comme fétichistes les autres cultures ! Là n'est pas la question, puisqu'il est admis que la perversion est un « bien commun de toute l'humanité » et qu'aucune culture ne peut monopoliser la prérogative ou, à l'inverse, l'immunité. En effet, si la perversion sous toutes ses formes est un bien, toutes les sociétés en héritent ; si elle est une « déviance » ou une « maladie », toutes en sont atteintes ! Il y a là une communauté de destin que personne ne conteste vraiment. Mais alors, dans quelle mesure, la culture arabe « fabrique »-t-elle des fétichismes ? La question est à envisager à plusieurs niveaux. Il existe par exemple une réalité largement admise touchant à la sexualité féminine qui serait proprement « fétichiste ». Cette réalité a toujours obtenu un consensus d'autant plus significatif qu'il touche à une sorte de jouissance déviée.

L'homme attend fermement que sa femme, la nuit de ses noces, lui propose un hymen intact, même si sa chasteté réelle, autrement dit mentale, psychologique et même de corps[23], n'est pas prouvée. À cet égard, il y a fétichisme de l'hymen : la relation s'y associant est une relation quasi magique, infantile presque, en tout cas dérisoire. La femme a beau présenter un hymen intact, la réalité a toujours été autre et cela depuis la haute antiquité, car l'hymen est un champ de paradoxes[24].

Observe-t-on d'autres types de fétichismes, à des niveaux plus matériels, plus conventionnels ? Certes oui ! Le fétichiste arabe traque les manifestations de la bien-aimée plus que partout ailleurs, mais cela n'est vraiment pas un fétichisme. Conserve-t-il ses souvenirs, ses effets intimes, ses chaussures ? Quoi de plus naturel pour un personnage que la coutume présente, à tort ou à raison, comme un grand sentimental ?

Non, décidément, l'approche des perversions au Maghreb gagnerait beaucoup à être ramenée à l'ensemble de la culture, à ses schèmes pédagogiques, à ses principes de transmission, à ses réflexes, à ses « nœuds ». Il y a lieu de se dire : « Est-ce que les marginaux sexuels sont réinjectés dans le social et de quelle manière ? » Ou, en revanche, la marginalité est-elle indistinctement écartée, sans coup férir, *manu militari*, sans hésitation aucune ? Qu'en est-il aussi de l'auto-érotisme ? Car il est évident que l'hétérosexualité au Maghreb ne fait jamais l'économie des satisfactions « solitaires ». Qu'en est-il donc de la masturbation et des autres exubérances érotiques, qu'elles soient prodiguées à soi-même ou offertes à un autre ?

L'exégèse coranique est très partagée en ce qui concerne la masturbation. Est-elle un péché *(zinâ)* qu'il faut réprimer ou alors faut-il la tolérer dans certains cas, dont celui du couple légitime ? Ceux qui se prononcent contre elle rappellent les propos des anciens, parmi lesquels Anas ben Mâlik qui se serait écrié : « Maudit soit celui qui s'y livre[25]. » Même le prophète Mohammed aurait dit : « Dieu, au Jour du Jugement, ne jettera pas un regard sur le *nâkih al-yad*[26], il sera le premier à entrer en Enfer à moins qu'il ne vienne à résipiscence[27]. » Ce *hadith*, s'il n'est pas apocryphe, est relativement étrange, car la masturbation ne s'oppose pas à l'exigence de reproduction et peut même se concilier avec une vie sexuelle normale. Que le masturbateur soit jeté en enfer, alors que d'autres *zânioune* (fornicateurs) sont à peine vilipendés, montre l'exagération de la peine et, partant, la fragilité de la preuve.

L'itinéraire copulatoire du jeune Maghrébin des campagnes commence souvent dans le flanc des bêtes qu'il est appelé à côtoyer régulièrement, la zoophilie est très répandue à travers toute la région. Elle devient zoophilie active dès l'instant où toute évocation sexuelle prémaritale est écartée des préoccupations sociales quotidiennes. La zoophilie aura donc pour fonction de révéler à leur maturité sexuelle un nombre considérable de jeunes hommes que le désir taraude. La zoophilie, comme substitut, peut ainsi paraître comme une étape conventionnelle, « normale » en somme, puisqu'elle est intégrée dans un réseau de significations et de tolérances collectives.

Ce qu'il faut noter, en l'occurrence, c'est le clivage véritable qui existe à ce niveau et qui travaille en profondeur la vie sexuelle maghrébine, qui n'est autre que le clivage des sexes. La destinée sexuelle se structure en effet différemment selon que l'on est une femme ou un homme, issus d'un milieu aisé ou peu fortuné, citadin ou campagnard, instruit ou peu scolarisé. La sexualité des hommes s'écoulera à l'extérieur et prendra donc inspiration sur la vie animale, celle des femmes se retournera sur l'auto-érotisme et l'homosexualité, ce qui correspond approximativement à leur développement psychogénétique traditionnel. Cette particularité de fusion de la sexualité archaïsante de la femme dans son enfance connotera les rapports oraux entre elles et notamment – l'observation le montre clairement – l'extrême liberté de ton avec laquelle les femmes traitent de ces questions lorsqu'elles se sentent à l'abri des indiscrétions masculines. Ce qui – au demeurant – surprend les hommes, qui persistent à avoir une vision idéalisante de la femme d'où toute notion de « souillure » est magiquement bannie, révoquée. L'évolution est plus complexe dans le cas du partenaire masculin, qui, de ce fait, se présente avec une richesse expérimentale plus grande. Dans l'auto-érotisme initial, le jeune campagnard s'orientera naturellement vers les animaux de la basse-cour et vers le cheptel, encore que la vedette – si l'on peut dire – soit laissée aux quadrupèdes : ânesses, juments, chèvres, etc. Ensuite, à l'occasion d'une sortie en ville, qui coïncide souvent avec une grande fête religieuse (Aïd-al-Kébir, Al-Mouled, Al-'Achoura, etc.), les plus courageux effectuent une visite au lupanar et finissent dans les bras de quelque prostituée décatie où ils s'épuiseront à longs traits. Les gaillards peuvent alors s'en retourner chez eux, pauvres comme job, mais comblés de cette véritable initiation charnelle, si misérable soit-elle en apparence.

En ville, le jeune adolescent n'abandonnera son auto-érotisme que pour se laisser caresser par ses cousines ou pour affrioler ses voisines. Lui aussi tentera le pari des maisons closes où, d'emblée, il sera accueilli comme il le mérite, c'est-à-dire avec plus d'égards que son homologue de province. En définitive, et qu'on nous pardonne cette formule lapidaire :

la femme maghrébine ne recevra la verge de son mari que lorsque celle-ci aura goûté les flancs de l'ânesse, ceux de la prostituée et ceux de la cousine…

De son côté, la femme ne se donnera à son mari que lorsqu'elle se sera offerte à ses amies et probablement bien après qu'elle eut goûté au parfum des jouvenceaux de son environnement. Toutefois, certains destins de sa libido la mèneront dans les bras d'hommes plus mûrs qui sauront vaincre chez elle des résistances à la fois psychologiques et de mentalité. Mais, lorsque l'appréhension du dépucelage est trop forte, la voie anale semble constituer un exutoire, assez répandu, qui permet que le désir masculin s'exprimât librement.

La zoophilie est punie, selon deux traditionnistes, Abû H'anifa et Mâlek, « à l'arbitraire du juge », « quant au tribadisme, il doit être puni de *ta'zir*[28] ».

Voyeurisme, fétichisme, zoophilie, auto-érotisme pervers, masturbation réciproque, onirisme fondé sur l'imaginaire oral[29] sont quelques-unes des structures de la perversion au Maghreb. Elles ne sont pas les seules. Leurs interconnexions donneraient sans doute d'autres ramifications inattendues : l'objet de cette remarque étant précisément de montrer la diversité des sensibilités sexuelles, de la sensualité coextensive à la culture arabe au Maghreb et de la pleine consommation qui en est faite.

L'éthique sexuelle de l'Islam maghrébin semble s'inspirer dans ses grandes lignes de l'éthique sexuelle de l'Islam, mais lorsqu'il s'agit de « raffinements » particuliers, elle manifeste une personnalité que d'aucuns considéreraient volontiers comme étant plus impure encore, plus souillée, plus étrange (étrange déjà par l'éloignement géographique du Maghreb par rapport aux centres naturels du culte musulman !).

L'eunuque, l'éphèbe et l'androgyne

Dans sa *Description de l'Occident musulman*, au chapitre des curiosités, le grand voyageur arabe du haut Moyen Âge, Al-Muqaddasî, évoque de la manière suivante la question, qui fut brûlante sans aucun doute, des eunuques noirs : « J'ai interrogé un groupe d'eunuques sur les procédés de castration, et j'ai pu savoir que les Rûm châtraient leurs enfants et les cloîtraient dans des monastères pour les empêcher de se préoccuper des femmes et pour leur épargner les tortures du désir charnel *(sic)* [...] Mais les opinions sur la méthode employée sont divergentes. Selon l'un d'eux, la verge et les bourses sont incisées en même temps ; d'après un autre, les deux bourses sont ouvertes et les testicules retirés, puis une baguette est placée sous la verge et celle-ci est incisée depuis sa naissance. [...] Après l'opération, on place dans le méat urinaire une tige de plomb que l'on retire pour uriner, mais que l'on conserve jusqu'à complète guérison, afin que les tissus ne se soudent pas[30]. »

Parce qu'elle a été esclavagiste, la société médiévale arabe, et surtout la minorité aisée, qui fut marchande essentiellement avec ses divers négoces florissants, a entretenu des rapports très équivoques avec la figure du castrat. Celle-ci, inscrite dans son ordre social, mais aussi dans son imaginaire et dans sa représentation du monde, était à la fois le symbole de sa perpétuation, de son maintien et l'un des indices de son rayonnement tant militaire que diplomatique. Tout un commerce avait lieu à partir de l'éducation des eunuques, lesquels se recrutaient notamment parmi les prisonniers de guerre ou parmi les jeunes enfants, sans défense, qui attendaient les envahisseurs dans des villages retirés. De là l'importance qu'avait prise la couleur noire, laquelle évoquait assez aisément l'origine géographique de l'eunuque et de la domesticité en général. L'Abyssinie (l'Éthiopie actuelle), le Soudan et la Berbérie fournissaient ainsi le plus gros contingent d'esclaves, que l'on castrait précocement afin de leur ôter toute tentation de séduction et de prévenir ainsi les velléités d'adultère de ces épouses cloîtrées, oisives, apparemment si soumises et si peu curieuses.

Avec l'eunuque, nous entrons dans le règne du castrat idéal : il ne s'agit certes pas toujours d'une ablation au sens concret du terme, mais les effets obtenus sont à la fois indélébiles et univoques. L'eunuque existe par ce qui l'éloigne le mieux de sa nature originelle : son antimasculinité, l'antithèse même du mâle viril, seul type d'homme véritablement admis au Maghreb. L'eunuque n'est pas cependant un personnage que l'on rencontre en allant au marché ou dans les bains. Dans l'univers actuel, il n'est plus qu'une représentation, assez lointaine du reste, qui travaille la mentalité de l'intérieur ; presque négativement, autrement dit en la dotant d'une articulation à l'effroi tel qu'il pourrait siéger dans les gosiers noués des doctrinaires du sexe et des parents. Il en va de l'eunuque comme d'un mythe tenace, aux contours soigneusement laissés dans l'ombre. En outre, l'eunuque pose moins une énigme de type psycho-sexuel qu'une grande question historique. Qu'est-ce qui pousse l'homme, en effet, à procéder à la neutralisation sexuelle d'un autre homme, sinon le pouvoir absolu de disposer autant que possible des bons services de ces individus et de leur parfaite docilité face à la requête féminine. Ce que l'on craint donc, c'est autant le désir de l'un (celui de l'eunuque, du grec *eunoukhos*, ou « gardien du lit ») que la volonté de l'autre, la femme du prince. Mais le sérail est-il mieux gardé dès lors que l'eunuque peut encore recourir à d'autres moyens pour satisfaire sa maîtresse ? Serait-ce alors au nom d'un eugénisme bien compris, dans une région où la fertilité des épouses est spectaculaire, que l'eunuque a payé de sa génitalité la démonstration du despotisme des hommes ?

L'eunuque est infantilisé, invalidé, sujet à l'anéantissement ; il porte sur son corps les marques d'un procès social, les stigmates les plus profonds d'un pouvoir quasi absolu. D'une certaine manière, il occupe la place du mari avant son mariage, car il est sans désir[31]. Tout comme l'eunuque, le mari est « infantilisé » au profit du règne paternel, ce que nous étudierons sous le concept « du droit du père »[32]. Chez l'un, les organes sont effectivement châtrés, du moins rendus stériles et incapables de puissance érectile, chez l'autre, ils sont circoncis ; chez l'eunuque, l'infantilisation est « physique », et définitive ; chez l'enfant-mari, elle est « psychologique », et temporaire. Enfin, l'eunuque ne jouit guère du corps de ses maîtresses ; le mari n'en jouit que par délégation. Le monolithisme du Père s'applique avec la même rigueur dans le cas du mari que celui du Prince dans celui de l'eunuque. C'est dans cette même mesure que nous nous demandons si la circoncision n'est pas un vestige persistant de tels régimes despotiques.

La comparaison suggérée entre l'image d'un mari extrêmement dénudé, fragile, fétichisé par le désir paternel et un eunuque que l'usage décrit comme un personnage efféminé, émasculé, sans pilosité superflue *(amrad)* et d'une volonté larvaire se perpétue de nos jours sous la forme singulière de l'androgyne, lequel, symboliquement, fonctionnerait comme un moyen terme entre le mari-fétiche et l'eunuque châtré pour l'éternité.

En effet, la question de l'eunuque, si elle s'était posée au Maghreb, n'aurait pu se poser que d'une manière lapidaire au profit de celle de l'androgyne, plus insidieuse, plus troublante et infiniment plus présente (pressante) dans la conscience collective.

L'androgyne est une réalité physiologique du corps. C'est un corps bisexué, sans être ni franchement l'un ni franchement l'autre. L'androgyne fait le guet entre les sexes sans pouvoir se décider : cette ambivalence dans le choix est constitutionnelle. Ce qui nous retient ici, c'est surtout son versant psychologique et existentiel. Nous retrouvons alors l'éphèbe, cet adolescent qui ne finit pas de rêver à sa vie d'enfant, avant qu'il n'ait atteint la maturité physique véritable. Il séjourne dans un entre-deux flottant, exceptionnel, presque surréaliste. Ni enfant vraiment ni homme accompli, l'éphèbe – pour autant qu'il persiste à regarder en arrière – est un androgyne. Or celui-ci, même s'il arrive à échapper momentanément à l'immaturité physique et mentale, continue à hanter l'univers mitoyen de l'ambivalence des signes. La bisexualité est encore une autre catégorie, une sorte de perfectionnement de la dualité constitutionnelle de l'être humain depuis l'avènement de la psychanalyse. La bisexualité s'avère être un refus, conscient ou inconscient, des limites imposées à l'univocité de la bipartition sexuelle. Mais, pour s'en tenir aux fluctuations des signes de l'apparence sexuelle dans la mentalité arabe, il est important de rappeler ce dit du Prophète qui, selon Ibn Abbâs, aurait « prononcé la malédiction contre ceux des hommes qui imitent les femmes et contre celles des femmes qui imitent les hommes[33] ». Point d'innovation dans la création divine ! Châtiés seront les homosexuels, les lesbiennes, les androgynes, les hommasses, les efféminés, bardaches, itchoghlans de la cour ottomane, etc.

L'islam s'aligne donc sur des pratiques terribles connues avant lui, notamment dans la Rome antique où les androgynes étaient l'objet de toutes les exactions sociales ainsi que nous l'apprend Pline, car, pensait-on à l'époque, les androgynes, les hermaphrodites, les homosexuels étaient des monstruosités innommables. Ils payèrent de leurs vies la stérilité des femmes. La Grèce ancienne également en fit des boucs émissaires dont il faut nécessairement extirper le mal, l'impureté, la souillure. Incubes aux apparences humaines qui annoncent les calamités et qui supportent la vengeance implacable des hommes. À Fès, en 1149 (ou en 1150), équivalent à la 544e année de l'Hégire, un certain Ibn Hiyâr al-Gayyânî aurait mis à exécution « quatre-vingts personnes, parmi les gens efféminés et la populace » *(minâ al-mouannîtine oual soûka)*[34].

En dépit des condamnations religieuses, qui furent explicites notamment pour l'homosexualité[35], les Arabes ont entretenu des amours socratiques particulièrement émouvantes avec les mignons dont ils ont chanté les atours, la douceur, les mérites aussi bien physiques que psychologiques. Les mignons apparaissaient tantôt sous la forme d'un éphèbe, tantôt sous la forme d'un esclave, d'un androgyne ou d'un garçonnet à la fleur de l'âge. Voici ce qu'en dit Pérès, l'un des auteurs qui s'est le plus penché sur la poésie arabe : « C'est très fréquemment que des vers font allusion à des mignons musulmans, chrétiens ou juifs, désignés habituellement par les mots : *ghûlâm*, *wasûm*, *fatâ wasûm* ou *fatâ jamîl* : "beau garçon", ou *ghulâm amrad* : "éphèbe imberbe" ; quand les mignons commençaient à prendre de la barbe, ils étaient appelés *mu'addir*, de *'idâr* : duvet ou poils couvrant les joues ; l'effémination de ces garçons était exprimée par le mot *muhannât* et *hâwî*, pl. *hiwa* *(catamitus)*[36]. » Nous eûmes l'occasion d'évoquer Abû Nûwas et son « bestiaire » de concubines-esclaves (*jâriyâte*, de *jâriya*) et de jeunes adolescents aux allures imprécises[37]. Il ne s'agissait encore que d'une attirance sexuelle, voire d'une consommation déployée jusqu'aux frontières du sensualisme le plus invétéré, sans connexions particulières avec le personnage de l'éphèbe du Paradis, ainsi qu'il est présenté par le Coran. L'éphèbe du Paradis se présente, en effet, comme une récompense ; il incarnerait l'une des récompenses divines dont disposerait le croyant au terme de sa vie matérielle ici-bas : « Pour les servir, parmi eux circuleront des éphèbes, à leur service qui sembleront perles cachées » (sourate LII) et plus loin : « Parmi eux circuleront des éphèbes immortels tels qu'à les voir tu les croirais perles détachées » (sourate LXXVI, L'Homme, *al-Insân*, verset 19[38]).

Ainsi que nous commençons à le pressentir, les caractéristiques de cet éphèbe-là relèvent directement de l'angélologie : apparence dépassant la perfection humaine, caractère éthéré sur les plans cinétique et physique, immortalité, jouvence, délicatesse, etc.

Toutes les évocations de l'éphèbe du Paradis sont du même ton. Pour l'extrême majorité, elles offrent la particularité d'être des évocations coraniques, voire exclusivement coraniques ; ce qui ajoute à leur pouvoir d'idéalité intégrale. Pourtant, dans la réalité quotidienne, le bon croyant ne doit jamais évoquer les bienfaits de l'au-delà sous cet angle-là ; ses intentions sont étudiées avec beaucoup de vigilance par ses pairs et nul n'échappe au regard divin, scrutateur et omniscient.

La figure de l'éphèbe *(al-fatâ)* dans le Paradis d'Allah est donc à prendre avec précaution. Tout au plus est-elle la concrétisation d'une vision subliminale des attentes d'ici-bas, une sorte de superstructure qui coiffe l'ensemble des convictions spirituelles du musulman. Elle pourrait aussi symboliser – et ce n'est là qu'une virtualité parmi d'autres – un condensé métaphorique signifiant tout autre chose que des « êtres en chair et en os » qui vaqueraient dans leur pureté édénique et qui combleraient d'aise les croyants, dont la raison d'être, en tant que croyants, est d'y être parvenus sans faillir !

Ceci est un extrême, il est vrai. Mais cela explique combien les « marginalités sexuelles » ne se « disent » pas, ne se décortiquent pas, ne s'expliquent pas, même s'il ne s'agit pour l'heure que d'une catégorie mi-réelle, mi-occulte dont la trace est extrêmement difficile à « pister », ne survivant pleinement que dans les mentalités, en somme dans cet inconscient collectif qui demeure, pour partie, caché, privé de sa partie émergente et publique. La seule vérité dont on soit complètement assuré, c'est qu'aussi bien l'homosexualité (féminine ou masculine) que la perversion, ou encore les « morphophysiologies mixtes » (androgynes, bien évidemment, éphèbes, jouvenceaux, tendres mignons frôlant l'adolescence) continuent à alimenter l'imaginaire maghrébin avec force, l'occupant entièrement au moment où la déréliction et la sécheresse des relations intersexuelles persistent dans les plus larges couches sociales maghrébines[39].

L'androgyne dans l'imaginaire maghrébin

Le désir de complétude induit par la rencontre et la fusion des contraires est aussi vieux que l'humanité qui le nourrit de toutes ses pulsions. L'imaginaire maghrébin, qui est aussi arabo-berbère par nombre de ses aspects et *a fortiori* musulman, oscille entre la reconnaissance pure et simple de l'androgyne comme facteur de sens et sa négation. Il règne dans la réalité une ambiguïté magistrale qui symbolise, à elle seule, l'ensemble des hésitations que rencontrent les législateurs face au *mûthna* qui est ni un homme ni une femme… Or, de nos jours encore, la biologie n'a pas réussi à instaurer, au fond de la conviction de chacun, l'opportunité de disposer d'un troisième sexe, et la mentalité maghrébine reste parmi les plus solipsistes de notre planète. De fait, l'imaginaire maghrébin ne peut aisément accepter une trilogie de sexes à l'endroit de ce qui fut l'architecture même de son Ordre, la dualité complémentaire entre l'homme et la femme et la suppression quasi hygiéniste des marginalités morphopsychologiques. L'androgyne, l'efféminé, l'eunuque, l'hermaphrodite, le bardache, le mignon et autres constitutions relèveraient – selon la vision téléologique et hégémoniste de l'islam orthodoxe – d'une sorte d'androlâtrie gigantesque où Dieu risquerait de ne plus avoir de place. D'où la méfiance particulière suscitée par ces êtres de « l'envers » de la Création divine. Ce qui explique aussi, ne serait-ce qu'en partie, l'engouement qu'a connu le mythe de l'androgyne auprès d'un certain nombre d'écrivains maghrébins et notamment ceux que le métier a entraînés vers les limites de l'écriture, dans une langue qui n'est pas la leur, le français. Nous proposerons une lecture globale inspirée de quelques-uns de leurs travaux. Enfin, dernière observation : si l'on pousse plus loin l'analyse, nous constatons très vite que les Arabes, qui ont pratiqué par le passé la castration sur certains de leurs émules, suivant en cela la pratique des sérails ottomans, ont le « savoir » nécessaire pour admettre et concevoir que des androgynes ou des hermaphrodites puissent exister dans leur univers. Ils ont été préparés à cette réalité singulière, et seul le dogmatisme religieux ou, à l'inverse, le souffle décapant de la Renaissance *(nahdâ)* qui eut lieu à la fin du siècle dernier et à l'aube de ce siècle pouvaient les en dissuader. Dès lors, plus refoulé, le mythe de l'androgyne va survivre dans la conscience reptilienne la plus inaccessible, à l'exception précisément du travail perforant de la langue et de l'écriture.

Par réduction progressive des antagonismes constitutifs de la disparité des sexes, l'androgyne suscite en réalité des réflexions moins sur ce qui les unit de nouveau, dans une image-illusion, que sur la réalité prégnante du non-sexe. Ce rabattement des spécificités anatomiques sur la version unique, l'androgyne comme aboutissement final de la dérive des sexes, permet l'assomption des valeurs sociales et « culturelles » au détriment des signifiants proprement biophysiologiques.

De ce point de vue, la littérature maghrébine et, partant, un grand pan de l'imaginaire social semblent chanter le retour à l'état originel, celui où la figure de l'androgyne devient pertinente, le tolérant et le justifiant[40]. Livrés à un social tyrannique (rappelons qu'une grande partie de cette littérature est née durant la colonisation) et à une exigence d'identification hypertrophiée, les auteurs maghrébins étaient peu ou prou en quête d'une reconstitution du « Même », au sens où il contient leur ultime épanouissement. Or le « Même » est androgynique par essence. Pour l'auteur, homme le plus souvent, la manifestation de l'androgyne épouse littéralement les failles de la demande d'amour. En effet, en évoquant si souvent la femme, et tout le cortège d'images composites (au sens métapsychologique) qui gravitent consciemment (le mythe de la femme soumise, aimante, douce, mystérieuse) ou inconsciemment (la femme comme source de fantasmes de castration et de mort) autour d'elle, l'homme-écrivain ne fait que compléter – symboliquement – son manque d'elle. De même, en exaltant la figure maternelle, l'auteur revient implicitement dans le giron de sa première naissance, laquelle est très sexualisée, malgré tout, même si en réalité son apparence est marquée par le sceau de l'indistinction des sexes, autrement dit par la disposition intrinsèque qui connote tout petit être avant sa puberté. Seul le fantasme de masculinité (qui, lui, préexiste, puisqu'il est une spécificité parentale, tout au moins au Maghreb) peut faire soudainement de lui l'homme avant les signes patents de celui-ci, vouloir un garçon à tout prix ne signifiant rien d'autre – dans le discours social – que la peur d'être mal fixé sur le sexe de sa progéniture, si – pis – elle n'est pas définitivement forclose par la « femme à naître » !

Cependant, avant que l'écrivain maghrébin ne finisse sa quête et ne l'achève par un acquiescement entendu eu égard aux marques de satisfactions parcheminées dans la demande sociale (la naissance d'un petit garçon étant toujours applaudie de nos jours), il lui faut régler le face-à-face vital et nécessaire avec la mère. La mère réfléchit de lui une image inquiète et indélébile. Quant au miroitement avec elle, il relève du sens premier qu'un enfant, glorieux en son désir paranoïaque, entretient avec elle, mère jouissive et oblative. Dès lors, dans une dérive méticuleuse, le mythe de l'androgyne – si l'on peut s'exprimer ainsi – se déploie-t-il à travers le mythe de la mère, de la Mère, tant l'émergence de toute féminité ultérieure est assurément une version multipliée, dérivée, renouvelée de la mère initiale.

On peut objecter qu'il n'y a rien d'androgynique dans ce processus. La réponse viendrait d'elle-même, du constat fréquent qui consiste à rechercher sa propre image fantasmatique dans l'être le plus aimé, le plus proche aussi. Et qui mieux que la mère remplit cette fonction ? Tous les auteurs maghrébins ont chanté la mère, ils ont écrit pour elle, ils lui ont dédié (épigraphiquement) – le paratexte, diraient les sémiologues – leurs œuvres et même jusqu'aux prix littéraires lui reviennent de « droit » (il s'agit d'un droit naturel !). Cette offrande collective équivaut à une fascination. Fascination est la mère au Maghreb. Oui, il ne peut s'agir que d'une fascination lorsqu'on sait que cette figure, pour puissante qu'elle soit, ne détient pas le sceptre de la Loi instituante, privilège – ici comme là – de l'homme. Est-ce que l'androgyne nous ramène vers l'œdipe ? La question est à envisager sur plusieurs plans : nous n'en citerons que deux, qui forment un couple indissociable, sinon un parallèle intéressant.

Le mythe de la Mère ramènerait vers l'androgyne, c'est une affaire entendue. Vers quoi ramène donc la figure du vénérable Père, patriarche par nécessité, car les édifices sociaux sécrètent leurs législateurs et leur ciment ? Une étude approfondie des relations fantasmatiques entre les sexes au Maghreb nous fait dire que l'imago paternelle entretiendrait des liens étroits avec le mythe ancestral de l'inceste. La dualité qui en résulterait serait la suivante : se perdre en la mère nourricière avant d'épouser le père et régler ainsi un œdipe qui, sans faire problème, demande à être assumé. Ce parallèle entre le mythe de l'androgyne et le mythe de l'inceste serait très fertile si nous lui ajoutions l'étude de la mentalité du sérail que nous proposons par ailleurs[41]. Pour clore ce chapitre par le pouvoir évocateur de l'anecdote, rappelons l'histoire du chanteur Tuways, contemporain des premiers califes : Tuways serait, en effet, un hermaphrodite *(mûkhannât)* qui se croyait de mauvais augure *(masch'ûm)*, « parce qu'il était né, dit T. Fahd[42], la nuit de la mort du Prophète, qu'il avait été sevré la nuit de la mort d'Abû Bakr, qu'il avait atteint la puberté la nuit de l'assassinat de 'Umar, qu'il s'était marié la nuit de l'assassinat de 'Utmân et qu'il lui était né un enfant le jour de l'assassinat de 'Alî ; il avait alors quarante ans. Il disait aux

Médinois : Attendez-vous à la venue du Daǧǧâl aussi longtemps que je vis parmi vous ; vous ne serez en sécurité qu'après ma mort ». Il en a résulté un proverbe que des ennemis au sommet de leurs passions pouvaient se lancer à la figure : « Aussi maléfique que Tuways ! » *(Âch'âm mîn Tuways !)*.

NOTES

1. « Faire feu de tout bois » serait, à la limite, la position que devrait adopter le chercheur lorsqu'il envisage de s'intéresser à un domaine recouvert par le tabou. Pour notre part, nous éviterons les généralisations excessives et les interprétations échevelées. Toutefois, toute information contenue dans des travaux que l'on jugera digne de foi sera prise en considération. Nous solliciterons ainsi les auteurs du passé et ceux du présent, les ethnographes et les sociologues, qu'ils soient autochtones ou étrangers. Certains écrivains de talent, ainsi Gide, ainsi Barthes, ont réussi parfois à rendre des situations qui ne seront jamais connues autrement. Enfin, l'engouement qu'a connu le Maghreb, à la suite de ces travaux, même s'il est bâti sur une part de rêve, ne doit pas laisser indifférent et l'homosexualité qui y est colportée doit – elle aussi – figurer, ne serait-ce qu'en arrière-fond, à ce chapitre. En dépit de toutes ces précautions, la compréhension du phénomène de l'homosexualité au Maghreb et surtout l'étude de sa portée, tant sociologique que psychologique et humaine, demeure une tâche difficile, délicate même, tant elle est hérissée d'embûches de toutes sortes.

2. *Cf.* Ibn Khaldoûn, *Discours sur l'histoire universelle, Al-Muqaddima*. Trad. de Vincent Monteil, Paris, Sindbad, 1967-1968, t. 2, p. 770. Ibn Khaldoûn reproche plus particulièrement à l'homosexualité le fait qu'elle ait pour résultat « l'absence de propagation de l'espèce ». « Celle-ci, ajoute-t-il, est encore plus menacée que par l'adultère, puisque la pédérastie conduit à l'inexistence des enfants, alors que l'adultère fait que les enfants vivants ne peuvent pas vivre » (p. 770). Il va sans dire que cette mentalité

nataliste est celle qui prévaut encore au Maghreb d'aujourd'hui, le poids de l'islam étant là, comme en beaucoup d'autres domaines touchant à la reproduction, capital.

3. « Dès que le marchand m'adresse la parole, je me crispe. Homosexualité latente. Tout le monde sait qu'il a des rapports maléfiques avec mon frère. Le teigneux comprend, n'insiste pas », écrit Rachid Boudjedra dans *La répudiation.* Dans le même ouvrage, nous pouvons lire aussi : « En hiver, j'aime beaucoup somnoler et le maître n'y peut rien car je lui fais du chantage : l'année dernière, il m'a fait des propositions malhonnêtes et les ai acceptées afin qu'il me laisse en paix et me donne le loisir de rêver au corps somptueux de ma marâtre » (Paris, Denoël, 1969, p. 107 et 94).

Même scénario trouble au Maroc, sous la plume de Abdelhak Serhane : « Mansour que nous avions surnommé l'Éléphant, à cause de son obésité, était perché sur le comptoir de sa boutique et tonnait à l'intention d'un gamin d'une douzaine d'années qui se trouvait dans la foule : "Fils de Hadda ! Viens montrer à ton oncle Mansour ce que tu caches entre le mont Blanc et le mont Touqbâl. J'y pénétrerai avec douceur ; sans te faire mal. Viens ! J'ai là des pois chiches et des raisins secs pour toi. J'ai aussi de l'huile d'olive pour faciliter l'opération. Tu ne sentiras rien. Viens près de ton oncle Mansour ! Il te fera voir les étoiles en plein jour. Viens !" » (in *Les enfants des rues étroites*, Paris, Seuil, 1986, p. 22).

4. Jean Michéa, « Technologie culturelle », in *Ethnologie générale*, Paris, Gallimard, coll. La Pléiade, 1968, p. 831. E.F. Dehoi, *L'érotisme dans Les Mille et Une Nuits*, Paris, J.-J. Pauvert, 1960, lexique.

5. Ester Panetta aurait rapporté, lors du Congrès international des orientalistes qui eut lieu à Paris en 1948, des indications selon lesquelles dans les milieux féministes de Benghazi, en Libye, des femmes s'offraient dans un délire lascif à des démons des deux sexes, incubes mais plus souvent, semble-t-il, succubes. En outre, leurs incantations en direction des *djenoun* seraient également proférées lors des noces « où pendant la consommation du mariage les amies de la mariée passent une nuit lascive avec une femme (généralement une courtisane travestie en mâle) » (selon

L. Massignon in *Parole donnée*, Paris, Seuil, 1983, p. 278) et lors de l'ensevelissement. La tradition arabe connaît aussi bien le cas des *azriyâtes* que celui de certaines princesses qui consommèrent des amours avec d'autres femmes sans vraiment se soucier de la morale collective du moment.

6. Matière grasse ayant pour fonction de nettoyer les pores de la peau.

7. Tendre à réduire l'écart inacceptable qui préside aujourd'hui aux rapports juridiques entre les sexes au Maghreb est l'une des préoccupations des mouvements réformistes dans toute cette région. Depuis, l'émergence de la nouvelle orthodoxie musulmane, les différents codes de la famille – qui étaient à l'étude il y a quelques années – sont de nouveau enterrés en l'état et ne ressortiront que le jour où le rapport de force entre les femmes en lutte et leurs adversaires sera favorable à ces transformations véritablement révolutionnaires.

8. Le Coran, trad. Kasimirski. Dans la tradition musulmane, toute la légende de Loth et de son peuple, habitant Cana'a, Maschhouh, Gomorrhe, Adana et Sodome, est une légende de l'homosexualité. Utilisant savamment ce qui en est dit dans le Coran, Tabari reprend cette légende dans un style épique très évocateur (*cf.* Tabari, *Les Prophètes et les rois.* De la création à David, Paris, Sindbad, 1984, p. 150-157).

9. Le Coran, trad. R. Blachère, sourates : XXVII, XXVI, XXIV. Note page 375.

10. Ibn Hazm, *Le collier de la colombe*, Paris, Éd. Papyrus, p. 202-214.

11. Évoquant le cas Abû Nuwâs, car il s'agit bel et bien d'un cas ! Nada Tomiche écrit : « Il continue d'adorer la beauté et lui rend un hommage qui n'a rien de continent. Plus aucune règle ne s'impose. La femme devient un objet de plaisir. Elle perd sa valeur propre pour être surtout, au même titre que le vin ou l'éphèbe, le catalyseur des possibilités viriles et spirituelles de l'homme. Le poète chante avec une égale ardeur les effets du vin, les agaceries amoureuses de l'esclave, de la femme libre, de la concubine ou d'un mignon qui lui appartiendrait » (voir « La femme en Islam », in *Histoire mondiale de la femme.* t. 3, sous la

direction de P. Grimal, Paris, Nouvelle Librairie de France, 1974, p. 110).

12. El-Bokhâri, *Les traditions islamiques*. trad. O. Houdas, Paris, A. Maisonneuve, 1977, t. 3, p. 601.

13. Le goût de l'Arabe évoluera régulièrement, épousant de la sorte les bouleversements politiques, sociaux et religieux qui ont marqué son histoire : « Alors que, pendant la période antéislamique et aux premiers temps de l'Islam, les hommes appréciaient les femmes plantureuses, lit-on dans l'*Encyclopédie de l'Islam* (t. 2, p. 565), c'est maintenant la sveltesse du haut du corps qu'ils recherchent et la littérature nous fournit maints exemples du goût douteux manifesté à l'égard de *ghulâmiyyât* qui prennent des allures de garçon. Le penchant prononcé pour les éphèbes *(ghulâm)*, tant chantés par les poètes du genre d'Abû Nuwâs, est une caractéristique durable. Un texte comme celui qu'al-Djâhiz a intitulé *Mufâkharat al-djaw'ârî w'a-l-ghilmân (Éloges des prostituées et des éphèbes)*, malgré l'obscénité de certains passages, est à cet égard fort instructif. »

14. Peut-on se demander si ce « compagnonnage » n'était pas à la source même de ces « associations d'entraide et de vie communautaire, régies par un code d'honneur » dont le nom est *Futuwwa* (pl. *fityân*) et qui étaient fort répandues vers le IVe-Xe siècle dans les territoires sassanides. Voir à ce sujet *L'Islam et sa civilisation (VII-XXe s.)* (Paris, Albin Michel, 1977, p. 155) d'André Miquel qui revient souvent sur la vie des petites gens (pages, castrats, itchoghlans, prostituées, artisans) dans sa relation avec celle des gouvernants des diverses cours arabo-musulmanes.

15. Citée par W. Walther, dans *Femmes en Islam* (Paris, Éd. Sindbad, 1981, p. 120), une source arabe du XIe s. mentionnerait une lettre de l'écrivain irakien Abu l'Aynâ (mort en 896) à un contemporain qui lui disait : « Il est étrange que vous vous fassiez posséder au lieu de posséder… Pourquoi diable payez-vous un douaire, puisque c'est d'hommes que vous avez besoin et que vous ne manifestez pas d'amour pour les femmes », et il conclut, cynique, « Vos femmes sont chez vos voisins et vos hommes parmi vos jouvenceaux… Pitié pour la mariée dont la robe ne sera

pas enlevée… » L'auteur rapporte aussi quelques anecdotes relatives aux lesbiennes dans la bonne société du XIIe s. *Cf.* p. 120 et *sq*.

16. « Dis aux croyants : de baisser leurs regards, d'être chastes. Ce sera plus pur pour eux. – Dieu est bien informé de ce qu'ils font. »

« Dis aux croyantes : de baisser leurs regards, d'être chastes, de ne montrer que l'extérieur de leurs atours, de rabattre leurs voiles sur leurs poitrines, de ne montrer leurs atours qu'à leurs époux » […] (Le Coran, sourate XXIV, La Lumière, « An-Nûr », v. 30-31).

On utilise au Maroc un proverbe instructif dans ce domaine : « *lamrâ elli ma fihâ hyâ behâl at'-'âm bla melhâh* » (Une femme sans pudeur équivaut à un mets sans saveur).

17. Voir plus haut, la conception khaldoûnienne.

18. *Cf.*, dans ce même travail, le chapitre consacré au *tabou de la virginité*, p. 91-140.

19. Nous évoquions naguère la question des « Apparences » dont la congruence passe nécessairement par les identificateurs sociaux puisque celles-ci se bâtissent directement sur un terreau complexe ayant pour centre de gravité la double polarité « Famille-Soi »/« Soi-Groupe. » Tout porte à croire en effet que tout individu mettant en œuvre une quelconque stratégie des apparences fait recours spontanément aux archétypes sociaux les plus valorisants et son action n'est libre que dans la mesure, très réduite, où elle réitère un discours, le discours dominant.

20. Thèse défendue par Abdelwahab Bouhdiba dans : « Le hammam, contribution à une psychanalyse de l'Islam », in *À la recherche des normes perdues*, Tunis, Maison tunisienne de l'édition, 1973.

21. « Vous sont interdites : vos mères, vos filles, vos sœurs, vos tantes paternelles, vos tantes maternelles, les filles de vos frères, les frères de vos sœurs, vos mères qui vous ont allaités, vos sœurs de lait, les mères de vos femmes, les belles-filles placées sous votre tutelle, nées de vos femmes avec qui vous avez consommé le mariage, nulle faute cependant ne vous sera imputée si le mariage n'a pas été consommé. Les épouses de vos fils, issus de vos

reins» (Le Coran, sourate IV, verset 23, trad. D. Masson, Paris, Gallimard, La Pléiade, 1967, p. 96).

22. In *Les traditions islamiques*, t. 3, *op. cit.*, p. 603.

23. La pratique du «petting» préconisée en Amérique consiste à procéder à toutes les caresses sexuelles, parmi les plus avancées, sans pourtant mettre en péril l'hymen lui-même. À l'époque où Kinsey enquêtait, 30 % de la jeunesse se satisfaisait ainsi. C'était dans les décennies 50 et 60.

24. Lors des «journées médicales sur les troubles de la sexualité» qui ont eu lieu à Alger en mars 1986 un congressiste avait lancé cette boutade qui, par son caractère dérisoire même, informe bien mieux que des discours de l'inanité de la preuve physique de l'hymen et de sa conservation, sans sa traduction concrète dans les conduites réelles : «La virginité, dit-il en parlant de la sodomie, doit-elle être seulement virginale ou bien également buccale et anale ?» (*cf. Algérie-Actualité*, n° 1064, du 6 au 12 mars 1986, p. 12).

La virginité a de tout temps été associée aux rites divins (vestales romaines, prostituées sacrées), sous la forme d'une adolescente parfois verte : «Cette dernière catégorie commence par les enfants et les adolescents vierges qui, dans beaucoup de cultes, occupent une place et des fonctions spéciales» (Van der Leeuw), mais en même temps, elle a été l'une des obsessions les plus partagées par l'homme de toutes les nations. Nous étudierons plus en détail cette question dans le chapitre consacré à cet effet.

25. Cité par H. Bousquet dans *L'éthique sexuelle de l'Islam*, Paris, G.-P. Maisonneuve et Larose, 1966, note p. 69.

26. Une formule très fleurie pour parler du «masturbateur», litt. «le fornicateur de la main».

27. *L'éthique sexuelle de l'islam*, *op. cit.*, p. 69.

28. *Ibidem*, p. 69. Mâlik estime en effet que «l'acte sexuel pratiqué sur un animal n'entraîne pas la peine de mort pour le coupable. Cependant, il recevra un châtiment (laissé à l'arbitrage du juge)» ainsi que le rappelle Ibn Zayd al-Qayrâwânî, dans *La Risâla*, Alger, J. Carbonel, 1949, p. 259.

29. Un tableau exhaustif de la perversion dans les contes des *Mille et Une Nuits* nous est fourni par E.F. Dehoi,

L'érotisme des « Mille et Une Nuits », Paris, J.-J. Pauvert, 1961, 228 p.

30. Al-Muqaddasî, *Description de l'Occident musulman*, aux IVᵉ-Xᵉ siècle, texte arabe et traduction par Charles Pellat, Alger, Éd. Carbonel, 1950, p. 57. Dans le même paragraphe, l'auteur rapporte aussi : « J'ai interrogé l'eunuque 'Urayb qui est savant et sincère : "Mu'allim, lui dis-je, renseigne-moi sur les eunuques, car les savants ne sont point d'accord à leur sujet : Abû H'anîfa dit qu'ils peuvent se marier et leur attribue la paternité des enfants que leurs épouses mettent au monde...

– Abû H'anîfa a raison, me répondit-il, et je vais t'indiquer ce qui se passe. Sache que lorsqu'ils s'approchent pour subir l'opération, on leur incise les deux bourses et l'on pratique l'ablation des testicules, il arrive alors que l'enfant prenne peur et que l'un de ses testicules remonte dans l'abdomen ; on essaie bien de le ramener, mais on ne le trouve pas toujours immédiatement et il redescend quand l'incision s'est cicatrisée. Si c'est le testicule gauche, l'eunuque éprouve des désirs et sécrète du sperme ; si c'est le droit, la barbe pousse, comme c'est le cas pour un tel et un tel." Abû H'anîfa a mis en pratique la parole du Prophète : "L'enfant appartient au lit conjugal" et le père peut fort bien être un de ces eunuques qui ont conservé un testicule » (p. 57 et 59).

31. Le Coran tolère que les femmes montrent leurs atours aux parents proches, aux esclaves femelles, ou aux « serviteurs mâles que n'habite pas le désir (charnel), ou aux garçons qui ne sont pas (encore) au fait de la conformation des femmes » (trad. Régis Blachère, Paris, G.-P. Maisonneuve et Larose, 1966, p. 31).

32. *Cf.* conclusion de « *L'esprit du sérail* ».

33. Rapporté par le fameux *isnâd* El-Bokhâri, dans *Les traditions islamiques*, *op. cit.*, t. 4, p. 120.

34. H. Pérès, « La poésie à Fès sous les Almoravides et les Almohades », communication présentée au Congrès de l'Institut des hautes études marocaines, avril 1933, sect. II, parue dans *Hespéris*, t. XVIII, fasc. I, 1934, p. 37.

35. Le même auteur écrivait aussi ailleurs : « Le Qur'ân, comme les Hadîth-s ont condamné formellement et véhémentement comme une plaie sociale la sodomie *(liwât)*,

mais elle a survécu à tous les anathèmes », voir H. Pérès, *La poésie andalouse en arabe classique au XI*e *s.*, Paris, Libr. d'Amérique et d'Orient A. Maisonneuve, 1953, p. 341. En réalité, le Coran évoque la question de l'homosexualité, l'incluant d'ailleurs souvent dans le thème général de la fornication, dans trente-trois versets, dont les plus importants sont ceux qui stigmatisent la félonie du peuple de Loth : VII, 80-84 ; XI, 77-80 ; XV, 67-72 ; XXVI, 165-168 ; XXVII, 54-58 ; XXIX, 28-30 ; LIV, 33-38. Dans L'Araignée *(Al-'Ankabût)*, sourate XXIX, versets 28-29, une question, prenant l'aspect d'un leitmotiv, est posée : « Aurez-vous un commerce charnel avec des mâles ? » Celle-ci est encore renforcée par l'incitation au croyant à n'avoir de conjonction qu'avec les femmes, ainsi qu'il est clairement préconisé dans la sourate XXIII, Les Croyants *(Al-Mu'minûna)*, versets I, 6-7 : « Bienheureux sont les Croyants [...] qui n'ont de rapports qu'avec leurs épouses ou leurs concubines : (dans ce cas) ils ne sont pas blâmables. Tandis que ceux qui convoitent d'autres qu'elles sont des transgresseurs » (trad. R. Blachère).

36. H. Pérès, *La poésie andalouse...*, *op. cit.*, p. 341. Un autre auteur prestigieux, Louis Massignon, écrivait : « Il faut noter sur ce sujet scabreux, dont la gravité ne saurait être celée au point de vue social, que le vice de Sodome, quoi qu'en aient dit Burton et Nabhânî, n'est l'attribut ni d'une zone climatérique, ni d'une race ; Iraniens et Grecs, qui l'ont enguirlandé d'excuses philosophiques, n'en sont point les inventeurs ; il existe, à l'état brut, chez tous les peuples où les maîtres ont recouru à la coercition ou à la ruse *(dabîh)* sexuelles pour dompter, comme des fauves, leurs esclaves : qu'ils fussent mâles ou femelles indifféremment ; et ont été punis, en retour, d'un asservissement rigoureux aux instruments de leur luxure... » (al-Hallâj, note 2, p. 797).

37. L'*Encyclopédie de l'Islam*, les traités de poésie et toutes les études exégétiques leur consacrent une bonne partie de leurs articles spécialisés. Notons que la datation de l'homosexualité a été fixée durant la période des Abbassides si l'on en croit Tahar L. Djedidi qui écrit : « Le développement de l'homosexualité chez les Arabes semble remonter à la première armée musulmane permanente,

celle qu'Abû Muslim al-Hurasânî forma en 749 au nom des Abbassides, pour mettre fin à la dynastie umayyade et dont il exclut les femmes. Ce fut la première fois, dit-on, que l'élément féminin était absent d'une armée arabe » (in *La poésie amoureuse des Arabes*, Alger, SNED, 1973, p. 109).

38. Le Coran, trad. R. Blachère, *op. cit.*

39. Comme il faut revenir aux textes fondateurs, rappelons que le Coran, après avoir évoqué à trente-trois reprises le cas général de l'homosexualité, ne distingue guère de « pathologie » pouvant recouvrir la notion de perversion, au sens où l'évoquerait la psychanalyse ou la psychologie clinique. En revanche, l'inceste est mentionné à l'occasion de dispositions touchant le mariage : « N'épousez point celles des femmes qu'ont épousées vos pères – sauf celles épousées dans le passé. C'est là turpitude abominable et combien détestable chemin ! » (sourate IV, *An-Nisâ'*/Les Femmes, v. 22) et surtout le verset 23 : « Illicites comme épouses sont pour vous vos mères, vos filles, vos sœurs, vos tantes paternelles… » La prostitution fait l'objet des versets XIX, 27-29 et XXIV, 336. Quant aux châtiments destinés aux « fornicateurs » en général, il faut les chercher dans la sourate XXIV, versets 2 à 10 : « La fornicatrice et le fornicateur, flagellez chacun d'eux de cent coups de fouet !… »

40. Voir notamment les ouvrages des auteurs suivants :

A. Khatibi : *Mémoire tatouée*, Paris, Denoël, 1973, coll. Lettres Nouvelles, 1971 ; *Le livre du sang* (roman), Paris, Gallimard, 1979.

T. Ben Djelloun : *L'enfant de sable* (roman) Paris, Denoël/Seuil, 1985.

M. Dib : *Habel* (roman), Paris, Éd. du Seuil, 1977 ; *Cours sur la rive sauvage* (roman), Paris, Éd. du Seuil, 1964, et d'une manière moins translucide, bien que virtuelle, ceux de Serhane, de Boudjedra et ceux des poètes dans les deux langues.

41. Le règne du sérail, p. 229-256 dans le présent travail.

42. In *La divination arabe*, Leiden, E.-J. Brill, 1966, p. 461-462.

CHAPITRE II

Le langage obscène

Le langage obscène[1] au Maghreb se présente comme un capital de signes extrêmement virulents, doublé d'une fonction compensatrice évidente. Le langage obscène, dans sa désuétude même, circonscrit et délimite les « bonnes » et « mauvaises » manières, renvoie également à l'éducation de celui qui l'emploie. Parce qu'elle appartient au registre de la vocalisation agressive, l'obscénité proférée à l'endroit d'un individu implique autant celui qui l'émet que celui qui la subit[2]. Elle est toute-puissante lorsqu'il s'agit de jeter l'anathème et d'amplifier le « Mal », ponctuellement incarné par tel ou tel quidam. Il est important de rappeler, afin de montrer l'importance du langage obscène, que la culture orale a été, jusqu'à ces dernières années, le véhicule privilégié de la transmission de la Loi au Maghreb. L'obscénité participe donc – tout au moins subjectivement – de la sphère opérative (et monumentale) de la culture orale. Tenant essentiellement de cette tradition, le langage obscène appartient à un imaginaire en « clair-obscur » qui est spécifique de la langue arabe. En effet, la densité métaphorique de la langue arabe a retenu maints chercheurs qui se sont penchés sur sa structure intime. Barrès disait naguère que « les Arabes excellaient dans l'art d'exprimer avec de l'eau et avec des fleurs leurs rêveries indéfinies». Cela étant, il est bon de distinguer entre la métaphore châtiée du Coran ou de Taha Hussein et celle qui prend naissance dans un contexte plus dénudé et plus empirique, celui de la vie quotidienne. L'apollinien est aussi indispensable à l'une qu'il est superflu à l'autre, laquelle s'exprime surtout par un réalisme étroit lié à une pulsion immédiate.

Injures et obscénités constituent au Maghreb un chapitre de la langue commune, substantiellement riche en évocations sexuelles en tout genre. Notons que généralement la femme subit plutôt l'obscénité que l'injure et l'homme, plutôt l'injure que l'obscénité, mais aucun n'a le privilège de choisir l'injure qui lui est adressée. Aussi, si l'on considère leur contenu, nous nous apercevons rapidement qu'aussi bien en ce qui concerne les injures qu'en ce qui se rapporte aux obscénités, la source en est masculine. Dans les représentations maghrébines, plutôt strictes, injures et obscénités font partie intégrante des actes répréhensibles et subissent, de ce fait, un refoulement plus ou moins admis. Preuve en est la honte qui est éprouvée lorsqu'un adulte commet un impair verbal devant une assistance de proches parents de rangs relativement éloignés ou encore devant des personnes de différentes classes d'âge. Les règles sont extrêmement sévères, et il n'est aucun qui penserait, dans des conditions normales, à les enfreindre.

L'homme, qui jouit par ailleurs d'une grande liberté d'action et de parole, est soumis, ici, à une stricte codification langagière. Quant à la femme, le tabou verbal qu'elle subit à l'extérieur, elle semble le franchir allégrement, une fois à l'intérieur, et s'il n'y avait une dimension de respect accordée aux personnes vénérables du gynécée, tout porte à croire que sa liberté de langage est encore plus crue que celle de l'homme. Cela pourrait aisément s'expliquer par le confinement spatial auquel elle est soumise et l'absence de structures lui permettant de se défouler en dehors du cercle familial le plus restreint. Mais toutes les femmes ne sont pas des Élise[3] qui s'ignorent : beaucoup d'entre elles seraient à cet égard de véritables dames qui se choqueraient aussi facilement qu'une novice, car le poids de leur éducation est très présent.

Toutes les formes idiomatiques du langage obscène maghrébin ont pour cible les organes génitaux, les relations de parenté et, d'une manière plus globale, le domaine sexuel.

Dès lors, sera abusive, voire scandaleuse *('ar, âïb)*, l'utilisation de toute forme de paillardise ayant pour théâtre ce thème général[4]. Seul l'amour oblatif d'une mère pour son enfant est chanté ouvertement. C'est pourquoi la langue s'est forgée une variété de locutions idiomatiques et d'euphémismes permettant à la bienséance de conserver son droit de cité chaque fois qu'une situation déplaisante ou susceptible de le devenir apparaît[5].

Échantillon d'expressions obscènes ou injurieuses

L'échantillon des obscénités et des injures que nous rapportons ci-dessous n'est valable que dans la mesure où il est communément usité dans les grands centres urbains du Maghreb. Des variantes peuvent exister, et un grand nombre d'obscénités locales, proférées dans des groupes restreints, n'apparaissent pas ici. Seul un lexique détaillé pourrait en rendre compte exhaustivement.

L'une des rubriques les plus prolifiques dans ce domaine est incontestablement celle qui vise les divers organes génitaux féminins et surtout ceux de la mère : outre le fameux *tiz* (vagin) qui n'est finalement que l'appellation populaire du vagin, il existe un grand nombre d'autres expressions parmi lesquelles : *tiz ommok'* (*podex de* ta mère), *hatchûn* (vagin, en dialecte kabyle), *hatchûn 'amèk (idem)*, *farroûdj* (diminutif de *fardj'* ou vagin en arabe classique), *farroûdj' ommok* (*podex* de ta mère)... Quand la cible de l'obscénité, donnée automatiquement dans l'expression elle-même, ne concerne pas la mère, l'injure est moins grave : elle peut même être considérée comme une plaisanterie surtout lorsqu'elle se profère dans les bandes d'adolescents, qui se taquinent souvent de la sorte. La variante *farroûdj' oukhtâk'* (*podex* de ta sœur) n'attire plus qu'un haussement d'épaules et, au pire, une repartie parallèle... Parfois, dans le langage obscène, les organes génitaux subissent un procès de « métaphorisation » qui reflète le génie de la langue tout en éclaircissant les rapports non exprimés entre les utilisateurs et leur discours. Ainsi, « le borgne » *(la'ouar)* désigne la verge, tout comme « le chauve » *(al-fartas')*; quant au « hérisson » (*kanfûd*, dim. *knifèd)*, il renvoie au vagin, au même titre d'ailleurs que *zanbûr*, utilisé surtout en Tunisie.

Comme nous le signalions précédemment, le vagin est dit *fardj* en langue arabe classique. Cependant, dans la dénomination obscène, *al-farroudj*, qui ne pourrait être qu'un diminutif de *fardj* (vagin), est maintenant complètement assimilé par la notion de *farroudj* (qui signifie dans la langue populaire « poulet »), phonétiquement voisin.

La symbolique du « bas » a pour ainsi dire phagocyté celle du « haut », plus rare. Cette absorption par osmose d'un terme par un autre, souvent plus trivial que lui, est fréquente. Alors qu'ils offrent une cible virtuelle à de nombreuses obscénités, étant donné leur caractère proéminent et leur fonction d'identification, les seins n'en recueillent qu'un très petit nombre. Cette situation paradoxale s'expliquerait par l'association alimentaire « sein-allaitement », qui vient étayer la conduite, inattendue au Maghreb, qui consiste à ne jamais cacher les seins maternels au moment de la tétée. Dans une région où tout est soumis au tabou le plus fort, cette « exhibition » du sein maternel, bien qu'elle soit en partie justifiée par le fait du corps nourricier, n'en demeure pas moins étrangement perverse. Notons par ailleurs le fait tout aussi remarquable qu'aucune obscénité particulière n'est réservée à la jeune fille ou à son corps, si l'on considère que l'obscénité interpelle l'objet-cible sous le registre de la flétrissure ou tout ce qui est jugé comme tel par l'environnement culturel.

Ce qui précède rend d'autant plus virulente l'atteinte verbale visant la femme ou le corps de la femme. Il serait judicieux de s'arrêter un instant sur la stigmatisation du corps de l'homme, et voir par exemple quels « états » ou « fonctions » sont jugés peu dignes chez lui.

Il s'avère d'emblée que la majeure partie des expressions consacrées, dans le contexte maghrébin, visent, en priorité, la capacité virile de l'homme. Ainsi, parmi les graves insultes que l'on peut proférer à l'égard de celui-ci, « le castrat » *(al-mokhsî)* est très usitée. La perte de la virilité est associée quasi automatiquement à l'impuissance érectile. Une autre injure, très fréquente aussi, fait allusion aux effets provoqués par certaines pratiques de sorcellerie regroupées sous le terme commun de *rabt* (nouement de l'aiguillette). Lorsqu'un homme est timide ou peu entreprenant, il est selon les expressions en usage froid *(bâred)*, noué *(marbût)*, castré *(mokhsî)* ou alors donneur *(attaï)*, autrement dit « pédéraste »[6]. À l'autre extrême, le courage et la « virilité » (qui n'est, le plus souvent, qu'un simple donjuanisme) sont avantageusement appréciés. En effet, les femmes ne dédaignent pas se lier avec quelqu'un qui compte beaucoup de relations sexuelles antérieures. Cela prouve, assurent-elles, qu'elles ont affaire à « un homme de tempérament », de « virilité confirmée », *rajel ou neçf* (littéralement : « un homme et demi ») dont elle chercherait imaginairement la correspondance dans son attribut viril même[7].

Cette conception fantasmatique de l'image masculine ignore l'échec du coït. Elle ne la perçoit qu'à travers la lentille grossissante (et donc déformante) de la sexualité prénubile ou encore à travers la lucarne d'une nuit de noces où les corps, éprouvés par un éventail de stimuli convergents, risquent de réagir *a contrario* de l'exigence coïtante qui leur est assignée.

L'équivalent de la notion de *rajel* ou *neçf* dans la tradition arabe classique n'est autre que la *murûwwa*, qui signifie tout à la fois « virilité », « caractère », « personnalité aguerrie » ou encore « maîtrise de soi ». Cette notion correspond à l'une des valeurs cardinales de l'éthique arabe, puisqu'elle englobe la quasi-totalité des critères de la bédouinité[8].

Il est notoire que la castration elliptique, mythiquement posée à l'endroit d'une valeur psychologique comme la *murûwwa*, nous renvoie à une conception idéalisante de l'homme qui fait du bannissement de la composante homosexuelle la pierre angulaire de sa masculinité[9].

Le problème de l'homosexualité est constitutif du débat qui nous intéresse, car son refoulement fonctionne comme un déclencheur de l'obscénité orientée vers le genre masculin. Liée aux testicules, l'expression *al-qlawoui* désigne métaphoriquement le « peureux », le « lâche », le « bas », en association directe avec la position de ces attributs à l'ombre du pénis, jugé plus noble dans la hiérarchie des représentations viriles.

Al Qawwâd (le proxénète, l'entremetteur) est une expression qui fait surtout allusion au troc de la mère ou de la sœur par le frère ou, plus rarement, par le père. Cela signifie également que le frère ou le fils ne sont en fait que de faux hétérosexuels qui préfèrent mettre leur mère ou leur sœur à l'endroit où ils voudraient être eux-mêmes. Tout fonctionne alors comme s'il y avait eu une jouissance par délégation, le résultat étant dans la réussite du troc, d'où la péjoration accolée à cette expression.

Attaï (pédéraste) : insulte fréquente qui atteste que l'homosexualité est particulièrement décriée. Dans le langage trivial, cela signifie : « le donneur », car la conception en usage considère que seule l'homosexualité passive est condamnable, par opposition à l'homosexualité active, dont le terme *nièk* (sodomite) est tenu, parfois, pour être valorisant, car il y passe une notion de compensation viriloïde appelée : *rjoûlia* qui n'est à tout prendre que le reflet, dans le domaine du folklore grivois, de l'aristocratique *murûwwa*. Cependant, il faut préciser que toutes ces obscénités n'ont de sens que si elles s'inspirent de la mentalité phallocratique régnante aux ingrédients divers et variés : machisme fier et ostentatoire, donjuanisme sordide, misogynie, etc. Le terme *attaïa* est utilisé également pour désigner la « fille des rues », l'« abandonnée » ou encore la jeune femme séduite en dehors des liens du mariage. La notion de faute y est, ici, encore plus dégradante. La conception négative qui vise la passivité de l'homosexuel masculin s'exprime dans le langage courant par une série d'injures obscènes qui accordent une place de choix aux épithètes animales, notamment dans sa dimension sexuelle archaïsante et monstrueuse.

Ainsi le couple « chèvre-bouc » *(ma'za – âtroûs')*

constitue-t-il l'exemple parfait de ces oppositions qui procèdent d'un naturalisme rudimentaire, stigmatisant le partenaire récepteur et glorifiant par ricochet le partenaire actif, devenu l'étalon. Dans cette volonté – assez spectaculaire, il faut le dire – de maintenir à tout prix l'homosexualité dans la sphère du condamnable et de l'interdit, dans cette constance méthodique de la valorisation de la masculinité jusqu'au partenaire homosexuel, alors que l'homosexualité est flétrie, nous voyons un indice supplémentaire de la marginalisation de l'Autre et de sa spécialisation dans les fonctions misérables de l'Impur. L'expression *bou-terma* signifie : « celui à la fesse proéminente » : insulte fréquente qui tend à discréditer la masculinité de l'homme auquel elle est destinée. L'usage voudrait que seule la femme puisse prétendre avoir les masses fessières rondes et charnues. Critère de différenciation morphologique entre les sexes, la proéminence des fesses, de négative chez le garçon, incarne une qualité indiscutable chez la femme. La grivoiserie qui entoure cette partie du corps féminin fait d'elle le point de mire de nombreuses attaques ou allusions. En même temps, sans être le critère auquel se rapportent les autres charmes du corps féminin, les fesses peuvent constituer une source non négligeable dans la conduite de séduction.

Les descriptions qui font état de la beauté plastique des fesses dans l'érotisme arabe sont à la fois anciennes et très connues ; il faut qu'elles soient à la fois amples mais fermes, douces sans être molles, pourvues d'un tissu épidermique fin et délicat ; enfin, il faut qu'elles soient gracieuses mais suffisamment épanouies afin d'offrir la densité sensuelle que l'homme attend d'elles. Être mince pour une femme ne correspond pas à l'idéal de beauté exigé (encore aujourd'hui) au Maghreb. Sa minceur étant prise pour un handicap, elle s'opposerait définitivement à la fécondité, la maternité présupposant en effet la luxuriance de la chair. Le terme consacré est *nahifâ*, ce qui signifie frêle, malingre[10].

L'appréciation de cette partie du corps chez le garçon est évidemment tout autre : chez la femme, l'importance des fesses est souvent liée à un développement pelvien naturel, mais il n'en va pas de même pour son partenaire masculin. C'est pourquoi, très tôt, l'adolescent redoutera cette insulte, surtout si elle lui rappelle un développement quelque peu inhabituel de ses éminences fessières[11].

Mais la femme n'est pas épargnée par le folklore grivois où elle occupe même la place de choix. Il existe par exemple plusieurs expressions qui visent à dénigrer la masculinité chez certaines femmes, appelées pour la circonstance : *Aïcha-rajel* (littéralement : Aïcha-est-un-homme), « fille-garçonne », « garçon manqué », « hommasse », « virago ». Moins grave que l'obscénité et pouvant même se dire à l'intérieur de la maison, cette expression n'en est pas moins très dépréciative. Elle est connue dans la littérature classique sous le terme de *ghûlamya* (de *ghûlam* : garçonnet ou « giton »), voire « bardache » (de l'arabe *bărdădj* = esclave). Animus jungien, formation archétypale de la masculinité inconsciente chez la femme, la masculinité d'*Aïcha* (partie féminine) et *Rajel* (partie masculine) est morphologiquement apparente : raucité de la voix, pigmentation de la peau, charpente osseuse caractéristique. Le personnage de la fille-garçonne s'oppose à celui de l'efféminé et de l'imberbe dont il est « l'antithèse ».

Akera (aquerâ, aguera) (stérile) (masc. *'âker')* : *la* stérilité de l'épouse n'est pas seulement une injure blessante, c'est aussi un constat dramatique que vit intérieurement la femme et qui compromet toute sa promotion sociale en mettant en péril son destin de mère. Cette question sera traitée ultérieurement[12].

Hajjalâ (veuve), mais aussi – par glissement de sens – « prostituée » : grave insulte qui suggère l'idée d'abandon pour mauvaise vie, de rejet réel ou supposé, de châtiment divin. Dans la notion de rejet existe également une dimension d'usure malsaine. S'il y a mort du mari, la conception animiste considère implicitement que sa femme lui a été fatale, car elle est mauvaise, impure et maléfique.

Mtalqâ (m'talgâ) : la malédiction qui entoure la veuve touche également la femme divorcée. Celle-ci focalise même plus de suspicions encore que la veuve, mais, dans les deux cas, l'usage veut que l'une et l'autre, ayant déjà eu des rapports charnels avec un homme, ne résisteront pas à l'appel pressant de leur désir, ce qui explique les conduites (souvent malhabiles) d'hommes qui briguent avec insistance leurs faveurs. Plutôt injure qu'obscénité, cette expression est également employée pour qualifier des penchants pervers ou des attirances incestueuses.

Skhoûna : la « femme du ça » est avant tout la femme dite *skhoûna* (litt. : « la chaude »). Car cela, nous le verrons, n'est guère admis. La prostituée se trouve à l'antipode de la « bonne femme », de la femme bénéfique. Elle est le terrain du Diable (le Diable est très pulsionnel sous nos latitudes !) et est possédée par lui (autrement dit, par son désir). Commerce sexuel de l'hystérique qui constitua l'une des querelles les plus animées chez les anciens. Les mêmes qualités, chantées chez l'homme, sont particulièrement honnies chez la femme. De fait, dire d'un homme qu'il est *skhoûn* revient à valoriser chez lui des aptitudes génésiques manifestes. La femme *skhoûna*, elle, suscite la crainte et la suspicion, car en matière de bienséance sexuelle, tout ce qui n'est pas latent devient le fait d'un dévergondage hypertrophié. Très vite, la femme rencontrera la défiance du partenaire qui conjurera en elle les démons du désir sexuel, dont le tempérament « ardent » est le signe apparent. Même au Maghreb, l'hystérie est féminine avant d'être une maladie mentale comme toutes les autres, et le sexe y tient une place fort remarquée. La médecine traditionnelle, se fondant essentiellement sur l'observation externe, emprunte à la divination ses velléités de prédiction. Le critère qui différencie les deux types de femmes, la « bonne » et la « mauvaise », pour autant qu'elles procèdent d'une éthique sexuelle comparable, ne nous paraît pas suffisant pour motiver de tels diagnostics. Ce que l'écoute du discours masculin nous apprend est en fait nettement plus ambivalent, ou tout au moins très nuancé. En effet, lorsqu'un homme évoque le cas d'une femme particulièrement énergique en matière sexuelle, il se mêle dans son discours une sorte de sentiment de crainte et d'admiration qui, tout en compliquant la transparence d'une idée en gestation, prouve que cette dernière n'est pas exactement celle que le message social semble présenter.

Kahba : l'une des injures les plus fréquentes, aussi fréquente que « pédéraste » *(attaï)* du côté masculin, est l'expression *kahba* (putain). Le terme « grisette » qui signifie à l'origine « ouvrière jeune et coquette » devient, dans le francarabe en usage au Maghreb, une insulte faisant partie du folklore grivois. Dans nombre de cas, il se substitue au premier, mais n'implique aucune sévérité dans le jugement. Une « grisette » peut être tour à tour *kahba* (prostituée), *attaya*, *fasdâ*, *fajrâ*, etc. Lorsqu'un homme présente des manières efféminées et par trop obséquieuses, on dit de lui *hada yatkah'bân* (litt. : celui-ci se comporte comme une *kahba*, prostituée). Tout comme la catégorie de femmes appelées *aïcha-rajel* (hommasses) où l'élément mâle est proscrit, ici, ce sont tous les indices de la « féminité », jusqu'au plus latent, qui sont régulièrement pourchassés. De même, lorsqu'un enfant naît dans des conditions extraconjugales, il est dit *kabboûn (*« sans nom », « abandonné », « bâtard »). Il est considéré comme un produit de quelque prostituée des maisons de tolérance de la ville ou de prostituées « indépendantes » qui racolent sur la voie publique et qui, aussitôt leur « parturition » terminée, jettent le rejeton dans le premier caniveau. Il faut comprendre que dans une société patrilinéaire où le nom du père est d'une importance capitale, être fille-mère est particulièrement infamant, et le futur enfant subira un sort à la mesure de l'hérésie commise par sa mère. Il n'est guère possible de penser de nos jours à un matronyme qui se substituerait efficacement au patronyme manquant. Pour une fille-mère maghrébine, lorsqu'un enfant arrive à terme sans le sceau bénéfique d'un Nom du Père, cela équivaut à une mort sociale certaine, alors même que, par ailleurs, l'aboutissement biologique est considéré comme une sorte de grâce divine, une épiphanie.

L'enfant né dans un tel contexte d'exécration et de bannissement social, qui commence pour lui dès l'utérus maternel, sera, à l'instar de sa génitrice, maudit *(mal'oûn)*. Une enquête sociologique mettrait en évidence que l'un des fléaux qu'affrontent les filles-mères est l'infanticide. Cela est d'autant plus dramatique et infiniment culpabilisant lorsqu'on sait combien la connivence sociale est sévère à l'égard de la criminalité féminine. Cette iniquité de l'évaluation sociale entre les sexes fait que le personnage de la prostituée se distingue par le fait qu'après la mère elle recueille le plus grand nombre d'injures et d'obscénités. Dans la sphère touffue du folklore obscène, la prostituée constitue le prototype même de l'anti-femme, puisqu'elle est simultanément *aïcha-*

rajel (femme-garçonne), par une certaine ostentation dans sa manière de s'habiller et de se coiffer (et peut-être aussi de fumer, tant il est vrai qu'ici plus qu'ailleurs, la cigarette est le privilège exclusif de l'homme !) ; *aquerâ* (stérile)[13], *hajjalâ* en général et fille-mère, enfant illégitime, abandonnée ou répudiée. Dans tous les cas, les conditions de sa déchéance ne sont imputables qu'à elle-même, entendons par là à sa mauvaise conduite d'adolescente impudique, aux sens embrasés, ou de femme mariée aux manières perverses. Rarement les conditions objectives (échec social, statut économique défavorable, etc.) sont évoquées ; ce qui importe visiblement n'est rien d'autre que l'incapacité de la prostituée à s'inscrire dans les normes. De même que cette hétaïre ne peut être mère, de même, elle sort affectée d'un stigmate essentiel, celui de l'insatiabilité sexuelle. Ce caractère jette le trouble dans une conscience collective où la femme n'est pas censée réagir à de tels émois. Aussi la prostituée fait-elle peur, et cela parce qu'elle réveille brutalement certaines forces chtoniennes de la sexualité refoulée, attribuables communément aux êtres contre nature. Par son goût forcené des rapports sexuels, la prostituée ranime l'ordre pulsionnel et installe dans ses « droits » l'équation incontournable de la femme-vampire, la femme maléfique, la « *femme du ça* ».

Sa référence à l'érotisme est amplifiée par les accessoires habituels qui entrent dans le cérémonial des rapports vénaux. Parmi tous les phénomènes qui réactualisent la crainte, figure celui du processus sécrétionnel qui intrigue tant l'imagination de l'homme. La femme est perçue à travers ses multiples sécrétions (humidité buccale, sécrétions vaginales, sudation...). C'est une « *fleuchtes Weib* » *(une* femme humide) comme le dit Georg Groddeck[14]. Le symbolisme érotique est de la même manière repérable dans d'autres langues, voire dans d'autres langages (en éthologie par exemple) où il se confond avec les dispositions instinctuelles les plus élaborées. Le terme *skhoûna* renvoie implicitement à tout cet univers, saturé de nuances et de tabous.

À cette notion de « chaleur vaginale » qui induit l'image d'une femme en rut constant, s'oppose une catégorie d'adjectifs qui font du vagin proprement dit un organe répulsif à cause de la froideur qui y règne. Ceci est surtout valable pour la prostituée qui, dans son abandon « professionnel », perd la distinction d'avoir un vagin chaud. Il est perçu comme un organe « froid », repoussant, « insipide ». Toutes ces raisons – « vagin chaud » ou « froid », abondantes sécrétions, rythmes, pulsations, appétits sexuels – confortent l'angoisse masculine à l'endroit de l'insatiabilité du désir féminin, au point que la femme devient dangereuse pour celui qui s'en approche. À tout moment, l'homme court le risque d'être desséché par absorption de son capital séminal. La croyance tenace qui consiste à mettre sur le compte des rapports sexuels la faculté de la femme à prendre du poids et celle de l'homme à maigrir entretient l'onirisme inquiétant des « muqueuses gloutonnes ». La fréquence avec laquelle cette angoisse émerge dans les conversations et les centres d'intérêts masculins rappelle des problématiques en tout point similaires à celles du vagin denté et de la castration[15]. Car, en définitive, ne s'agit-il pas d'un vagin qui, au terme d'une expédition extravagante, finit par « avaler » entièrement le pénis ? Ses tergiversations présentes ne sont-elles pas là pour endormir l'attention afin de mieux trahir ! Il apparaît donc que la notion de *skhoûna* n'est pas systématiquement une notion de dépréciation et de négation. Par cet éclairage, elle acquiert une dimension inattendue qui se traduit par le besoin incisif et plein de l'appétit sexuel valorisant.

M'kasrâ : il est foncièrement injurieux et calomniateur de dire d'une jeune femme, non mariée, qu'elle est *m'kasrâ* (déflorée, détruite). Les effets de cette injure sont considérables, car l'hymen est une chose trop importante pour que l'on songe à le tourner en dérision. L'injure est souvent plus grave lorsqu'elle est diffamatoire. *M'kasrâ* est une notion qui fait surtout référence à la « déchirure » de l'hymen dans ce qu'elle a de plus irrémédiable. Elle contient une dévalorisation de la personne, une sorte d'atteinte au schéma corporel de la jeune femme (de nombreux témoignages l'ont démontré) et parfois une haine de soi. Un autre mot est utilisé pour désigner moins la femme « dé-faite », la bête boiteuse, la « libertine » que la jeune victime blessée, dont la déchirure de l'hymen n'est que le produit d'une ironie du sort qui accable les plus vertueuses. Il s'agit de l'expression *m'fasdâ* (dé-faite). Auréolée de pardon, utilisée surtout par les femmes évoquant le cas de toute jeune fille violée, cette expression met surtout l'accent sur le caractère passif de la victime et rarement sur sa participation. Le rejet social y est moins prononcé que celui qui atteint, de plein fouet, celle qui a organisé son propre dépucelage. En outre, si un enfant résulte de cette union, en supposant qu'il échappe aux multiples tentatives abortives (qui sont par ailleurs strictement interdites), il sera une victime désignée de l'infanticide ou de l'abandon, car l'anathème qui touche la fille-mère en général se répercute sur sa descendance. La violence de cet anathème est à l'image de l'appréciation quasi névrotique qu'entretient la société maghrébine à l'égard des marginalités sexuelles et notamment à l'égard de celles d'entre elles qui touchent les femmes.

L'obscène

Le fait obscène réitère le rapport qu'entretient d'une manière consubstantielle la sexualité humaine avec la notion d'ambivalence. L'« obscène » n'a de prégnance réelle que « majoré » d'une ambivalence psychique. De surcroît, la fréquence et la gravité de certaines locutions injurieuses ou obscènes délimitent, par un contraste très subtil, la représentation de l'image féminine dans l'imaginaire masculin au Maghreb. Tel est le cas du dernier exemple de notre échantillon, le binôme *mkasra/mfasdâ*. L'image véhiculée par la langue obscène n'est rien moins qu'un travestissement permanent et un déguisement. Cette image procède d'une double dépendance aux représentations sexuelles maghrébines, lesquelles sont – au demeurant – tirées à hue et à dia entre le licite et l'illicite, le permis et l'interdit, le pur et l'impur… Ce qui est « permis » s'explique essentiellement par la nature de l'obscène, pris ici comme facteur de délestage ; mais ce qui est « interdit » l'est moins grâce aux vertus de défoulement de la langue orale qu'à celle de la conservation de l'Ordre en vigueur : respect des valeurs en place, respect des aînés et, parmi eux, la mère. En fait, le paradoxe est d'une grande fécondité, la part admise et apprivoisée renvoyant inéluctablement à ce qui se cache derrière le discours manifeste, traditionnellement admis ; d'autant que l'oscillation entre les notions d'inceste, de refoulement, de sexualité et d'ambivalence n'est guère le fait du hasard. Une cohérence inconsciente préside à son émergence.

Les travaux des spécialistes du langage ont montré l'ancrage de celui-ci dans le terreau inconscient. Le coup d'envoi a été donné par Freud dans ses études sur le mot d'esprit[16], ce qui a permis à nombre d'entre elles de voir le jour[17]. La conclusion globale à laquelle elles ont abouti consiste en un étayage supplémentaire de la relation existante entre le langage (et *a fortiori* le langage obscène) et les pulsions inconscientes refoulées.

Ainsi donc le rapport à l'obscène est-il un rapport au refoulé. L'obscène, sous sa forme la plus expressive – l'obscénité proférée –, est l'avant-scène d'un monde mental dominé par des tensions psychiques de l'ordre de l'agressivité inconsciente et par des interdictions sociales.

Quoi qu'il en soit, l'obscène demeure le reflet d'une instance cachée, relevant probablement du degré de satisfaction sexuelle et de la qualité de cette satisfaction. En fait, l'obscène règle une tension qui ne peut se dénouer autrement. Quant à l'obscénité, elle est une manifestation verbale qui gère un « non-dit » que l'on peut assumer autrement. Tout fonctionne en effet comme si l'obscène (comme résurgence orale) était le retour le plus commode d'un refoulé individuel ou collectif. Ce qui est significatif, c'est que l'« Obscène », dans ses deux usages les plus transparents – usage dépréciateur (social) et moyen d'abréaction (psychologique) –, peut être revendiqué avec autant de verve par la femme elle-même, en dépit de la misogynie flagrante de son contenu. Tous les témoignages concordent, en effet, pour dire que la liberté avec laquelle la femme aborde les questions sexuelles au Maghreb lorsqu'elle se sent à l'aise, dans le gynécée, frise la perfection dans ce domaine. Mais l'homme n'est pas en reste non plus, puisque l'on sait maintenant que l'obscène renvoie à une sémantique fondamentalement répressive et douloureuse à la fois. C'est pourquoi l'obscénité la plus redoutée est celle qui vise la mère. Or, après analyse, il apparaît que ce personnage n'est pas seulement un personnage complexe, mais qu'en outre il est ambigu, dans la mesure où il est sacralisé et divinisé par celui-là même qui – simultanément – le voue aux gémonies. Pivot de la société, la mère est la cible préférée de l'obscénité : pourquoi ?

Parce que dans toute interdiction réside probablement l'appel de sa propre transgression. Cela, d'une part ! Ensuite, dans toute société patriarcale et virilocale, le personnage de la mère est celui qui structure l'espace intérieur, le *harîm*, autrement dit le sacré. Par sa transgression, l'obscène désacralise cet espace intérieur en visant son architecture intime, son plan axial, la mère.

Enfin, l'idée selon laquelle il s'opérerait une sorte de déplacement du statut de femme à celui de mère signifie concrètement que le partenaire absolu qu'est la femme ne suffit pas à lui seul à alimenter l'onirisme transgresseur de l'Obscène.

Dès cet instant, ce n'est plus la Femme, dans son principe général abstrait, qui est la cible de l'obscénité, mais la mère, la fille, la sœur, la parente. Elles sont concrètes, vivantes, accessibles, respectées des leurs. L'obscène se transmet infiniment mieux, se « conduit » à la manière d'une charge électrique à travers l'affectif et le végétatif et moins bien à travers de simples représentations intellectuelles. La boucle se referme : l'obscène ne fonctionnant plus que s'il visait préférentiellement les personnages de la constellation familiale et non pas seulement les individus sexués en eux. Cela est rendu visible par la réaction affligée de l'allocutaire ; c'est en père, frère ou mari qu'il se sent profondément meurtri par l'injure obscène visant l'un des siens. En revanche, le malaise qu'éprouve le locutaire en proférant des obscénités à l'encontre d'une mère ou d'une femme est une indication pertinente du plaisir ressenti (celui de l'inceste, celui de la transgression) si la culpabilité ne vient réprimer cette jouissance que la mentalité se charge par ailleurs de contenir et de châtier, par juges interposés.

Par ailleurs, étant donné le contexte maghrébin, lorsque l'obscène joue pleinement son rôle fantasmatique de transgression, on pourrait y voir une sorte de « discours amoureux inversé », exprimé selon une codification peu soucieuse de cérémonie. Mais là nous quittons le domaine de l'« obscène » pour entrer dans celui de la « séduction perverse », ce qui constitue sans doute un univers différent.

NOTES

1. L'idée d'un travail exhaustif sur le langage obscène au Maghreb nous a effleuré, mais, d'entrée de jeu, nous l'avons écartée, car elle aurait mérité une recherche distincte, ce qui n'est plus dans les limites de ce chapitre.

2. Sur la dimension inconsciente et psychanalytique de l'injure, nous renvoyons à l'ouvrage d'Évelyne Larguèche : *L'effet injure*, « De la pragmatique à la psychanalyse », Paris, PUF, coll. « Voix nouvelles en psychanalyse », 1983.

3. Pour reprendre son mot dans une tirade du *Cid* de Corneille : « Chimène : Il [un mot] a une obscénité qui n'est pas supportable. Élise : Comment dites-vous ce mot-là, madame ? Chimène : Obscénité, madame. Élise : Ah ! mon Dieu ! Obscénité ; je ne sais ce que ce mot veut dire, mais je le trouve le plus joli du monde. »

4. Il est général et varié parce qu'il inclut aussi bien des désignations concrètes d'organes sexuels masculins et féminins que les rapports sexuels, les relations sentimentales, les attributs sexuels secondaires, les caractéristiques morphologiques, mentales ou comportementales du partenaire conjugal, du parent ou de l'ami.

5. Auteur d'un excellent article sur « L'euphémisme et l'antiphrase dans les dialectes arabes d'Algérie » (in *Orientalische Studien*...), W. Marçais leur assigne deux fonctions principales : « Le fondement psychologique de ce procédé, écrit-il, me semble double : 1. il peut s'agir de respecter les convenances, d'employer quelques expressions vagues ou

anodines pour éviter l'emploi du mot propre trop cru ; 2. il peut s'agir encore d'écarter un mot funeste, un nom redoutable et de le remplacer par quelque expression de bon augure, quelque dénomination flatteuse et favorable. » (p. 426). Voici ce qu'en dit l'auteur concernant la femme : « Parler à un individu de son épouse en employant un autre terme que *dârek*, proprement "ta maison", ou que *khîmtèk*, proprement "ta tente", chez les Bédouins, serait d'une grossièreté manifeste. Un individu désigne les femmes de sa famille par les mots *el'ahl*, *el'ahlia*, *el'âyl* (qui signifient tous, approximativement, "foyer", "le foyer" – c'est nous qui rajoutons), même *loulâd*, les enfants, ou encore *elkhawâna*, qui ne m'est pas parfaitement clair » (p. 427). Le mot *elkhawâna* dérive de *lakhwân qui* veut dire « compagnons » (dans le sens confrérique). Appliqué aux membres de sa propre famille, il pourrait à la limite signifier, mais sans sa dimension épiphanique, « la Sainte Famille ». Son usage est néanmoins assez rare. Dans un domaine voisin, voir « Du langage imagé des citadines marocaines » de J. Jouin, in *Actes du premier Congrès d'études des cultures méditerranéennes d'influence arabo-berbère*, publié par M. Galley. Alger, SNED, 1973, p. 365-370.

Conçu dans le cadre de la dialectologie maghrébine (de Tanger à Takroûna), voir le recueil lexicographique et phraséologique paru dans *Arabica* (t. XXI, février 1974, fasc. 1, p. 34-71) que nous devons à A. Boudot-Lamotte et intitulé : « L'expression de la malédiction et de l'insulte dans les dialectes arabes maghrébins ». Notons que cet article est complété d'un index de l'injure qui s'avère fort utile.

6. Lorsqu'un malade arrive en consultation médicale et qu'il annonce que son « âme s'est refroidie » *(roûhi bardât')*, il faut comprendre qu'il s'agit d'une impuissance. Le cas est fréquent.

7. *Cf.* chapitre « La littérature érotique arabe », mais aussi – en ce qui concerne « le fantasme du grand pénis » – le chapitre « Le tabou de la virginité ».

8. La bédouinité s'accompagne également d'une dimension d'austérité qu'Ibn Khaldoûn, grand précurseur de la sociologie moderne et chantre de la vie bédouine, avait

notée. Les Bédouins se borneraient donc à rechercher l'indispensable pour leur existence et éviteraient le superflu, caractère vicié de la vie citadine. *Cf. Le rationalisme d'Ibn Khaldoûn*, extraits de la *Muqaddima*, trad. fr. de J.-E. Benscheikh, Alger, Centre pédagogique maghrébin-Hachette, 1965, p. 55.

9. Sur l'émergence et l'inscription de cette notion dans l'univers arabe, voir *La civilisation de l'Islam classique* de D. et J. Sourdel, Paris, Arthaud, 1968.

10. Lorsqu'une femme, afin de marquer son admiration devant une amie à elle, lui dit : « Te voilà bien en chair ! » ou « Que Dieu te fournisse encore ! », elle est censée lui faire des louanges et non pas l'insulter. De même, la belle-mère, au retour de sa première visite de prospection chez sa future bru, fera des observations sur l'amplitude de cette dernière. Si la jeune femme n'est pas encore arrivée à son apogée, la visiteuse évaluera rapidement les chances de celle-ci à prendre facilement et à terme du poids. Cela est visible à l'œil nu : rouge, elle grossira ; pâle, elle maigrira. Si le visage est anguleux, il lui sera difficile de s'« arrondir », ce qui est tout le contraire si son visage est doux. Elle dira alors : « J'ai vu un bout de bois brûlé », « une racine sans eau » (cas négatif) et « Une telle est aussi verte que la menthe fraîche » (autrement dit : elle est en plein essor !) ou encore « Une telle rivalise avec l'homme », étant entendu que l'observation empirique n'a jamais montré que la femme pouvait être (dans ces régions) plus grande qu'un homme.

11. Cela n'est pas l'apanage des seuls Maghrébins. Le folklore universel, le folklore grivois notamment, n'a cessé de chanter de diverses manières cette partie de l'anatomie humaine. Que l'on se rappelle seulement le culte porté aux dieux et déesses callipyges dans l'antiquité gréco-romaine. Rappelons-nous aussi les Vénus hottentotes, aux masses fessières énormes et toutes ces statuettes primitives, provenant d'Afrique ou d'Australie, et dont le signe distinctif est la stéatopygie. Dans la littérature arabe, la fesse était comparée « à une dune à cause de sa hauteur alliée à la mollesse [...] et les poètes, de la période antéislamique à nos jours, se sont évertués à en chanter la souplesse, la proéminence, la rondeur » (selon Salaheddine al-Munajjid,

Jamal al mar'ati inda el-arab (La beauté de la femme chez les Arabes), cité par Bouhdiba, *op. cit.*, p. 247.

12. *Cf.* chapitre III, p. 127.

13. Les méthodes anticonceptionnelles sont interdites par l'islam orthodoxe. Mais les politiques de la famille en vigueur au Maghreb semblent s'ouvrir de plus en plus à ces techniques de limitation des naissances, car la nuisance est également perçue ailleurs, notamment dans la surnatalité. Toutes les pratiques abortives subissent la même condamnation morale.

14. Georg Groddeck, *La maladie, l'art et le symbole*, Paris, Gallimard, 1969, p. 278.

15. *Cf.* chapitre « Le tabou de la virginité ».

16. S. Freud, *Le mot d'esprit et ses rapports avec l'inconscient* (1905), Paris, Gallimard, 1969. Voir également : « Sens opposés dans les mots primitifs » (1910), in *Essais de psychanalyse appliquée*, Paris, Gallimard, 1976, p. 59-67.

17. Dont celle de Sandor Ferenczi intitulée précisément « Mots obscènes : contribution à la psychologie de la période de latence » (1911), in *Œuvres complètes*, t. I (1908-1912), Paris, Payot, 1968, p. 126-137.

CHAPITRE III

Le tabou de la virginité

Mythologie de la virginité

De tout temps et en tous lieux, la virginité de la femme a exercé sur l'homme de mystérieux effets : crainte et désirée à la fois, elle s'est imposée dans le système des représentations collectives comme une catégorie désignant un être à part. Dans certaines régions, elle est le signe de la fertilité de l'épouse, ce qui explique les nombreux cultes idolâtres qui lui sont rendus ; dans d'autres, au contraire, elle inspire méfiance et suspicion, d'où également les rituels de purification, et autres prophylaxies sacrées ou profanes induites par elles. Sur un autre plan (spirituel, celui-là), nous pouvons considérer que toute l'histoire du christianisme repose sur une certaine idée, fût-elle divine, de la virginité à travers le dogme de l'Immaculée Conception.

La création *ex nihilo* est un axe mythique sous-tendant la vision qu'a l'homme de la vie dans son aspect inaugural, *primum movens* vers lequel tout converge. Dans la virginité de la femme, l'homme retrouve cette structure abrupte, ce « quelque chose » qui ne lui est plus tangible, mais qu'il ressent avec force : l'Inaugural absolu !

Pour sa part, la littérature universelle a édifié un

véritable mausolée apologétique dans lequel la virginité féminine est glorifiée sans entraves[1].

Chez les poètes arabes, tout comme le vin, la vie bédouine et le désert, la virginité avait ses chantres sur lesquels elle exerçait une fascination et une influence peu communes.

Que l'on pense seulement à ces siècles qui virent l'apparition du culte de la Dame, de l'amour courtois, du mythe persistant de la chasteté comme valeur cardinale de la femme accomplie ! Que l'on pense aussi à la prodigieuse littérature qui fleurit autour des couples célèbres : Kaïs et Léïla, Antar et Abla, sans oublier le plus chaste de tous, Djâmil et Butaynâh, dont les chants passionnés ont franchi, intacts, quinze siècles.

Il est certain qu'être issu dans la légende même des « Fils de la Virginité/Chasteté » *(Banoû (al)'Odhrah)* et pouvoir trépasser après vingt années d'adoration et de fidélité à sa bien-aimée sans jamais outrepasser une virginité languissante suffit amplement à donner à Djâmil et à Butaynâh leur caractère d'exemplarité et de transcendance[2].

Pensons afin à ces *Mille et Une Nuits* qui ont alimenté nos jeunes lectures et dont l'affabulation du prologue-cadre n'est en fait qu'un autel sur lequel viennent se sacrifier toutes les vierges de la ville ?

Or, à l'instar du mot « se sacrifier », profondément religieux, celui de « virginité », incarné notamment par la kyrielle de jeunes filles chastes promises au fidèle dans l'au-delà, est un concept important de l'eschatologie coranique[3].

Que ce soit donc avant ou après l'émergence de l'islam, la virginité a occupé une place de choix dans les répertoires de la poésie, de la chanson et de l'onirisme conté. Elle avait ses adeptes inconditionnels, ses amateurs fervents et ses glorificateurs. Si la virginité pouvait être l'attribut de l'esclave-chanteuse, le riche négociant la payerait fort cher, non pas pour les qualités artistiques de celle-ci, mais en raison même de sa virginité, ainsi que le soupçonnait Al-Gahiz[4].

L'attitude du prosateur ou du poète face à la virginité n'est pas dénuée de contradiction, hormis cependant quelques créateurs de haute volée, dont Abû Nuwâs, qui chanta librement aussi bien la vierge, le vin, l'éphèbe que l'amour. Face à une mentalité puritaine, le thème de la virginité a emprunté des chemins tortueux et des méandres subtils, constitués d'images et de métaphores puisées dans les univers animal et végétal. Ce procédé est largement usité de nos jours dans la chanson populaire et dans la prose en langue arabe. Au départ simple moyen pour déjouer la censure, il est devenu depuis lors un genre poétique et littéraire à part entière. Parallèlement, en dépit de la rigueur dogmatique, le thème de la virginité a « fertilisé » la littérature arabe, et plus précisément la poésie, en lui prêtant la souplesse, la richesse et les volutes de son mystère. Ainsi, pour ne prendre qu'un seul exemple, emprunté à Abû Nuwâs que nous évoquions à l'instant, voici comment s'entremêlent, chez lui, poésie, plaisir bachique et « précieux liquide » (le vin) dans une description de vierge : « Cette vierge *(âdra')* ne s'est montrée à aucun époux. Elle a été cloîtrée *(hajjabuha)* dans ses appartements, loin des regards, pour Chosroès couronnée. Vierge, elle n'a pas encore revêtu le voile de la mariée *(hijab)*. Aucun prétendant n'a pu approcher de cette princesse *(amirâ)*, cachée avec un soin jaloux, et aucun entremetteur *(akhû fennèd')* n'a conduit à elle d'amant. Vierge *(bikr')*, plantée à l'âge de Noé, ou vierge prisonnière de Babylone, le cachet de sa jarre n'a pas été brisé et rien ne l'a blessée au sein des chaudrons *(el maradjil')*[5]. »

Au Maghreb et, à des degrés divers, à travers tout

le bassin méditerranéen, la référence à la virginité est revendiquée par les deux sexes comme un trait de la personnalité de l'épouse accomplie[6]. En fait, cette limite fut vite franchie au Maghreb où la virginité est devenue une sorte de critère social, au même titre que la dot ou l'appartenance familiale. Un certificat de virginité est souvent exigé par la belle-famille, et les cliniques gynécologiques ne désemplissent jamais de ces jeunes femmes apeurées qui viennent quérir l'ordalie : « Est-ce que je suis vierge ? » Voilà à quoi se résume l'extrême majorité des « premières visites » chez la gynécologue[7]. La typologie des visiteuses est simple : la jeune femme vierge, la primipare et la ménopausée. Trois tranches d'âges, trois préoccupations différentes, inaugurées toutes par le souci de chasteté prémaritale[8]. Des histoires cocasses circulent dans les centres de soins et renvoient de la mentalité maghrébine actuelle une image archaïque et violente[9]. Toutes les observations que l'on mène aux différents échelons du social montrent à l'évidence la place inamovible que détient encore l'hymen dans les traditions maghrébines. Les jeunes filles vivent parfois dans la terreur de perdre leur virginité, au sortir du lit, après avoir eu un rêve érotique ou joué à la balançoire… Cette angoisse est si vive que lorsqu'une jeune femme a ses premières règles, elle est saisie d'une panique folle. Cependant, elle n'hésitera pas à aller consulter un médecin, en dépit de la réserve habituelle qui entoure les choses du sexe[10].

La virginité telle qu'elle est dite

Il serait utile de présenter rapidement la terminologie couramment utilisée dans le cadre d'une consultation gynécologique afin d'exprimer le corps vierge, ses attributs et ses prérogatives.

Les métaphores populaires sur le corps se fondent sur plusieurs polarités dominées par les notions du « vide », du « plein », du « sang » qui coule, de celui qui s'arrête et dont la source tarit et du référent algique.

Les organes génitaux de la femme sont dénommés – condensation métaphorique oblige ! – *rouhâk* (litt. ton âme, l'âme) ou encore *nafsâk* (litt. ton être). Prescrire un moyen anticonceptionnel (préconisé par le Planning familial) est un acte incomplet, si on ne le fait pas suivre de la précision : *min al-koddâm'* (litt. par le devant). À l'inverse, le suppositoire est prescrit pour le par-derrière… Cette spatialisation n'est utilisée que dans ce seul contexte et uniquement pour le sexe féminin. L'expression : « par les deux endroits » est également utilisée. Généralement, ce qui présente un relief trop fruste est évité et on lui préfère l'euphémisme et l'allusion, tout aussi efficaces[11].

Les ovaires gardent leur nom en arabe classique : *arhâm'*, lequel dérive de *rahm'* et signifie réceptacle, cavité, fibre, support ou lieu utérin.

Les menstrues sont appelées *hiddâ* (terme châtié), *ad-dâm'* (le sang) (terme populaire) ou encore *al-ghasla* (en rapport avec le cinquantième jour ou « Jour du lavement »[12]).

Beaucoup de témoignages précisent que le savoir empirique des matrones maghrébines permet de différencier, même écoulés depuis longtemps, le sang hyménal de celui d'une autre partie du corps : la croyance va même jusqu'à établir des analogies entre les différents saignements. Ainsi le sang de l'artère est-il identique à celui de la défloration, ce qui laisse supposer que les « maquilleuses » de virginité, celles qui ont à charge de « restaurer » les hymens des promises volages, trempent plus d'une fois leur stylet dans l'artère afin de détourner l'attention du mari ombrageux.

Une fille non vierge est dite *bikr'* (en arabe classique) et *m'fasdâ* (en dialectal), littéralement : défaite[13]. La fille nubile et vierge est par contre *s'hiba*, intacte, non détruite, *virgo intacta*. Dans la notion de *bikr'* se conjuguent aussi bien la virginité de la jeune épouse que d'autres qualités : précocité, commencement, nouveauté. La poésie leur préfère pourtant : *al-'âdra* ou encore, plus mélodieux : *ya-al-'âdra* – « Ô la vierge ! » (répertoires *chaâbi*, *andalou* et *raï)*. Certaines femmes évoquent les notions de « corps hermétique », de « corps scellé », « fermé », « muré », etc. L'inaccessibilité à ce corps – pour psychologique qu'elle soit – n'en est pas moins une preuve supplémentaire de sa chasteté physique. Elles consultent donc afin de s'en assurer et de s'en retourner à la grande maison, heureuses de pouvoir correspondre à l'exigence sociale. Car la chasteté psychologique ne suffit pas, puisque aucune preuve matérielle ne vient l'étayer le jour du mariage. En amont, les parents auront mis le plus grand soin à la formation, et au besoin à la surveillance, de la jeune fille, la prévenant ainsi de tout écart à la norme. Mais quand bien même la vigilance parentale pourrait être déjouée, la fille aura déjà probablement subi le « rituel de la fermeture » et ne pourra guère, selon les croyances locales, se livrer à de véritables rapports sexuels. Tout au plus aura-t-elle un simulacre de pénétration, ou un simple « petting » (flirt avancé) qui, en tout état de cause, ne mettra pas son hymen en danger. Le rituel de fermeture dont il s'agit s'appelle *s'fah'*, et la jeune fille le subissant est dite *m'safhâ* : théoriquement, elle ne peut être pénétrée par aucun homme quelle que soit sa vigueur sexuelle, et dût-elle être consentante. Voici ce qu'en dit M.-S. Belguedj dans sa *Médecine traditionnelle dans le*

Constantinois : « Il s'agit d'un procédé magique destiné à préserver son honneur et sa virginité et que l'on appelle *tesfāḥ* (ferrage, blindage). Il consiste à faire, sur la *cuisse droite* de *l'enfant* une incision de *bas en haut*, assez profonde pour faire couler un peu de sang, en lui faisant dire sept fois de suite : *weld el-nas khayt w-ana hayt* (l'homme – m. à m. le fils des hommes – est un fil tandis que je suis un mur). Quelques jours avant le mariage, on refait à la jeune fille la même opération au même endroit. Mais l'incision est pratiquée de haut en bas et la patiente répète sept fois la formule inverse : *weld el-nas hayt w-ana khayt* (l'homme est un mur tandis que je suis un fil)[14]. »

Il est notoire qu'un tel « raffinement » des pratiques magico-sexuelles n'est connu et pratiqué qu'au Maghreb ; aucun auteur ne le signale ailleurs, à aucune époque. Même un érotologue comme An-Nafzaoui ne le mentionne pas, alors qu'il consacre tout un chapitre au nouement de l'aiguillette et deux autres aux impuissances masculine et féminine…

Tout comme dans de nombreuses magies, la personne qui prend en charge de marquer (« murer », « museler ») la petite fille dans son berceau se doit de « défaire » son interdit une fois celle-ci arrivée au lit nuptial. Il n'y a pas si longtemps, cet enchaînement était assumé avec un tel respect et une telle soumission qu'aucune autorité n'aurait pu en dispenser ni l'une (la tatoueuse) ni l'autre (la jeune fille). Les pratiques parthé-nomantiques[15] n'existent pas à la manière d'un savoir constitué et transmissible. En revanche, alors même que les témoignages des anciens auteurs n'en font pas une mention spéciale, il faut dire que certaines femmes au Maghreb se gaussent de pouvoir déterminer si une épouse est vierge ou pas au premier regard.

En revanche, les usages en vigueur en Occident,

du Moyen Âge jusqu'au siècle dernier, qui consistaient à déterminer la virginité en mesurant le tour de cou de la jeune fille ou de lui faire avaler de l'agate réduite en poudre (qu'elle vomissait en cas de non-chasteté) sont pratiquement inconnus au Maghreb[16].

Tout fonctionne en effet comme si le rite de « fermeture », jouissant dans la perception populaire d'une efficacité satisfaisante, n'entraînait point la nécessité des vérifications supplémentaires, à l'exception toutefois du sang résultant du premier coït. Cette attente morbide du sang hyménal n'avantage malheureusement pas celles dont la complexion n'est pas à l'abondance hémorragique, et l'on a pu voir quelques épouses faire les frais de l'impulsivité d'un mari, outrancièrement manipulé par son milieu.

Le pénis est, lui aussi, désigné par les termes *nafsou* et *rouhou*, respectivement son « être » et « son âme ». La préférence va cependant pour le premier terme, qui évoque le souffle génésique, tandis que le second est employé pour désigner l'âme proprement dite. Similitude donc des termes utilisés indifféremment pour l'homme ou pour la femme. Le sperme est appelé *el-ma* (litt. eau) : eau fertilisante, eau puissante et salvatrice, elle sublime toute stérilité dantesque. Elle est la puissance dupliquée du divin créateur à travers le jet spermatique. Outre le référent anatomique, cette eau spermatique est centrale en raison des espoirs d'engendrement qu'elle suscite. Cela explique vraisemblablement l'accueil mitigé réservé à l'examen du sperme. Les médecins le savent : il ne s'agit pas seulement d'un refus obscur et irraisonné, il s'agit plutôt d'une peur compréhensible de constater la faillibilité de son corps et de sa sexualité (spermogramme pauvre, dyspermatisme, etc.) dans un univers qui les surinvestit. Exposer son « mal » constitue un véritable scandale à la fois pour soi-même et pour l'intégrité du groupe. S'il arrive qu'un mari évoque sa situation d'échec, les niveaux autopunitifs sont interpellés en priorité : sentiment de brusque dévirilisation, autocastration et automutilation fantasmatiques.

Le mythe intériorisé

La virginité constitue donc la pierre angulaire de l'éducation féminine dans le milieu traditionnel maghrébin. Elle est la condition de toute discussion préliminaire visant à unir deux êtres. La nécessité pour une femme d'être vierge, la nuit de ses noces, se passe de toute rhétorique, car cela relève de la simple *normalité*. La non-virginité est, comme la maladie mentale, un état inconcevable, une anomalie. Et si, toutefois, suite à une malencontreuse aventure, la fille a perdu son pucelage avant terme, la conséquence immédiate est sans appel : rejetée, laissée pour compte, son exil intérieur et sa mise en quarantaine effective viennent échouer sur le froid dédain de la collectivité ou, au mieux, sur le mépris de ceux, nombreux, qui ayant su la « vilenie » dont elle est l'objet, auront pour elle l'éphémère intérêt qu'ils éprouvent habituellement pour la commune hétaïre. Car tout un chacun participe de l'intériorisation de ce « mythe », et il n'est pas jusqu'à la justice elle-même qui ne prévoie peines et châtiments aux contrevenants immoraux, dès lors qu'ils décident de n'apporter aucune réparation à leur acte en épousant celle avec qui ils ont convolé avant l'heure.

Quand la femme est instruite, dans le cas de l'étudiante par exemple, il arrive fréquemment que sa virginité soit brandie comme un critère de distinction, une sorte d'« outil d'identification ». C'est, dira-t-elle, une particularité de « notre » culture, un aspect de « notre » personnalité, voire un privilège de la femme arabe d'arriver vierge jusqu'au mariage… Nous voyons se dévider alors un chapelet d'arguments qui reconduisent dans leurs fonctions les rationalisations sociales.

L'hymen demeure donc cet édifice de la préhistoire sexuelle et sa « vérité ». Perçu avec un sentiment de plénitude par la femme et avec contradiction par l'homme, l'hymen reste dans tous les cas un espace problématique, étant à la fois le lieu du déshonneur virtuel, mais aussi le stade inaugural d'une fécondité heureuse et de satisfactions conjugales subséquentes. Il est donc le point d'inflexion de cette fonction morale intransigeante qui consiste à pénaliser le trop peu et le trop-plein tout en renforçant la voie moyenne, celle de la meilleure adéquation possible à l'éthique de la société.

L'intériorisation des fragments du mythe social, ceux de l'instauration de la Loi et l'observance de la règle telle qu'elle est édictée par la morale collective font que la virginité de l'épouse devient, aussi bien chez l'un que chez l'autre des sexes, un point de mire, une raison cardinale et une nécessité de la « santé » du corps social.

Mais cela ne se produit pas sans conséquences, ainsi que nous pourrons le constater bientôt.

Le tabou de la virginité

Sous sa forme la plus achevée, le tabou de la virginité est, dans les sociétés lointaines décrites par les ethnologues, une délégation de la défloration de l'épouse à l'un des membres de la société choisi parmi les plus influents (chaman, patriarche, roi)[17]. Le premier rapport sexuel avec l'épouse est leur prérogative, autant que leur charge « officielle », la virginité étant le tribut que le manant doit à l'ordre clanique ou à l'oligarchie féodale[18]. Freud a signalé les particularités substitutives du déflorateur par rapport au père réel[19] et Marie Bonaparte, abondant dans son sens, consacre une grande partie d'un chapitre de son livre sur *La sexualité de la femme* aux rôles respectifs du père, du frère et du déflorateur[20]. Cependant, l'économie sexuelle du couple maghrébin n'offre pas un tabou de la virginité tel qu'il est traditionnellement décrit par les ethnologues. Au demeurant, la langue arabe ne propose guère de termes spécifiques liés à l'interdit au sens où le terme polynésien « tabou » est utilisé[21]. La lexicographie dispose toutefois d'un terme qui désigne la notion d'interdit *(harâm)* que nous discuterons ultérieurement[22].

Au Maghreb, le mari se réserve la prérogative de jouir entièrement du premier coït (et des suivants) et n'admet en aucun cas que cette exclusivité soit étendue à d'autres. Mais certains témoignages récurrents troublent quelque peu l'eau claire de cette réalité. Ainsi, dans les montagnes de l'Atlas saharien algérien, entre les monts des Ksour et Amour, non loin des monts des Ouled Nayl, une défloration rituelle aurait été observée. On apprend notamment qu'« il est très flatteur, très honorable qu'une enfant soit déflorée par un fils de grande tente… surtout s'il appartient à une famille maraboutique[23] ». Bien que subsistera toujours une suspicion relative au bien-fondé et à la rigueur des témoignages de cette époque[24], nous pouvons supposer, au vu de l'exhaustivité et de la richesse de ce travail (527 pages, de nombreuses planches, une bibliographie dépassant la centaine de titres…), que les informations qui y sont fournies soient conformes à une réalité présente ou passée. Cette défloration correspondrait donc au troisième type de défloration, la défloration chamanique. Dans une autre recherche, menée au Maroc, Westermack confirme l'observation de

Gaudry. Cet auteur soutient que la défloration de la mariée par une tierce personne existait réellement dans certaines tribus marocaines (les Hia'na). Selon lui, les Hia'na avaient recours aux services d'une autre tribu, les Beni Ulîd, afin de procéder à la copulation rituelle. Cela se déroule vers le début du siècle et, en guise de preuve, l'auteur rapporte un couplet significatif, bien qu'il soit insuffisant pour établir une preuve, que chantent les femmes au moment de la toilette de l'initiée.

> *Fârhi ya lalla u zid u t-t'aqqab jàk men Beni Ulîd*
> Réjouis-toi, ô dame, et continue (de te réjouir)
> et le déflorateur vient à toi des Beni Ulîd[25].

Enfin, un troisième témoignage nous incite à admettre les faits qui, tout en ayant existé anciennement, pourraient ne plus l'être, il s'agit de celui de Dermenghem qui signale l'existence de l'expression *haqq eth-thoqba* (litt. : droit de la perforation)[26] et qui de ce même fait achève de démontrer la véracité des précédents témoignages, ne pouvant imaginer que tous ces chercheurs eurent délibérément créé telle expression ou telle saynète populaire. Une autre pratique mérite d'être signalée : elle consiste à faire accompagner le mari, lors de la nuit de noces, par une de ses tantes, une vieille femme ou une servante *(oussifâ)*, afin qu'elle atteste de la présence de l'hymen d'une part, mais aussi, si besoin est, d'encourager le mari à copuler avec une femme qui est supposée défendre sa chasteté, ne serait-ce que pour mieux évoquer la douleur de sa perte. Cette coutume pourrait bien constituer un stade intermédiaire entre la défloration rituelle par une tierce personne (ou défloration chamanique) et le coït tel que nous le connaissons de nos jours. Cette progression pourrait éventuellement inclure d'autres habitudes matrimoniales comme le « mariage à la Tobie » qui consiste à imposer au couple une stricte abstinence sexuelle pendant les trois premières nuits de leur cohabitation. Dans le Maghreb d'aujourd'hui, les caractères du tabou de la virginité sont très discrets. Seule une compréhension de l'organisation intime du cérémonial peut en donner quelques éclairages significatifs.

Maghreb païen

En marge des conceptions musulmanes usuelles, le monde maghrébin entretient tout un réseau de croyances païennes où la dépendance animiste est clairement avouée. Ces croyances affirment l'existence d'une communauté invisible de *djinns* (êtres malfaisants et étranges tenant à la fois des sylphes, des gnomes et des démons incubes et succubes), doués de pouvoirs supérieurs aux humains.

Afin de les neutraliser, il est indispensable que la sympathie de ces êtres anthropomorphes soit gagnée par un entretien plus ou moins poussé et gratifiant des lieux où ils séjournent (caves noires, lieux obscurs, lits de rivières, mares, etc.) et à de certains moments du jour (aube, soleil au zénith, crépuscule...). Dans les convictions traditionnelles, la lustration des hôtes lors de la cérémonie nuptiale, l'aspersion des mariés et des notables de la famille, visent à créer une sorte d'harmonie transindividuelle et cosmique qui a pour effet d'éloigner ces redoutables entités. Car, plus que tout, elles craignent la compréhension entre les hommes et ne s'immiscent dans leurs affaires que dans la mesure où l'union et la félicité sont rompues. Ces croyances introduisent un sentiment d'effroi profond, accompagné, aux moments les plus forts, d'une frayeur irrépressible que l'élément païen tend à conjurer. Revient alors le tabou ainsi qu'il est appréhendé par l'ethnologue et, à sa suite, par le psychanalyste : danger, précautions diverses et refoulement de la force négative redoutée. Telle est, du moins, l'explication que nous voyons aux offrandes, aux sacrifices (révélateurs par la disproportion entre les biens engagés et la richesse matérielle des sacrificateurs) d'une part et aux libations de lait, miel, farine, sucreries et autres présents, de l'autre. D'autant que les esprits malveillants (ou ce qu'il est commode d'appeler ainsi) n'ont d'existence qu'à partir du moment où une menace est orientée vers le Moi, avec ou sans effets destructeurs. Rappelons ici que le danger dont il s'agit, s'il n'est pas tangible, n'en est pas moins réel : il s'agit d'un danger psychique, en rupture structurelle totale avec le danger physique de la réalité matérielle, mais d'une efficacité et d'une prégnance parfois sans pareilles.

Cérémonial et nuptialité

L'entrée de la fiancée au bain, qui se déroule la veille du jour fixé pour le mariage, est accompagnée de prières propitiatoires ayant pour but explicite l'éloignement des mauvais esprits qui peuvent être, ainsi que nous l'avons vu, soit des êtres surnaturels invisibles à l'œil humain, soit plus concrètement des personnages que l'imaginaire collectif recrute parmi les handicapés moteurs et autres victimes de calamités physiques ou mentales, boucs émissaires du folklore villageois : fous, mendiants, estropiés. D'autres prières, similaires quant au but, sont formulées au moment de l'épilation qui a lieu dans le hammam, laquelle n'épargne aucune partie de l'anatomie féminine, la zone pubienne étant concernée au premier chef. Outre la conception courante qui tient les phanères du corps pour le siège de forces maléfiques

– ce qui de ce fait les rend plus démoniaques que le reste du corps – il faut noter ce retour vertigineux vers l'enfance de la mariée par la suppression systématique des signes apparents de sa maturité physique. Retour à l'Éden de l'enfance et, symboliquement, à une sorte de jouissance morbide de la féminité inachevée, autrement dit d'un corps plus vierge que nature. Le retour du hammam s'effectue par un chemin détourné afin d'éviter les regards d'envie et les rencontres malencontreuses. Il faut rappeler constamment que la virginité n'est pas le seul bien que, ce faisant, la collectivité protège : la fécondité de l'épouse est aussi importante. Et celle-ci n'est à ce point survalorisée que dans la mesure où celle-là, la fécondité, paraît en constituer le but suprême et intangible.

La « nuit du henné » (durant laquelle s'achève la préparation de la mariée) est scandée de prières ferventes faites aux « mana » de la famille, ancêtres éponymes dont la mémoire se serait perpétuée de génération en génération.

La nuit de noces *(leïlat ed-dkhôl'*, litt. la nuit de l'entrée) est elle-même entourée de pratiques conjuratoires très fréquentes. L'expression utilisée pour désigner la nuit de noces prête le flanc à de nombreux glissements de sens, augmentés par l'imprécision sémantique du mot « entrée »... selon l'endroit où l'on se place. S'agit-il de la femme qui arrive à la maison de son mari et y entre pour la première fois ou alors s'agit-il, métonymiquement cette fois-ci, de la nuit de la pénétration ? Bien que parfaitement sibylline, cette expression connaît un précédent en relation directe avec la virginité dans la désignation du « droit d'entrée » *(haqq-ed-dkhôl')* où l'on retrouve à la fois le symbolisme de la « pénétration » et celui de la valeur matérielle qui la sanctionne, puisque ce droit est matériel, modeste obole par laquelle il lui est signifié la gratitude du mari et le prix – réel ou fantasmé – de son hymen, irrémédiablement sacrifié.

C'est de nuit que le mari, accompagné de ses amis, intronisés vizirs, se rendra dans la chambre nuptiale. De part et d'autre, de nombreux conseils sont prodigués aux jeunes époux : à l'un, c'est la conduite d'autorité et de maîtrise qui est édictée, à l'endroit de l'autre on insiste plutôt sur sa passivité et sa complaisance. Tout au plus lui suggère-t-on de pleurer si le mari est violent et de lui opposer une résistance relative, gage de la vierge effarouchée.

Lorsque l'arrivée du mari devient imminente, toutes les femmes se retirent dans l'arrière-maison, laissant la jeune épouse toute seule. Un grand nombre de témoignages met en évidence l'angoisse extrême que ressentent les jeunes épouses avant l'arrivée de leur prétendant. À cette évidence élémentaire s'ajoute, dans nombre de cas, le fait remarquable de cet homme qui tantôt est absolument inconnu (la femme est censée ne jamais avoir vu son futur époux) et qui en quelques instants apparaît, dévoile son épouse et procède activement au rapprochement sexuel au terme duquel l'un et l'autre sont consacrés mari et femme. La mariée est vêtue d'une fine chemise blanche. Sur cette chemise s'inscrira la marque de son intégrité physique, prouvant ainsi sa chasteté. En franchissant le seuil de la chambre nuptiale, le mari doit se comporter d'une manière fixée d'avance, rituelle et conjuratoire : il doit notamment fermer la porte du pied gauche, vérifier les fissures dans les parois, s'assurer que la jeune mariée ne porte aucun talisman ou amulette ; il jettera un regard dans les mules et les chaussures se trouvant à l'intérieur de la pièce, etc. La finalité étant de montrer, par des mesures d'intimidation, que le mari ne craint aucun sortilège et brave ses

« ennemis ». L'angoisse paralysante qu'il s'agit aussi d'exorciser est celle du « nouement de l'aiguillette » dont sont victimes des hommes à peine sortis de leur adolescence. Ce qui est plus dramatique, c'est que dans beaucoup de cas, encore aujourd'hui, le mari ne dispose que de très peu de temps pour vaincre la résistance simulée de sa femme, entretenir le premier rapport sexuel avec elle et sortir en brandissant la preuve matérielle de sa virginité : le *signa virginitatis* est alors établi ! Si la femme n'est pas vierge, la répudiation, bien qu'interdite sous cette forme-là, semble être dans beaucoup de cas (il est difficile d'avoir des estimations) l'aboutissement désigné. Si, en revanche, la consommation du mariage a été positive de part et d'autre (puissance érectile du mari, virginité de l'épouse), une salve de coups de feu retentit immédiatement, accompagnée de youyous que les matrones lancent à tue-tête. Il s'agit, en l'occurrence, d'informer à la cantonade et au plus vite de la validité de l'union. La cérémonie publique s'achève ici, mais en réalité le mari revient souvent passer cette nuit avec son épouse[27].

Il s'avère, en définitive, que l'ordalie du sang, à travers laquelle s'accomplit l'identité de l'épouse maghrébine, n'est plus uniquement le signe exclusif de la « bonne féminité », elle est en plus, nous semble-t-il, le lieu de l'émergence du masculin, son lieu de validation sociale en même temps que sa forge sur le plan personnel. Nous verrons par la suite que cette image idyllique est largement battue en brèche par l'ombre agissante du père qui plane sur sa progéniture mâle en l'infantilisant aux fins d'une continuité symbolique de la Loi.

Fantasmes masculins

Il est prévisible que la séparation des sexes au Maghreb entraîne certaines peurs chez l'homme, en dépit des protections dont il est entouré et en dépit de sa survalorisation. Ces peurs prennent l'aspect de fantasmes que nous regroupons autour des quatre figures suivantes : la *ghoûla*, la pastèque fendue, le hérisson, et le « sexe-océan ».

a) La **ghoûla** (la goule) est le meilleur exemple que nous puissions trouver d'un substitut symbolique de la Mère phallique. Figure à la fois mythique et réelle, présente et absente, crainte et vénérée, nourricière (aucune mère au Maghreb ne se sent vraiment « bonne » que dans la mesure où elle est « gavante » !) et mauvaise, angoissante, « pénétrative ». Le sein (la « bonne mère » est celle qui nourrit exclusivement au sein) devenant pénis, assume sa féconde suprématie fuyant Charybde-la faim, l'enfant se trouve face à Scylla-le gavage. C'est ainsi que la *ghoûla* est souvent présentée dans les contes de fées : d'un côté tentatrice, de l'autre oppressante : beaucoup de protagonistes du conte finissent sur un proscenium tragique, purement et simplement broyés par elle, par sa fille (substitut immédiat) ou par un animal (substitut indirect). L'image pourrait même voir se concilier les extrêmes où l'on verrait une femme maléfique munie d'une tête de loup au niveau du sexe, une langue pendante et une rangée de dents acérées garnissant ses mâchoires. À sa manière, le conte fantastique aura ainsi actualisé dans un même scénario un corps massif doué d'une voracité carnassière. La *ghoûla* incarne donc, dans le conte populaire, une « féminité » plutôt négative, hostile, sauvage, impénétrable pour les hommes qui la redoutent d'autant plus qu'elle peut par ailleurs tromper. Dévorante, occupant des fonctions à composante orale-agressive, anthropophage, elle est l'« anti-femme » par excellence[28]. « À Tlemcen, dit N. Zerdoumi, les fillettes connaissent bien Aïcha Qendicha qui a des pieds de chèvre et ne sort que la nuit. Elle se présente comme une créature fort séduisante, sa beauté, ses vêtements somptueux, ses attitudes provocantes, la bourse qu'elle tient en main attirent les imprudents[29]. » Par ailleurs, toutes les menaces proférées par les parents à l'encontre de leurs enfants font référence à cette femme-apparition chtonienne : *ba'ou, boa'bo, bouloulou, el-ber'ous, keddad el-âd'âm* (rongeur d'os), *el-ghoûl* (ogre), *el-ghoûla* (ogresse), *oum es-sôbian* (la mère-petits), *bou-tlilis* (le fantôme), *es-saouâra* (l'apparition, le fantôme), etc. Les expressions désignant ces entités sont nombreuses : « La *ghoûla* circoncit les enfants », « La *ghoûla* déterre les morts », « Z*ghoû-ghoû* hante les nuits », « *Oum es-sôbian* est une terrible sorcière, il faut s'en méfier continuellement »... Pourtant, ce qui rend cet anthropomorphisme si redoutable, ce n'est pas tant le réalisme foncier avec lequel il est souvent présenté, que le fait qu'il ne commence à opérer véritablement qu'à partir d'une base fantasmatique ancienne. Dire que ces êtres ont des corps éthérés, cela est exact ; dire qu'ils ont des relations sexuelles, cela aussi s'avère dans la mesure où les fantasmes les plus angoissants résultent des pulsions sexuelles refoulées. Or l'enfant réagit à leur égard exactement comme s'il s'agissait de réalités tangibles et perceptibles. Il leur oppose une indifférenciation globalisante dans laquelle l'onirisme le dispute à la réalité. C'est pourquoi la *ghoûla* symbolise-t-elle plus que toute autre entité la dimension de l'oralité négative, en tout état de cause amplement agressive et carnassière. Cette angoisse se retrouvera plus tard dans le discours de l'adulte. En effet, lorsque l'on écoute un homme parler de la femme réelle, on découvre une volonté sous-jacente de mise à l'écart et de déni, où le caractère anxiogène est aussi fort que le sentiment de plénitude partagée ou de tendresse. La femme présente souvent une image de « voracité sexuelle » parfaitement superposable à l'oralité excessive de la *ghoûla*. Nous retrouvons là l'une des explications possibles du danger psychique évoqué plus haut.

b) La **pastèque fendue** : parmi les fantasmes masculins inspirés de la génitalité féminine, celui d'un « vagin-citrouille » ou d'un « vagin-pastèque », fragile, creux, vide est très présent dans l'imaginaire. Le vagin y est représenté sous la forme d'un espace dérisoire ou d'un vide à pourvoir : on y voit volontiers un récipient ébréché, intarissable, putride ou maléfique. Reflet d'une misogynie latente ou avouée, cette expression conditionne l'intériorisation de l'image concrète de la jeune femme[30].

Par sa fragilité, la pastèque évoque la virginité. Plusieurs expressions paillardes l'attestent : *m'dal'â* (litt. celle à la pastèque) signifie la femme aux grandes fesses ; *and'hâ dallaâ* et *sal'â m'kasra* signifient respectivement « femme à la pastèque » et « marchandise brisée » (autrement dit : celle qui a perdu son pucelage). Dans le même ordre d'idées, tout en quittant le domaine de la licence verbale, nous retrouvons dans un conte maghrébin très connu le symbolisme de la pastèque fendue accolé à la virginité. En effet, lorsque le *moudabbâr* (conseiller) interprète le cadeau des sept filles du Roi, consistant en un nombre équivalent de pastèques sur lesquelles sont plantés sept couteaux recouverts d'un foulard : « Oui… oui, Monseigneur, dit le Prud'homme. (Mais) permets que je t'informe : tes filles, dont il est question, ont véritablement le désir de se marier. Eh bien ! la pastèque c'est… la fille ; son couteau c'est le mari. Ah !… le petit foulard, c'est le voile…[31] » Nous savons par ailleurs que la pastèque a toujours symbolisé dans le bassin méditerranéen la fécondité des femmes[32], ce qui fait d'elle le « raccourci symbolique » de la dérision affichée à l'égard de la fragilité constitutive de l'hymen. Cette même équivalence entre le « féminin », le « creux », le « poreux » et le « récipient vide » est reprise pratiquement terme à terme par le langage quotidien sous la forme de stéréotypes négatifs relevant d'un univers carencé : invalidité, impotence, nullité fonctionnelle.

c) Le **hérisson** : il désigne le sexe féminin. Cheikh Nafzaoui signale, dans sa fameuse œuvre érotologique *Le jardin parfumé*[33], probablement l'œuvre la plus connue dans le monde arabe après le Coran et *Les Mille et Une Nuits*, que cette appellation du sexe féminin est surtout utilisée pour désigner une zone pubienne copieusement garnie de poils.

Kanfoûd (hérisson) a, ici, la valeur hétérogène de l'animal positif, bienfaisant et protecteur (étant insectivore), mais aussi, et surtout, la connotation inverse, celle de l'animal mou, « hérissé », malfaisant et disgracieux. « Le hérisson est connu, dit un proverbe ancien, pour être un animal qui blesse sans attaquer. » C'est dire, qu'il est – outre son aspect extérieur hérissé de pointes – l'animal sournois, dangereux et trompeur dont il faut se préserver. Chez les anciens Arabes, il est l'animal du mauvais présage. Son rôle a été identifié dans l'art divinatoire et dans d'autres catégories ressortissant à l'interprétation, à la magie et aux diverses prédictions[34]. Dans certaines régions retirées du Maghreb, dans les Aurès précisément, la femme stérile emploie la patte du hérisson comme protection ou comme agent prophylactique[35]. Le diminutif de *kanfoûd*, *knifèd*, est plutôt sympathique et s'emploie pour désigner le pubis attirant. Enfin, il existe une sorte d'association d'idée, quoique très lointaine, entre l'univers de l'incorporation physiologique propre à cet animal et celui de la fascination provoquée par le vagin, lui aussi doué de cette faculté « déglutitionnelle ».

L'image du hérisson est plus redoutable encore lorsqu'elle est invoquée dans le contexte d'un conte menaçant, auquel cas elle se pose en structure irréelle, énigmatique, volumineuse, voisine de l'image malfaisante de la *ghoûla* ou tout autre entité nocturne. En tant qu'il est couvert de poils serrés et roides, le hérisson renvoie donc à la « chose » chtonienne, opaque, visqueuse ou encore à la tête de Méduse aux multiples serpents gorgoniens, aux polypes venimeux qui figent ceux qui les fixent du regard[36].

d) Le **sexe-océan** : lorsque, dans le langage courant, quelqu'un veut disqualifier une femme, il lui suffit de dire qu'elle a un sexe aussi « large qu'une mer » *(ta'hâ bhâr !)*. Lorsque de telles insultes sont proférées, il ne vient à l'idée de personne que le sexe ainsi décrit l'est réellement. Ce n'est, bien évidemment, qu'une tournure de phrase faisant le procès d'une femme à travers un organe qui, prétendument, s'« élargit à l'usage ». Ainsi une expression, relativement étendue, *ta'âha yablâ'* (« son vagin absorbe ») présente un vagin animé d'une activité d'introjection propre qu'il est en mesure d'orchestrer et de mener à son terme. Preuve à cela, le verbe *yablâ'* qui évoque sans détours le mouvement tourbillonnaire des flots de mer en folie, entraînant leur victime dans leurs rotations centripètes. Certains évoquent « la gloutonnerie du sexe cannibale », d'autres parlent de l'absorption vaginale, à l'image même de l'activité buccale. En fait, le « sexe-océan » est facilement réversible en un « sexe-mordeur » dès l'instant où le partenaire masculin se sent concrètement sollicité au niveau sexuel. La référence type est celle des contractions utéro-vaginales qui accompagnent l'orgasme féminin.

N'est-ce pas le meilleur vestige attestant d'une « oralité » agressive liée à l'organe sexuel, qui aurait dégénéré au cours de la phylogenèse en un corps sans structure, et dont les contractions utérines ne sont que le dernier avatar ? Là encore, nous retombons dans une problématique inconsciente dont le pivot central est la castration. Car il faut bien individualiser cette angoisse du « pénis broyé » par le vagin comme une dimension fantasmatique à laquelle s'est imaginairement conformé tout enfant quand il lui a fallu se situer dans le désir maternel. Il résulte nécessairement une angoisse projetée au-devant de lui qui consiste dans l'impossibilité de pouvoir faire jouir la mère en raison de la taille de son pénis. C'est cette domination fantasmée par la négation de soi, cette « fin de soi dans le sexe de la mère », que le discours renvoie, lestée de culpabilité, à travers l'anomalie fictive propre au vagin. D'autant que la vision de l'homme en tant que partenaire sexuel adéquat est sous-tendue par l'invariant « ithyphallique » (pris au sens approximatif de dimension exagérée du pénis). Ce que l'enfant ne peut sérieusement offrir !

Aussi, très sensiblement, se profile la crainte de ne voir dans l'organe et son opérativité que des raisons de doute ou d'échec. L'inquiétude quant à la « normalité organique », flagrante ou diffuse, contrebalance les surcompensations de l'enfant au seuil de la génitalité effective et celles de l'adulte face à l'inhibition sexuelle. Le premier n'arrive pas à assumer ce à quoi il aspire idéalement, par inachèvement physiologique, le second n'y arrive pas par faiblesse génésique.

Le fantasme du vagin denté

Après ce long détour par les quatre figures des fantasmes masculins, qui, à terme, structurent une partie du tabou de la virginité, du côté de son aperception masculine, le moment est venu d'évoquer ce que les ethnologues appellent : le fantasme du « vagin denté »[37].

Ce fantasme s'inscrit dans un environnement de tensions sexuelles et d'inquiétudes vis-à-vis des aptitudes érotiques de la femme : que n'a-t-on fabulé, en effet, à tort ou à raison, sur la gourmandise d'une bouche féminine, pulpeuse et avide (perçue comme étant avide, parce qu'elle est pulpeuse), sur le « cannibalisme » des muqueuses vaginales, sur l'engloutissement des mâles par les enveloppes utérines et sur toutes sortes d'absorptions tentaculaires de l'épiderme lui-même ! À cette charnière entre le sexuel proprement dit et le mythique (l'idéologie de la femme dans un règne d'hommes y est probablement pour une large part !) se situe l'une des angoisses les plus manifestes de l'homme vis-à-vis des organes génitaux de la femme : le fantasme du vagin denté *(Vagina Dentata)*, notion isolée par Boas qui au XIXe siècle lui attribua ce nom[38]. Mais, jusqu'à nos jours, elle reste une nébuleuse fonctionnant seulement dans la mythologie. Il serait intéressant de l'observer à la fois dans la clinique et dans la réalité maghrébines. Comme chaque fois qu'il est opportun de le dire, nous le signalons : l'instrument qu'est la psychanalyse ne doit jamais s'appliquer aveuglément au contexte maghrébin. Une distance critique devrait toujours accompagner la réflexion de celui qui, sans tomber dans l'excès inverse, doit travailler en conscience sur de telles problématiques.

L'introduction de la notion de « vagin denté » dans la dynamique explicative du tabou de la virginité repose essentiellement sur l'idée des « images associées ». Entre l'expérience onirique quotidienne et les manifestations inconscientes, il existe plusieurs paliers intermédiaires, parmi lesquels les sensations, repérables au travers d'une topologie corporelle, tiennent une grande place. L'association entre ces moments vécus et les fantasmes sous-jacents s'effectue le plus souvent à même le corps, lieu et nœud de la pulsion. Vont relever de cette catégorie toutes les peurs infantiles, les frustrations du sein, la morsure de « vengeance », les appétits inhibés qui expliquent, après avoir transité par de nombreuses chicanes de l'inconscient, l'origine de cette peur diffuse de la femme ou *horror feminae*. Un patient étudié par D. Lagache explicite ce rapport : « Il ressentait vivement, très physiquement, l'*horror feminae*, écrit l'auteur, la femme, c'était le mou et le sale ; le vagin était imaginé denté, ou comme hérissé de dangereux pénis auxquels il risquait de se déchirer ; le contact intime avec la femme signifiait donc un énorme danger de castration auquel il répondait par l'angoisse de l'impuissance[39]. »

Cette représentation de la féminité en tant qu'être malfaisant est largement répandue, et le fantasme du « vagin denté » n'en est finalement que la traduction clinique et fantasmatique. Très souvent, c'est sous sa forme la plus violente qu'elle est répandue. Outre la documentation réunie par W. Lederer dans son *Gynophobia ou la peur des femmes*[40], la littérature universelle nous fournit, à ce propos, de précieuses indications. Nous ferons un rapide détour par ce dossier riche et mouvementé à la fois pour interroger les peurs ressenties ailleurs à l'égard du personnage féminin et pour relativiser la question du tabou (donc de la peur) de la virginité, encore vivace certes au Maghreb, et pour en montrer finalement la dimension universelle. Jugeons-en par ces quelques faits puisés dans la grande histoire des sensibilités humaines.

Les mythologies grecque et latine nous ont légué de nombreux écrits qui retracent les malfaisances de leurs meurtrières : la célèbre Circé métamorphosait ceux qui s'aventuraient dans son royaume ; les Sirènes avaient pour particularité d'ensorceler par leur voix les navigateurs en déroute. D'autres entités terrestres, larves, harpies ou striges infernales sévissaient dans les contrées lointaines et dans les endroits isolés. Le judaïsme a eu sa Judith, veuve de Béthulie, qui trancha la tête du général assyrien Holopherne après l'avoir séduit. Le christianisme primitif a eu sa Salomé, laquelle, en guise de récompense à l'une des danses les plus lascives de tous les temps, demanda que l'on décapitât saint Jean-Baptiste. Un apocryphe de l'Ancien Testament, écrit vers 180 av. Jésus-Christ, raconte l'histoire de Tobie, fils de Tobie l'Ancien et de sa femme Anna, qui se rendit à Ecbatane, où il devint le huitième mari de Sarah dont les sept époux précédents avaient été tués durant leur nuit nuptiale par le démon Asmodée. Machiavel écrivit l'histoire de la Mandragore dont le premier coït fut fatal à l'intrépide qui s'aventura dans ses bras. Samson eut sa Dalila qui, en lui coupant les cheveux, ne fit rien d'autre que le châtrer, ce que le symbolisme n'a pas manqué d'éclairer par la métaphore de la force perdue. Que penser d'autre des redoutables Walkyries, ces déesses des mythologies scandinaves et de celles que la vieille légende allemande dénomme *Giftmädchen*, que les traducteurs transcrivent par l'expression « pucelles venimeuses » ? Ne connaissons-nous pas aussi, en psychanalyse, cet effroi particulier que provoque la tête de la Méduse *(Das Medusenhaupt)* sur celui qui la regarde ? Freud nous a laissé des notes où l'équivalence « regard fascinant = castration » est précisée.

Enfin, plus communément, toutes les images de femmes nuisibles : les danseuses d'Orient et du Maghreb, ensorceleuses lascives et dangereuses, les prostituées maléfiques, sales, perfides et qui, de surcroît, font de leur chair un commerce honteusement lucratif, les sorcières qui alimentèrent longtemps le bûcher inquisitorial, les succubes des nuits tourmentées de l'homme antique et les « vamps » actuelles, tout droit sorties des revues aux suggestions pornographiques avouées ! Il n'est, pour ainsi dire, aucune société qui n'ait sécrété ses démons femelles, ses apparitions gnomiques et infradivines, aux charpentes d'airain et à la soif inextinguible, ses ogresses anthropophages. Enfin, J. Olivier s'est rendu célèbre en écrivant une diatribe violente et amère intitulée *Alphabet de l'imperfection et malice des femmes*[41] où il décrit le nombre incalculable de ruses et de méchancetés « spécifiquement féminines » dont il faut attentivement se garder. Dans la littérature arabe, la misogynie prend aussi les contours anecdotiques de la ruse féminine. Maints ouvrages, badins ou très austères, ont traité ce thème qui passe pour être l'un des sujets de prédilection des âges classiques[42].

Il est possible de promener très longuement notre curiosité et de découvrir les similitudes extrêmes qui existent lorsqu'il s'agit d'appréhender la femme et sa sexualité. La virginité en fait partie. Mais alors, peut-on se poser la question inverse : quels sont les fantasmes féminins face à la sexualité en général, face à la sexualité de l'homme et face à leur propre sexualité ? Nous ne traiterons ici que de quelques fantasmes féminins relatifs au tabou de la virginité et à ses conséquences. Avant tout l'hymen, cet objet de toutes les passions maghrébines… et de toutes les inquiétudes !

L'hymen

De l'hymen comme argument général d'étude et d'observation phénoménologiques nous ne disposons que de très peu de travaux. Celui qui lui a été consacré, et il reste sans doute le seul, sinon l'un des rares, nous vient de Wladimir Granoff à la faveur d'un petit article intitulé : « Membranes, pellicules : l'hymen[43]. » Dans cet article, l'auteur fait référence à Jacques Derrida, qui, par un cheminement différent mais très suggestif, s'est intéressé à la notion de membrane dans ses multiples connexions avec l'« Antre », la « Caverne », l'« Entre-deux », etc. Derrida se livre en effet, dans *La dissémination*[44], à une sorte de stratégie sémantique, tissée de rapprochements inattendus entre les mots et d'incursions extralinguistiques menant à un détournement des concepts. L'objet-source reste le corps, à la fois comme support organique et comme concept. S'opère alors un « saut phonologique » entre des termes comme extériorité-intériorité/antériorité qui débouchent sur des associations extrêmement fécondes (extérieur-intérieur-surface-membrane-antre, etc.) dont l'hymen est la figure de proue.

Ces textes nous permettent de réfléchir, sous un autre jour certes, à la représentation de la femme, d'une certaine « femme », au Maghreb, *via* ses voiles, ses espaces intérieurs, ses hymens, ses membranes, ses pellicules, son appartenance à l'autre (son hyménée), bref, à l'obsession de la membrane et à tous ses succédanés.

Le *Weibliche*, ce concept central dans le texte de Granoff devient, ici, « le *Weibliche* à travers la fiction de l'hymen » à l'instar de ce qu'en dit Derrida : « L'hymen est donc une sorte de tissu. Il faudrait entretenir les fils de toutes les gazes, voiles, toiles, étoffes, moires[45]. » Au Maghreb, qu'elle soit fiction ou réalité laconique, la déchirure de l'hymen a été l'occasion de renouveler le fantasme, qui n'est déjà que trop fertile[46]. Il faut rappeler ces vagins scellés depuis l'enfance, vagins qui font du paradigme de l'inaccessibilité au corps de la femme vierge un dogme tenace. Car l'ambition originelle du rituel de la fermeture du vagin, connu sous le terme *Sfâh'*[47], est de s'inscrire sur la peau en typographie résineuse. Le fantasme de la déchirure introduit la femme vierge à une dramatisation de sa chasteté qui rappelle, en beaucoup de points, ce que chroniqueurs, écrivains et historiens nous décrivent chez la fiancée du Moyen Âge et qui a suscité des mesures de protection les plus draconiennes. Les « ceintures de chasteté », puisqu'elles étaient appelées ainsi, interdisaient aux femmes la jouissance intempestive (entendez extraconjugale) de leur corps. Dans cet usage précis, l'outil, sophistiqué jusqu'à la névrose, occupe la place réservée à la marque symbolico-magique qu'accueille encore (dans certaines régions du Maghreb, peu soumises aux influences du monde moderne) le corps de la jeune fille maghrébine : entre ces pratiques, il y a une différence de degré, mais non de nature, en dépit de la mécanisation des mesures par lesquelles se « cadenassaient » les corps d'antan[48].

Mais qu'elle soit qualifiée « obsession de la membrane », « fantasme du vagin cadenassé » ou fantasme de la « cruche cassée » en résonance avec le fameux tableau de Greuze[49], l'équation de la virginité ne va pas sans une angoisse toute particulière : l'angoisse de la déchirure.

a) **L'angoisse de la déchirure** : si la virginité a suscité, de tout temps, et encore aujourd'hui au Maghreb, autant de protections, il est inévitable qu'elle soit accompagnée d'un ensemble d'angoisses et de peurs corrélatives. Les entretiens que nous avons eus, dans le cadre de la consultation gynécologique, avec des jeunes femmes avant leur mariage ont montré l'extrême précarité des moyens mis en œuvre afin de conserver l'hymen intact jusqu'au mariage[50] et le caractère obsolète des techniques qui visent à le restituer.

La restauration de la virginité n'est qu'un simulacre et une illusion ; seuls les dupes peuvent s'y laisser prendre, et la chirurgie (esthétique ?) moderne, qui tend à suppléer les pratiques anciennes, rend caduque une coutume très sécurisante : celle de pouvoir offrir – à l'instar de toutes les autres femmes – un hymen à l'Initiateur. Même si certaines femmes luttent contre l'exhibition de ce qu'il faut bien appeler un « épouvantail » qu'est devenu l'hymen (étant entendu qu'il n'est guère que le reflet d'une éducation, la marque d'un temps), la majorité d'entre elles reste attachée à la démonstration de leur chasteté physique, condition requise pour toute première noce. C'est pourquoi, en marge de la réalité empirique, la part d'angoisse est probablement très grande. Dans ses dimensions effectives (fragilité) et fictives (la béance, la déchirure, l'incoercibilité des angoisses phobiques), l'hymen se présente au centre de plusieurs « structures » psychiques et physiques :

– La « *structure* » *dysmorphophobique* est prise en charge par la consultante et s'actualise autour de l'angoisse de la difformité des organes génitaux et notamment de l'hymen. La forme de cet hymen, son extensibilité, son épaisseur, sa position, inquiètent la jeune femme qui n'eut en matière d'information sexuelle que quelques éléments épars et tronqués. Outre son élasticité relative, l'hymen peut n'être que faiblement irrigué en vaisseaux sanguins, ce qui est une source d'angoisse supplémentaire.

– La «*structure*» *de l'insuffisance sanguine* est le pendant de la précédente.

L'une des préoccupations les plus constantes, de celles que la jeune femme exprime plus facilement, concerne l'insuffisance de la rupture hyménale à prouver la virginité effective de l'épouse. Angoisse fantasmée qui se greffe sur l'écoulement du sang par quoi l'effraction prend son sens le plus absolu[51] : le sang de la défloration a ceci de particulier qu'il indique la déchirure autant par son «absence» que par sa surabondance hémorragique. Le tout est de définir à quel moment la déchirure a eu effectivement lieu, l'établissement de la *conjonctio corporum* étant lié à cette seule preuve.

L'insatisfaction, voire l'agressivité de certaines femmes lors du premier coït, a souvent pour origine cette attente frustrée d'un sang dont l'incidence sociale est démesurée. Tout comme son partenaire masculin, la femme participe donc à la même mythologie du sang et en accepte l'implacable logique ségrégative.

b) **L'angoisse du phallus** : l'angoisse de la déchirure s'accompagne régulièrement d'une peur liée aux dimensions de l'organe pénien. Le pénis, ses caractéristiques, sa rigidité «infinie», sont au centre d'une mystification exagérée. Les duègnes préposées à la surveillance des filles nubiles entretiennent un climat peu favorable à la relativisation des dimensions attribuées aux organes génitaux masculins. Il est vrai que le masculin au Maghreb ne se perçoit que dans le gigantisme de l'organe mâle, en dépit de la morphologie féminine correspondante. Cette peur, peu significative si l'on considère l'ensemble de la population féminine, peut en effet se cristalliser chez quelques-unes en raison de la petitesse congénitale de leur vagin. Elles n'en constituent pas la majorité. Une autre explication, plus psychanalytique, voudrait que cette situation soit un héritage œdipien durant lequel s'est opérée une confrontation imaginaire entre la fille et l'appareil génital du père. Ainsi, dans la douleur qui accompagne le rapport sexuel, suite à une disproportion du pénis, Otto Rank perçoit « le souvenir de la situation primitive[52] ». À cette crainte de l'érection du pénis correspond, en outre, une situation réelle qui, sans augmenter de façon notoire sa grande complexité, ne lui donne pas moins un cachet spécifiquement maghrébin. En effet, la passivité de la jeune mariée, préconisée lors de la nuit de noces, ne favorise guère d'émotions particulières, de désir ou d'attirance vers l'homme qui rendraient moins pénible ce premier contact. L'impératif de la performance masculine signifie, malheureusement, que cette dimension du vécu féminin est considérée comme une émotion superflue et non avenue : la virginité est avant tout une affaire d'hommes. Elle n'appartient à la femme que dans la mesure restreinte où elle l'a jalousement préservée dans le passé ; le présent lui échappe. De la même manière, sa douleur présente n'est là que pour assurer cette prééminence de la masculinité sur la féminité.

Mais, à l'inverse de la virginité, la douleur, qui est subjective et abstraite par essence, est perçue comme de la simple affectation, de la pruderie ou de la mièvrerie. Le sadisme culturel aidant, l'homme s'en voudra de se montrer affecté par les suppliques de sa compagne, le pathétique étant, dans son esprit, un simple « stratagème féminin ». Ne s'agit-il pas de prouver son implacable autorité, son infaillible maîtrise, sa virilité, la noblesse de sa filiation et, partant, la pureté de sa future progéniture ? Ne s'agit-il pas aussi de « venger » tout le genre masculin (le mot est souvent prononcé dans les cercles machistes) de toutes les tyrannies de la Femme ?

Du tabou comme idéal social

Ce qui vient d'être dit nous ramène à des considérations plus théoriques en relation avec l'attente implicite réservée aux organes et à leur représentation. Car, inévitablement, dans le binôme relationnel, la femme doit faire la démonstration d'un *état* précis de son corps (par la présentation d'un hymen intact) alors que l'élément masculin doit se plier à un autre type d'exigence, celle de la *fonction*. Il est dit que l'homme *fait*, alors que la femme *est*. Ainsi, telle qu'elle se donne à voir, la dissymétrie dans l'attente, son hétérogénéité de « fonction » ou d'« état », en partie imposée par la physiologie des sexes, masquent subtilement le « tour de main idéologique » qui préside à la disparité sexuelle. Dès lors que la femme prétend au même parcours anticipé que son partenaire, en perdant son pucelage par exemple (prérogative de la fonction), la logique interne est déchue étant donné que la virginité ne remplit plus sa fonction sociale d'alliance endogame et de réciprocité. L'idéal de la fécondité, dont la bouture ne semble prendre que sur un sol vierge, semble partiellement édulcoré, ce qui entraîne *ipso facto* la marginalisation de la femme inconvenante, « brebis galeuse » se prenant à s'émouvoir hors l'enclos des mœurs admises !

Quand la perte de la virginité vient sceller une relation amoureuse prématurée, il lui est demandé de répondre de son inconstance et, dans le meilleur des cas, d'épouser celui avec lequel elle consomma le « délit ». Une hérésie peut en remplacer une autre ! Chez l'homme, le pendant du fantasme de la « cruche cassée » peut être repéré dans cette volupté particulière qu'il ressent lorsqu'il franchit, *dans le sang*, les limites corporelles de la femme. La dimension sadico-agressive, qu'elle soit inconsciente ou manifeste, a été souvent signalée par de nombreux psychanalystes. L'ambivalence naturelle qui accompagne la perception de l'amour et de la haine vient surdéterminer la réaction sadico-agressive initiale pour ne laisser apparaître que les aspects les plus signifiants.

En définitive, l'angoisse de la déchirure, avec ses trois composantes (angoisse dysmorphophobique, angoisse liée à l'insuffisance de la preuve et peur du pénis), doublée de l'attente exacerbée et de l'inexpérience réelle des partenaires, peut aisément aboutir à des situations pathogènes délicates… ou à les déclencher !

Si la donnée essentielle du vaginisme est une composante psychogène, et découle donc d'une étiologie psychique inconsciente, il est probable que nombre de troubles constatés au lendemain des noces ont cette origine, quand bien même toutes les femmes ne présentent pas systématiquement de vaginisme caractérisé et se contenteraient de vivre, dans la solitude, les douleurs, physiques ou morales, occasionnées par l'intromission du pénis. Tout fonctionne en effet comme si la virginité était devenue pour la femme si sacrée, après toutes les mises en garde de l'adolescence, que le vagin, dès lors qu'il est discipliné, conditionné, tiré à hue et à dia, tant les désirs sont contradictoires, refuse de se laisser approcher, en dépit précisément du vœu partagé des protagonistes. Le vaginisme serait ainsi une sorte de désobéissance névrotique du vagin.

Autrement dit, s'il y a un tabou de la virginité au

Maghreb, ce serait celui-là même qui s'enracine dans les défenses du corps, dans la sublimation de certains destins libidinaux et dans l'interdit symbolique de la jouissance. Nulle violation, grossière ou subtile, ne peut véritablement déjouer le refoulement et donc, à plus long terme, la névrose de l'Autre. Il est à peine nécessaire d'ajouter que le degré d'implication de cette notion de « névrose », injustifiée cliniquement, répond à un *Umwelt* social et matériel consubstantiel à la culture maghrébine. C'est pourquoi le tabou de la virginité ne cédera le pas à d'autres valeurs que lorsque toutes les coutumes maghrébines auront évolué.

Du point de vue des représentations collectives et des valeurs communautaires maghrébines, le tabou de la virginité constitue l'un des pôles les plus déterminants : il symbolise l'acceptation de la société, le sentiment de la normalité ; il symbolise aussi l'idéal atteint, idéal qui ne saurait se passer de la reconnaissance des proches (parents, amis, époux, épouse...). Mais le tabou de la virginité n'est pas seulement envisageable dans sa restriction, il est fondamentalement un tabou du corps dans son aspect le plus expressif, dans sa faculté d'être exubérant, libre, étendu aux multiples possibilités de jouissance impliquées. De sorte que le corps, qui est, par ailleurs, une condition prépondérante à l'émergence du couple, devient un muselage indispensable à la pérennité et à la conservation du groupe dans sa facture traditionnelle. Forme inverse de l'instance de jouissance, le tabou de la virginité travaille dans le sens de la conservation des formes et concrétions élaborées par la cohabitation intensive des sexes en vue de leur interdire l'accès mutuel.

Mais d'évidence, et bien qu'il lui soit formellement antinomique, le tabou de la virginité est, dans son intimité, agi par un principe de plaisir, car une seule et même dynamique, la libido, se trouve à leur origine et une même énergie les alimente. C'est pourquoi le tabou de la virginité sera longtemps un tabou du corps dans la mesure, précisément, où il s'érige en support privilégié (nécessaire au demeurant) de la sexualité concrète. C'est pourquoi, aussi, toute réflexion sur celle-ci, même lapidaire, même succincte, peut et doit être ramenée à une réflexion ou à un examen de la position fantasmatique du corps, ce qui entraîne aussitôt une interrogation adaptée visant les fondements anthropologiques du statut du corps au Maghreb.

Le tabou de la virginité peut, dès lors, se placer du côté des effets ou des causes, de l'« objectif » ou du « subjectif », de l'apparent ou du caché. Il semble appartenir à bien des catégories à la fois : physique, psychique ou mental, corporel et moral, individuel et social, lieu d'exhibition et lieu d'angoisse. Les interférences qui le surdéterminent sont complexes : concrètes, elles nous échappent en empruntant le chemin tortueux du symbole ; individuelles, elles se mirent inlassablement dans les conditionnements et aux pratiques collectives, sociales et rituelles. Tous ces aspects constituent ce qu'on pourrait appeler les conditions subjectives du tabou de la virginité. Elles sont le plus généralement incohérentes, réversibles selon les situations, permanentes dans les effets, méconnues par ceux qui les vivent. Elles forment la face cachée, tout en étant agissante, des conditions objectives dont elles sont la doublure : chronologie des pratiques rituelles, exhibition de la preuve au lendemain de la nuit des noces, claustration des femmes prénubiles et nubiles jusqu'au mariage et autres us.

Sur le plan des représentations sociales, sur celui de la *Weltanschauung*, la virginité prénuptiale est invoquée car la mentalité collective est assujettie à la redoutable philosophie nataliste en vigueur en Islam. La descendance, avec ses référents de contrôle que sont la ressemblance physique, la transmission héréditaire de certains « tics de comportement » et l'« imprégnation », représente l'ultime étape d'un raisonnement directement issu des préceptes religieux d'une part (la femme multipare est admirée au Maghreb), des faits et gestes du prophète Mohammed de l'autre[53]. Le tabou de la virginité au Maghreb est d'abord la mise au jour de cette relation « virginité-fécondité-pureté de la descendance » qui est à prendre dans son caractère d'univocité, de totalité et de permanence. En outre, elle est transindividuelle et ne souffre ni le subterfuge des méthodes anticonceptionnelles, ni les subtilités immanentes au désir de non-maternité, ni même, hélas, les contingences de la santé, ainsi que le « court-circuit » – bien temporaire au reste – de la fatigue du corps, surtout lorsqu'on connaît la fécondité des épouses dans cette région du monde.

NOTES

1. Witold Gombrowicz propose, dans *Bakakaï* (Denoël, 1967, conte « Virginité », 1928), une esquisse phénoménologique soutenue, avec de belles descriptions des états d'âme de deux êtres nubiles, qui, à travers une explosion de tendresse et de naïveté mêlées, portent un regard neuf sur les choses du monde et sur le chapelet de réactions insolites traversant leurs corps s'épanouissant : « Virginité et mystère, écrit l'auteur, sont identiques, gardons-nous donc de soulever le voile. » Pierre Fédida en a fait une lecture psychanalytique fort stimulante, *cf.* « L'extrémité du désir » in *Psychanalyse à l'université*, t. I, nº 2, 1976, republié dans *Le concept et la violence*, Paris, UGE, « coll. 10/18 », 1977. Dans une comédie de mœurs, intitulée *La fausse tante*, Cervantès, nous invitant à entrer dans un baroque de situation (qui n'a d'égal que les excentricités

sexuelles de certains personnages du marquis de Sade), raconte l'histoire d'une fille qui se plaint à sa mère adoptive, en réalité une tenancière opiniâtre, du traitement inhumain que celle-ci lui inflige dans le but explicite de lui « rendre une virginité », toujours recousue, après le rapport avec chaque client « … J'ai déjà donné trois fleurs que vous avez vendues, dit la jeune femme, et trois fois j'ai souffert un horrible martyre. Suis-je par hasard de bronze ? Mon corps est-il insensible ? Faut-il lui appliquer des points de couture comme une robe décousue ? Par la vie de ma mère, que je n'ai pas connue, je ne peux plus me soumettre. Laissez-moi, ma tante, gaspiller ma vigne ; souvent le grappillage est meilleur que la récolte principale ; si toutefois vous étiez déterminée à vendre en entier mon jardin, sans que j'en touche le prix, cherchez un mode plus doux de fermement, plus doux pour sa porte, car celui de l'étoffe et de l'aiguille, il ne faut plus penser que je le supporte ! » (inédit, présenté par Cl. Rochel, Paris, Libr. J. Tallandier, 1903, p. 114). En 1842, dans un fragment intitulé « Novembre », Flaubert immortalise les sentiments de plénitude et de curiosité qui enveloppent le corps et l'âme des adolescents. *Novembre* est un hymne de joie et de beauté incomparables édifié à la gloire de la virginité et de l'amour (*cf. Œuvres complètes*, II, Paris, Gallimard, « La Pléiade », 1962, p. 485-536). Cependant, c'est Vladimir Nabokov qui a véritablement excellé dans la description de la mythologie démesurée et imposante de la virginité. Campant son héros (Humbert Humbert) sous les traits d'un pervers psychopathe, dont le choix libidinal est exclusivement orienté vers la femme prénubile qu'il qualifie de « nymphe ». Sous la plume de l'écrivain, cette nymphe se métamorphosera très vite en « nymphette » et dégagera une redoutable aura appelée « nymphescence » ! « Il advient parfois, lit-on, que de jeunes vierges, entre les âges limites de neuf et quatorze ans, révèlent à certains voyeurs ensorcelés, qui comptent le double ou le quintuple de leur âge, leur nature véritable, non pas humaine, mais nymphique, c'est-à-dire démoniaque » (*Lolita*, roman, Paris, Gallimard, 1959). Cependant, la vénération de la virginité n'a pas commencé au XXe siècle. Il suffit d'évoquer les tabous et précautions qui l'entouraient dans les mondes grec, latin et germain ; plus tard, que ce soit à travers la virginité réelle ou la chasteté des déesses et des demi-déesses, les romans des Deux Roses, celui de Tristan et Iseult, l'amour des troubadours, influencé par les Arabes (*cf.* M. Morere, *Influence de l'amour courtois hispano-arabe sur la lyrique des premiers troubadours*, Melun, Impr. administrative, 1972), celui de Siegfried et Brunehilde, la reine guerrière des Nibelungen, et, d'une manière plus générale, les amours, innombrables, qui ont alimenté légendes, mythologies, religions et littératures romanesques de tous les pays (latins, nordiques, sino-asiatiques et indiens, arabes et africains, etc.) et de toutes les époques, de l'amour chevaleresque vanté par une littérature généreuse et courtoise jusqu'au *cant* anglais et la pudibonderie de certaines traditions actuelles, tout cela a fait que la virginité a été invariablement chantée, louée sur tous les tons et désirée par les hommes. Parmi les peintres, Greuze (1725-1805) aura été celui qui inspira psychanalystes et dramaturges par son fameux tableau *La cruche cassée*, conservé au Louvre, dans lequel une jeune fille au visage doux, rondelet et rose, imprégné d'innocence, tient au bras droit une cruche cassée. Un corsage défait laisse apparaître une peau laiteuse et un sein juvénile. Derrière elle, on aperçoit une fontaine à tête de lion d'où jaillit un filet d'eau. L'élément central du tableau, celui qui représente la virginité perdue selon A. Stocker (« Essai psychoanalytique sur *La cruche cassée* de Greuze », in *Encéphale*, 1921, p. 78-84), est constitué par le triangle, en forme de pubis, obtenu par les deux mains du personnage, négligemment réunies au niveau de l'abdomen et serrant un bouquet de fleurs des champs. Heinrich Kleist a écrit une comédie connue portant le nom du tableau de Greuze *(Zerbrochner Krug* (1803), trad. fr. in *Théâtre*, Paris, Denoël, 1956, p. 193-225). De nos jours encore, bien qu'elle apparaisse dans les milieux urbains plutôt comme un handicap pouvant freiner la séduction du partenaire, la virginité continue à alimenter les fantasmes masculins, même s'il faut pour cela – et certaines maisons luxueuses de prostitution le démontrent amplement – consommer l'envers d'un mythe ; le plaisir étant sommé d'accompagner la perforation de l'hymen quel qu'en soit le prix !

2. Voir à ce sujet le travail de T.-L. Djedidi, *La poésie amoureuse des Arabes*, « Le cas des Udrites », Alger, SNED, 1974. *Cf.* également J.-Cl. Vadet, *L'esprit courtois en Orient dans les cinq premiers siècles de l'Hégire*, Paris, A. Maisonneuve et Larose, 1968.

3. Orientation amplement démontrée par un travail collectif intitulé *L'analyse conceptuelle du Coran sur cartes perforées*. Le thème de la virginité revient dans une dizaine de sourates (II, III, XIX, XXI, LV, LVI, LXVI, ...), à travers quelque 70 versets. En guise de comparaison, notons seulement que les menstrues reviennent dans neuf versets, répartis dans quatre sourates. D'après M. Allard et coll. Paris/La Haye, E.P.H.E.-Mouton et Cie, 1963, t. 1 : *Code* ; t. 2 : *Commentaire*.

4. *Cf.* Ch. Pellat, « Les esclaves-chanteuses de Gahiz », in *Arabica*, X, 2, 1963, p. 121-147.

5. Cité par J.-E. Benscheikh, in « Poésies bacchiques d'Abû Nuwâs : thèmes et personnages », in *Bulletin d'Études orientales*, Damas, t. XVIII, 1963-1964, p. 7-84.

6. Ainsi Ravis-Giordani met l'accent sur les deux vertus essentielles de l'épouse : virginité avant le mariage/fécondité après, par opposition à la virilité et au travail de l'homme : « La vertu d'une femme est d'arriver vierge au mariage, mais son honneur, c'est plus encore d'avoir une famille nombreuse, et une virginité exclusive, vertu boiteuse, définit le statut ambigu de la vieille fille » (in « La femme corse dans la société villageoise traditionnelle : statuts et rôles », conférence prononcée à l'occasion du colloque « Femmes corses et femmes méditerranéennes », *Études corses*, nº 6-7, 1976, p. 12). Cette conclusion est, pour Georges Ravis-Giordani, valable aussi bien pour les femmes corses que pour les femmes maghrébines telles qu'il les retrouve dans l'œuvre de l'écrivain algérien Mouloud Feraoun.

7. Les informations cliniques qui suivent sont le fruit d'un séjour d'étude que nous avons effectué dans l'un des centres hospitaliers en Algérie et plus précisément dans un service de gynécologie.

8. Il est fréquent que la belle-famille exige de la jeune épouse de se munir d'un « certificat de virginité » en bonne

et due forme, lequel est délivrable, après vérification de l'état de l'hymen, par un gynécologue.

9. Le cas de Nacira, une jeune consultante, est édifiant à cet égard. Nacira a subi un contrôle prénuptial à la moitié du mois. À ce moment-là, l'hymen était intact et cela se vérifie aisément sur un registre quotidien du service. Elle n'était alors que fiancée et n'avait encore eu aucun rapport sexuel avec son futur mari. Le médecin lui établit un « certificat de virginité », mais ne peut le lui délivrer sur-le-champ car elle ne disposait d'aucune pièce officielle pouvant l'identifier avec certitude, d'autant qu'à dix-huit ans, souvent, les jeunes femmes ne pensent pas encore subir des procédures administratives aux intérêts lointains. Lorsqu'elle s'adresse à l'administration compétente, elle constate que les délais sont assez longs, puisqu'il faut – comme il est d'usage – procéder d'abord à une enquête civile et judiciaire au terme de laquelle la carte d'identité nationale lui est délivrée. Entre-temps, elle se marie, quitte le domicile paternel et entreprend une nouvelle vie au sein de sa belle-famille. Nacira est le prénom usuel que cette jeune femme utilise quotidiennement. C'est aussi celui qu'elle a donné lors de son premier examen gynécologique. En réalité, son vrai prénom (son prénom officiel, en usage seulement dans les dossiers de l'état civil) est Hélima. Lorsque sa carte d'identité est établie, elle revient quérir son « certificat de virginité ». Or, après nouvel examen, face à la rupture irrémédiable de l'hymen, le médecin s'est rétracté, arguant du fait que son acte de foi n'a jamais été établi pour une dénommée Hélima… Ce qui entraîna des explications plus que houleuses entre les deux familles et, bien évidemment, quelques railleries acerbes sur la chasteté de l'épouse.

10. Nefissa Zerdoumi, auteur d'*Enfants d'hier* (« L'éducation de l'enfant en milieu traditionnel algérien », Paris, Maspero, 1970), rapporte les mises en garde qu'administre la mère à sa fille à un âge très précoce : « Maintenant, il faut que tu fasses attention, tu es grande et les garçons vont te regarder. Tu vas avoir "un peu de seins" et cela suffit ; si tu vas avec les garçons pour risquer de te faire perdre la rougeur du visage (euphémisme signifiant "perte

de virginité"), tu auras du sang sur les cuisses. C'est terrible de ne plus être vierge. » (p. 190).

11. Le sexe masculin est, lui aussi, métaphorisé dans le langage des consultantes. Il est clair que les termes vulgaires sont, dans ce cadre précis, bannis et l'on ne verra probablement jamais une consultante se prévaloir de l'auguste cheikh Nafzaoui pour désigner le pénis ou le vagin…

12. Au Maroc, le sang hyménal est appelé *sdag* ou encore *sbagh*, voir E. Westermarck, *Les cérémonies du mariage au Maroc*, Paris, E. Leroux, 1921, p. 232.

13. Nous avons entrepris cette discussion dans le chapitre précédent intitulé « Le langage obscène ».

14. Strasbourg, impr. Cultura, Wetteran, Belgique, 1966, p. 107.

15. On appelle « parthénologie » un traité médical sur les jeunes filles (Littré) et « parthénomancie », l'ensemble des moyens mis en œuvre pour déterminer la chasteté de celles-ci. Le « parthénon » est l'appartement des filles qui, chez les Grecs, était l'endroit de la maison le plus reculé, et les enfants illégitimes nés durant la guerre de Messénie, à Sparte, étaient appelés « parthéniens ».

16. Voici ce que l'on apprend dans un texte du XVIe siècle (*L'escole des amans ov les Qvestions d'amovrs*, augmenté de *La boussole des amans*, dû à A. Cologne, édit. P. Marteau, MDCLXX, Bibliothèque nationale, Paris, sous la cote Res. Py2 2660), A. Cologne : « Quelle raison ont certains peuples de Ponent de piler avec d'eau une pierre dite Gagate et en faire boire à leurs épouses avant que coucher avec elle ! C'est pour cognoistre si elles ont fait le fault. Car icelle pierre a telle propriété, que fubitement elle fait uriner celles qui ont enduré le mafle » (p. 26). *Le Dictionnaire du XIXe siècle* de Pierre Larousse prétend que « le cou [de la jeune fille] grossit lors de la défloration et que la voix devient plus grave. Cette opinion n'est pas dénuée de fondement, car on ne peut nier la relation qui existe entre les organes génitaux et le larynx […] Séverin Pineau affirme qu'une fille est vierge lorsque son cou peut être embrassé par un fil qui s'étendrait de la pointe du nez à la réunion des sutures sagittale et lambdoïde. Charles Molitor assure avoir répété cette expérience plus de mille fois sans avoir jamais été trompé » (1876, t. 6, p. 295, 4e colonne).

17. La défloration rituelle peut prendre, au moins, trois aspects différents : a) la défloration est d'abord manuelle. Elle se pratique digitalement sous les auspices d'une femme reconnue pour son heureux présage. Si l'on en croit les chroniqueurs, cette défloration *cum digito* serait propre à l'Égypte ancienne ; b) la défloration mécanique consiste à percer l'hymen au moyen d'un outil adapté à cet usage. Cela se pratiquait dans certains pays d'Afrique noire où l'on utilisait tantôt le bois, tantôt le fer, considéré comme étant plus noble. Répondent à cette catégorie toutes les pratiques qui jalonnent l'histoire hellénique ainsi que celle de l'Inde védique, où l'usage consistait à faire asseoir les jeunes filles nubiles sur le *fascinum* du temple, sorte de phallus en pierre, en bois ou en ivoire symbolisant la divinité à laquelle l'hymen était offert, d'où « mécanisation » des outils, mais « chamanisation » de la signification ; c) la défloration « chamanique » se distingue des deux précédentes par le fait de l'intervention d'une tierce personne, autre que le mari. Il peut s'agir d'un assujettissement des membres d'une communauté par un roi, ainsi qu'il est observé dans le *jus primae noctis* ou droit de cuissage du seigneur du Moyen Âge. La défloration dont parle Crawley, sur lequel Freud s'est appuyé, combine à la fois la défloration manuelle et la défloration « chamanique » qui, généralement, lui succède. La défloration par sectionnement chirurgical de l'hymen, qui se pratique de nos jours dans certaines cliniques américaines, pourrait, quant à elle, se classer dans la seconde catégorie. Cependant, en tant qu'elle est une exérèse dénuée de signification rituelle, il convient peut-être de la classer dans une catégorie distincte afin de bien montrer que la valeur sociale accolée à la défloration rituelle ne tient pas tant au frayage des voies génitales de la future épouse qu'à sa participation au sacré, lequel se transmettrait par le contact avec le fluide chamanique.

18. Une illustration parfaite du *jus primae noctis* nous est donnée par Gilgamesh, héros réel ou mythique de l'aube de la civilisation : « Pour Gilgamesh, le roi d'Ourouk/On a préparé le tambour/Qu'à son rythme il choisisse/L'épouse avant son époux/Et la féconde le premier. »

(*in* A. Azrié, *L'épopée de Gilgamesh*, Paris, Berg International, 1979, p. 45).

19. *Cf.* S. Freud, « Le tabou de la virginité » in *La vie sexuelle*, Paris, PUF, 1969, p. 75.

20. M. Bonaparte, *De la sexualité féminine*, Paris, PUF, 1951 : « Rôles respectifs du père, du frère et du déflorateur », p. 112-122.

21. Le terme *tabou*, *tabu* ou *tapu* est issu, à l'origine, d'une langue polynésienne. Il signifie l'interdiction liée à un objet ou à un personnage dont le contact entraînerait quelque châtiment divin. Les ethnologues l'emploient dans ce sens, celui de l'Interdit, celui du Sacré.

22. Voir chapitre IV, « Voilc et sexualité », p. 144-145.

23. *Cf.* M. Gaudry, *La société féminine au djebel Amour et au Ksel*, Alger, Soc. algérienne d'impressions diverses, 1961, p. 159.

24. Cette inquiétude est légitimement ressentie par tous ceux qu'on appelait naguère les « indigènes » et qui constituèrent, malgré eux, un réservoir humain pour des études aux implications concrètes et aux déductions très suspectes. Certaines d'entre elles ont véritablement brillé par leur obscurantisme et un nombre incalculable de préjugés et, pour tout dire, de bêtises.

25. E. Westermarck, *Les cérémonies du mariage au Maroc*, Paris, E. Leroux, 1921, p. 237.

26. Ou *haqq eth-tbqâb*. *Cf.* E. Dermenghem, *Le culte des saints dans l'Islam maghrébin*, Paris, Gallimard, coll. « Tel », 1954, p. 240.

27. En effet, lorsque la jeune épouse est arrivée vierge au mariage, le mari doit s'acquitter auprès de sa belle-mère d'une sorte de « dette de gardiennage ». Le terme généralement consacré est celui de *mahr'* qui signifie « cadeau de noces à la fiancée » et, à l'origine, « prix d'achat » (*cf.* O. Spies : « Mahr », in *Encyclopédie de l'Islam*, Leiden, E.-J. Brill, Paris, C. Klincksieck, 1936, p. 142-144). Cette coutume, connue ailleurs aussi, est appelée « *Morgengabe* » en Allemagne ancienne, « *mundr* » en Scandinavie et « don du matin » en France. Certaines princesses du XVIIIe et du XIXe siècle reçurent, en guise de « don du matin », des provinces entières, villes comprises, en toute propriété. C'est, dit-on, dans ces conditions que

la reine Galswinthe reçut, en *Morgengabe*, les villes de Bordeaux, de Limoges et de Cahors. Pour de plus amples informations, *cf.* Lise Vincent Doucet-Bon, *Le mariage dans les civilisations anciennes*, Paris, Albin Michel, 1975.

28. Sur la question de la « mauvaise mère », de la « féminité négative » et de l'« antifemme », nous renvoyons aux ouvrages de Carboni (Gl.) et Nobili (D.), *La mauvaise mère (*« Phénoménologie et anthropologie de l'infanticide »), Paris, Payot, 1975 et de Denise Paulme, *La mère dévorante*, Paris, CNRS Gallimard, 1976, d'autre part.

29. In *Enfants d'hier*, *op. cit.*, p. 179.

30. *La mère dévorante*, l'ouvrage de Paulme réserve tout un chapitre à cette question, telle qu'elle apparaît dans l'imaginaire africain (*cf.* chapitre : « Le mythe de la calebasse et du bélier ») où l'on voit l'opposition particulièrement aiguë qui préside aux rapports intersexuels.

31. M. Galley, *Badr az-zîn et six contes algériens*, rapportés par Aouda, Paris, Armand Colin, 1971, p. 83.

32. Déjà un ouvrage de 1878 notait cette relation : De Gubernatis (A.), *La mythologie des plantes ou les légendes du règne végétal*, Paris, G. Reinwald et Cie, 1878, p. 223-224. Voir aussi une étude de M. Galley et Cl.-H. Breteau, « La pastèque et le couteau » in *Littérature orale arabo-berbère*, Paris, CNRS-EPHE, 1970, où il est justement question de la signification symbolique du passage cité dans notre texte. Les auteurs précisent que « la pastèque ou melon d'eau *(dellaâ)* n'a que des connotations bénéfiques. [...] À cause de sa liquidité, semble-t-il, et de ses nombreuses semences ; certainement, elle est le symbole de la fécondité, comme en témoigne cette coutume de l'Aurès qui consistait à rompre une pastèque, ou une grenade, sur le soc de la charrue au moment où l'on commençait les labours » (p. 61). Mais la pastèque peut avoir une signification ambivalente, ainsi que le note, pour les mythes indiens, Claude Lévi-Strauss dans *Du miel aux cendres*.

33. Cheikh Sidi Mohammed Nefzaoui, *Al rawdh al 'âtir fi nuzh'atil Khâtir* (« Le jardin parfumé pour le plaisir de l'âme ») (vers 1523), Tunis, Impr. « El-Manar », 84 p., texte en arabe.

34. *Cf.* T. Fahd, *La divination arabe*, Leiden, E.-J. Brill, 1966, p. 513.

35. *Cf.* M. Gaudry, *La femme chaouia de l'Aurès*, *op. cit.*, p. 103.

36. Freud y voit en effet une équation où la castration est déterminante : « décapiter = châtrer, dit-il, l'effroi de la Méduse est un effroi de la castration, lié à la vue de quelque chose (probablement le sexe) d'un adulte paré d'une toison, essentiellement celui de la mère » (S. Freud, « La tête de la Méduse » – *Das Medusenhaupt* – (1922) in *Ornicar ?*, n° 5, hiver 1975-1976, p. 86-87). Sans aller jusqu'à établir, dans une imitation servile, l'équivalence freudienne de la castration à la vue du hérisson, nous relevons néanmoins l'association entre la vue extérieure de cet animal et la zone pubienne qu'enfant tout Maghrébin a dû voir au hammam ou ailleurs.

37. Si l'on en croit les chercheurs, le fantasme du vagin denté est à ramener à des substrats sensoriels liés à des images du corps aux premières années de la vie et notamment aux rapports primordiaux de la langue de l'enfant et du mamelon. En somme, le fantasme s'« affûte » sur le sein qui le nourrit ; l'image du vagin denté est une image d'un corps fantasmé.

38. Selon Robert Gessain (« Vagina dentata dans la mythologie » in *La Psychanalyse*, n° 3, 1957, p. 275-276), cet auteur (il s'agit de Boas) aurait relevé vingt-deux versions de ce motif en comparant les mythologies indiennes. En outre, le motif du vagin denté se retrouverait aux Indes, en Chine, en Amérique du Sud, en Guyane, en Sibérie et en Europe. Au cœur de ce débat, la question qui s'est posée était de savoir si un fantasme semblable existait ou non au Maghreb.

39. In « De l'homosexualité à la jalousie » (1949) paru dans *Le psychologue et le criminel*, Paris, PUF, 1979, *Œuvres*, II, p. 100.

40. Paris, Payot, 1970.

41. Rouen, J.-B. Besongne, 1683, Cote Bibl. Nat. Rés. 8°Z Le Senne 4352.

42. Un exemple parmi tant d'autres, *cf.* Al-Djawbari, *Le voile arraché*. « L'autre visage de l'Islam », II, chap. XXX., trad. R. Khawam, Paris, Phébus, 1980, p. 241-258.

43. In *La pensée et le féminin*, Paris, Éd. de Minuit, 1976 (chap. « Membranes, pellicules : l'hymen », p. 186-204).

44. Paris, Seuil, 1972.

45. *Ibidem*, p. 241-242.

46. *Cf.* toute la mythologie liée à la pureté de l'âme, à l'éducation réussie en résonance directe avec les fantasmes masculins du « corps vierge ».

47. Voir *supra*, p. 78, le passage sur la *virgo intacta* et les moyens mis en œuvre pour l'avoir comme telle au mariage. De nos jours, nombre de femmes sont amenées à quitter leurs pays pour se « faire recoudre » par tel ou tel chirurgien réputé, en Europe, afin d'éviter de se justifier, le moment venu, devant la tyrannie familiale, gardienne des traditions les plus éculées et comptable de leur bonne cotation à la bourse des valeurs communes. Le comble du ridicule est pourtant atteint par ces messieurs qui, après avoir vécu avec leur future épouse, lui demandent de prendre le chemin des cliniques de « réhyménisation » ou encore par quelque femme, veuve en son état, qui, pour un second mariage, a cru bon de se refaire une virginité qu'elle se disposa à « offrir » à son heureux mari. Des situations cocasses surviennent tous les jours et la compilation la plus exhaustive ne parviendra pas à en rendre compte. À comparer avec le témoignage dérisoire d'une informatrice de De Lens, l'auteur des *Pratiques des harems marocains* (Paris, Libr. orientaliste P. Geuthner, 1925) : au chapitre des « Remèdes à l'usage des mariées et des épouses », il est proposé un « remède pour rendre à une mariée déflorée avant ses noces l'apparence de la virginité ». On y lit : « Piler de la noix de galle, de l'alun et de la "bouche d'une grenade". La matrone en saupoudre la mariée, où il convient *(sic)* », mais l'auteur ajoute : « Ce remède ne réussit que si elle (la mariée) est encore toute jeunette. Pour celles qui sont nubiles, il n'y a pas de remède. » Et il conclut, un soupçon de morale dans le ton : « Heureusement, car s'il en existait un, aucune fille n'arriverait vierge à son mariage » (p. 56). Pour sa part, M.-S. Belguedj écrit : « Les mêmes astringents (alun, noix de galle, écorce de grenade) serviront aussi à redonner, dit-on, un semblant de virginité à la jeune mariée pour la nuit de ses noces, et d'habiles matrones y ajouteront même du verre finement pilé pour provoquer une hémorragie vaginale. » Et il ajoute, sceptique : « … Il est difficile dans ce

domaine, entouré d'une grande discrétion chez les femmes, de faire le partage entre la légende et la réalité » (in *La médecine traditionnelle dans le Constantinois*, p. 158).

48. Il nous suffit de citer un seul ouvrage, *Les divinités génératrices*, de Jean-Antoine Dulaure écrit en 1805 et mentionné par Freud dans son article sur le tabou de la virginité. L'auteur, qui s'est consacré au symbolisme des rites de fertilité, dont le culte quasi universel rendu au Phallus (ou Priape) en est une figure majeure, écrit en substance : « On attribue à François de Carrara, viguier impérial de Padoue, qui vivait vers la fin du XIVe siècle, l'invention des ceintures de chasteté. Il avait ainsi cadenassé toutes les femmes qui composaient son sérail. Ses actes de cruauté l'amenèrent sur l'échafaud, et il fut étranglé l'an 1405 par arrêt du Sénat de Venise. Un des chefs d'accusation contre lui était l'emploi des ceintures de chasteté pour ses maîtresses » (in *Les divinités génératrices*. Verviers (Belgique), Bibl. Marabout, 1974, p. 180.) Dulaure cite Pierre de Bourdelle dit Brantôme, auteur de *La vie des Dames galantes*, écrit au XVIe siècle et réédité dans plusieurs collections, dont Le Livre de Poche, Paris, 1962, qui rapporte qu'un marchand italien avait en son temps étalé « de ces ceintures de fer » du côté de Saint-Germain, mais ayant été menacé d'être jeté dans la Seine, s'enfuit. Voltaire composa un vers sur le « cadenas » qui garde la vertu des femmes et Rabelais « bouclait » la sienne « à la Bergamesque » quand il s'absentait de son sérail.

49. *Cf. op. cit.*

50. À ce sujet, il faut noter l'intérêt que porte le législateur musulman au mariage de la vierge : « Le père, lit-on dans *La Risâla* (« Épître sur les éléments du dogme et de la loi de l'Islâm selon le rite mâlikite », trad. de L. Bercher, Alger, Éd. Carbonel, 1949, p. 173-175), peut marier sa fille vierge sans le consentement de celle-ci, même si elle est pubère. S'il le veut, il pourra la consulter. Mais, s'agissant d'une fille vierge, un autre que le père, c'est-à-dire le tuteur testamentaire ou autre, ne pourra la marier avant qu'elle ne devienne pubère et qu'elle donne son consentement qui est considéré comme acquis si elle garde le silence. La fille pubère, saine d'esprit et de condition libre, déflorée autrement que par accident ou fornication *(thayyib)* ne

peut être mariée, ni par le père, ni par un autre, qu'avec son consentement explicite. »

51. Le sang, en tant qu'élément vital, est constitutif de l'être organique. Vecteur d'une démonologie consciente ou inconsciente, mythique ou rituelle, individuelle ou collective, il reste à maints égards le point de rencontre entre le pur et l'impur, la pollution et la purification, le dangereux et le bénéfique (voir le mystérieux pouvoir du « faire-couler-du-sang ») *(tassyal ad-dâm)* ; d'où l'ambiguïté qui lui est attachée. En dehors de sa sacralisation (verset coranique : « Lis au nom de Ton Seigneur qui a créé ! Qui a créé l'homme d'un caillot de sang »), le sang joue un rôle prépondérant dans les pratiques de la magie traditionnelle arabe et y est d'autant plus redouté qu'il entre également dans la confection des philtres inhibiteurs de la nuit de noces.

52. In *Le traumatisme de la naissance*, Paris, Payot, 1968, p. 49.

53. Que d'anecdotes, toutes plus truculentes les unes que les autres, ne circulent-elles pas autour de l'éblouissement ressenti par les invités à la vue du sang hyménal, au lendemain de la nuit de noces. Cette production verbale est symptomatique de l'instauration définitive des prémices dans leur fonction mythologique de l'Éden physique, celui de la virginité intacte offerte au mari tout-puissant. À en croire El-Bokhâri, le prophète Mohammed avait une réelle inclination pour les jeunes femmes vierges et il incitait ses compagnons à les préférer aux femmes déjà mariées. Ce compilateur rapporte ainsi plusieurs anecdotes où cette attitude est clairement mise en évidence. L'un des orateurs de l'assemblée, Djâbir-ben-'Abdallah, prend la parole et dit : « Comme, en compagnie du Prophète, nous revenions d'une expédition, j'excitais mon chameau qui était lent d'allure. Un des cavaliers, qui était derrière moi, me rejoignit et, de l'épieu qu'il avait avec lui, il piqua ma monture qui partit à l'allure du meilleur chameau que tu aies jamais vu. Ce cavalier, c'était le Prophète qui me dit : "Qu'as-tu à être aussi pressé ? – Je suis, répondis-je, sur le point de célébrer mon mariage. – Avec une femme vierge ou déjà mariée ? demanda le Prophète. – Une femme déjà mariée, repris-je. – Pourquoi n'as-tu pas épousé une jeune

fille que tu serrais et qui te serrait ?" m'objecta-t-il. » On sait par ailleurs que le prophète Mohammed a épousé, en premières noces, Khadidjâ, une riche héritière mecquoise qui était veuve. Mais les traditionnistes rapportent le dialogue suivant. Il eut lieu entre le prophète Mohammed et son épouse 'Aïcha : « Aïcha lui dit : "Ô Envoyé de Dieu, si tu étais campé dans une vallée où il y aurait d'un côté une plante qui aurait été déjà broutée et d'un autre côté des plantes qui n'auraient pas été broutées, de quel côté mènerais-tu paître ton chameau ? – Du côté qui n'aurait pas été brouté", répondit-il. » L'Envoyé de Dieu, ajoute le commentateur, entendait par là qu'il n'avait pas épousé d'autre femme vierge qu'elle (in *Les traditions islamiques*, t. 3, p. 548-549).

CHAPITRE IV

Voile et sexualité

La relation cachée

Posons par simple hypothèse le fait que le vêtement et la sexualité interagissent en permanence dans le cadre du symbolisme social.

Posons ensuite, comme hypothèse secondaire, le fait que le voile au Maghreb remplit une fonction vestimentaire au sens fort du terme et par là même joue un rôle assez complexe. Sa relation à la sexualité, et plus précisément à l'érogénéité, reste à la fois l'une des plus évidentes et des plus obscures réalités.

L'objet de ce chapitre vise essentiellement à traiter de la relation cachée unissant le voile, la sexualité adulte, les stratégies de séduction et la psychanalyse. Toutes ces connexions se présentent comme l'alibi et la justification du thème de la féminité dans la vie inconsciente au Maghreb, féminité en soi occulte, mais que la démarche analytique dévoile sous un jour inattendu : « Toute apparition voilée n'est-elle pas féminine en vertu de ce principe fondamental de la sexualité consciente : tout ce qui est caché est féminin ? », écrit justement Bachelard[1].

Phrase-programme qui appelle son corollaire : au Maghreb, la féminité inconsciente doit rendre compte de sa pertinence sociale consciente afin de s'éprouver selon une hiérarchie de valeurs dont la « pureté » du corps est la plus massive. Cette prétendue « pureté » prend l'apparence d'une interdiction catégorique concernant le corps féminin avant la consommation rituellement admise, celle de la nuit de noces. Autrement dit : il y a « tabou ». Ce « tabou » est partiel ; son objet est la virginité physique de l'épouse lors du cérémonial festif qui orchestre son dépucelage par le mari.

La thématique annoncée plus haut va donc légèrement glisser pour ne plus concerner que la relation du vêtement qu'est le voile et du tabou de la virginité dans cette zone géographique et culturelle que l'on appelle[2] le Maghreb.

La formulation des questions en arrive à subir une mutation correspondante : Quels sont, dès lors, les rapports que le voile et le tabou de la virginité entretiennent entre eux, sachant que l'un et l'autre sont doués d'une complexité originelle similaire et remarquable ? De quelle manière le premier favorise-t-il la permanence du second ? Comment peut-on, à travers un approfondissement du phénomène du voile, approfondir la connaissance du tabou de la virginité ? C'est à cela que nous nous efforcerons d'arriver ; quant à la manière d'y parvenir, elle visera à mettre au jour les raisons implicites qui amenèrent la femme maghrébine à porter le voile. Nous essayerons de partir d'une discussion étymologique du terme *hidjâb* (voile) à travers ses multiples acceptions et à travers les formes qu'il revêt dans l'espace et le temps. Ensuite, le voile sera étudié sous le jour de sa fonction « sexuelle », une fonction qui tente de contrebalancer la raison explicite l'instituant. Deux niveaux d'analyse – détour par l'étymologie et référence à l'érogène – qui n'auront d'efficience réelle que dans la mesure où ils permettront de montrer que le voile n'est pas ce vêtement sans vie que l'observateur extérieur semble s'obstiner à percevoir[3].

Au même titre que les oppositions éclairantes de la linguistique, ou encore certaines associations spécifiques au travail du rêve, nous montrerons certains contrastes, perceptibles dans les usages sociaux du voile, qui font de lui le lieu privilégié de toute une lutte souterraine entre le désir et le refoulement, entre les forces du Moi et celles, antinomiques, figurées par les intérêts sublimatoires du groupe ou Surmoi. C'est alors que devient possible une analyse équilibrée de la question du voile, en concomitance avec le symbolisme social, éthique et religieux qui lui est immanent.

Dans ce prolongement, une réflexion sur la sécularité des signes est à déduire, ce que, au demeurant, le « sème » ici étudié facilite grandement.

L'étymologie

La définition du *hidjâb*[4], selon la majorité des dictionnaires de la langue arabe, est une sorte d'« écran ou de tissu placé devant un être ou un objet afin de les soustraire à la vue ». Le terme même de *hidjâb* est utilisé de préférence pour désigner le voilement d'une personne, contrairement à son homologue *ghitâ*, qui signifie simplement couverture et s'applique plutôt aux choses. Cependant, le verbe *kashafa* (découvrir, mettre à nu) et dont le substantif est *kashf* (la découverte, la mise à nu) peut s'appliquer indistinctement aux deux. *Hidjâb* vient du verbe *hadjaba*, qui signifie précisément « dérober aux regards », « cacher ».

La claustration de la jeune fille nubile au lendemain de ses premières règles (dès la onzième année) est désignée par le mot *mahdjuba* (mise derrière le voile, mais aussi, métaphoriquement, cloîtrée).

Claustration et voile ont de ce fait la même racine : *hidjb* (H.J.B.) au moment où le Coran utilise le terme de *djallababi* ainsi qu'il appert dans le fameux verset XXXIII,59 de la sourate *Al-'Ahzâb* (Les Factions) où il suggère fortement à la communauté d'Allah d'exiger le port du voile des plus nobles d'entre ses épouses : « Ô Prophète, lit-on, dis à tes épouses, à tes filles et aux femmes des Croyants de serrer sur elles leurs voiles ! *(djalâbibihinnâ)* Cela sera le plus simple moyen qu'elles soient reconnues et qu'elles ne soient plus offensées. Allah est absoluteur et miséricordieux » (tract. R. Blachère). Ainsi, à l'origine, le voile-*tchador* fut imposé, institué – peut-on même dire – afin de distinguer la dignité de la femme de bonne souche de celle qui court les rues. Une notion d'évitement de la « faute », couplée à celle du respect, y est incluse.

Par ailleurs, dans un ouvrage de 'Abd Ar-Razik Ahmad[5] nous apprenons que la notion de *hidjâb* entrait dans la composition des titres féminins usités dans l'ancienne dynastie des Mamlouks en Égypte (XIIIe s.). Ahmad écrit : « *Al-Hidjâb*, voile en arabe, fut employé à cette époque comme titre féminin pour désigner la femme noble de la famille régnante », et plus loin : « *Al-Muhadjaba* : c'est un des titres initiaux féminins signifiant littéralement voilée ou plutôt "qu'elle soit voilée". Il était employé pour désigner la femme au voile bien défendu, car il donne le sens de chasteté et de protection, comme les titres analogues du genre *al-Masuma*, *al-Mastura* et *al-Ma'suma*. Quant au pluriel de ce titre : *al-Mahadjabat*, il a été également accompagné de l'épithète *Djamila* aux femmes de la caste militaire[6]. »

Ainsi, le voile, utilisé par la société mamlouk comme signe de classe, n'en constitue pas moins le critère de chasteté de la personne qui le porte. Bien significative à cet égard est l'analogie entre la fonction du voile et la défense de la femme à travers l'expression utilisée par l'auteur : « la femme au voile bien défendu ». Métonymiquement, nous lisons : « la femme au sexe bien défendu ». Mais nous reviendrons ultérieurement sur cette analogie entre le voile et le sexe. Suivons pour l'instant le destin de ce mot à travers le dédale de ses autres transformations.

En médecine arabe, par exemple, où – selon l'auteur de l'article *hidjâb* dans l'*Encyclopédie de l'Islam*[7] – ce terme désigne toute membrane préservant certaines parties du corps de celles qui leur sont contiguës, le diaphragme se dit : *hidjâb-el-djawf*[8] ; la plèvre : *al-hidjâb al-mustabtin.*

Durant son évolution, le terme *hidjâb* a ainsi connu de nombreuses variations métaphoriques et sémantiques[9]. Ces variations ne peuvent s'éclairer que par une étude synchronique et comparative approfondie. Nous nous contenterons des plus explicites afin d'exclure toute équivoque au niveau de l'interprétation.

Notons d'emblée que la même philosophie qui a sécrété la problématique du *hidjâb* – comme « signe distinctif de la société maghrébine »[10] –, autrement dit la mise à l'écart d'un membre de la communauté au moyen du voile afin de le préserver de tout contact éventuel avec l'autre membre de la communauté (l'homme) a également sécrété par dérivation la notion de gynécée. Alors que l'usage courant lui attribue des origines ottomanes[11], la notion de gynécée – en arabe *harîm* – renvoie précisément à cette sexualisation de l'espace intérieur et à l'interdiction formelle d'accès au domaine « réservé » à la femme. L'interdiction concerne tout homme susceptible de cohabiter sexuellement avec telle ou telle femme nubile de la grande famille, la *'ayla*[12], comme les invités, les voisins et les parents plus ou moins éloignés, non tenus par le tabou de l'inceste. En fait, la version complète du gynécée se dit *harem'alik* et signifie précisément « ce qui vous est interdit » ou encore « ce qui est mis devant autrui afin de l'empêcher d'entrer ». La notion de *harîm* désigne dans sa version locale aussi bien l'épouse que le foyer, ainsi que tout ce qui a valeur de « sacré »[13]. Par ailleurs, le harem se distingue nettement du sérail qui lui est communément assimilé. Le sérail, dans l'ancien Empire ottoman, est la partie réservée au sultan : c'est, pour ainsi dire, le palais proprement dit. Cette partie est dite le *salem'lik* ou « lieu de salutation ». En somme, il s'agit de la partie officielle et publique du palais, là où précisément les visiteurs masculins sont reçus.

Le harem proprement dit (le *harem'alik*) est la partie occulte qui commence à partir de la porte mitoyenne se situant à l'extrémité du *salem'lik*. Interdite aux hommes valides de la cour, la « zone interdite » est néanmoins ouverte à quelques eunuques, préposés à la garde vigilante des appartements privés et parfois à quelques prestigieux médecins, quoique cela ne semble être qu'exceptionnellement consenti aux thérapeutes masculins, car, en effet, dans les cas courants, ce rôle était rempli par une sage-femme, laquelle intervient aussi bien dans les domaines de la santé et de la maladie que dans ceux de l'hygiène et de l'accouchement. Elle préside également aux diverses cérémonies rituelles concernant le corps et la protection des petits enfants. Le *harem'alik* pourrait être ainsi apparenté au *Parthénos* de la Grèce ancienne, puisque ce dernier désignait l'appartement des filles nubiles et se situait à l'endroit le plus reculé de la maison[14].

En outre, nous savons que le terme consacré pour désigner l'interdit religieux et sexuel n'est autre que *harâm* (le licite étant dit *halâl*) qui, décliné, donne naissance – bien que dans des champs sémantiques différents – aux termes de *hormâ* (honneur, prestige, respectabilité) et de *moharram* (premier mois de l'année hégirienne)[15]. À cet égard, il convient de rappeler l'équivalence symbolique qui existe entre l'idée d'« aube » et de « virginité » ! Tabou et interdit se disent *harâm* aussi bien dans leur sens général que dans les acceptions suivantes : défendre, prohiber, déclarer illicite, excommunier, déclarer sacré, inviolable. Jeter l'anathème sur quelqu'un se dit *harramâ*, terme qui dérive de la même racine que *harâm* (interdit, illicite)[16]. Ainsi, toutes ces notions qui, à première vue, n'entretiennent entre elles que des rapports de contiguïté et de dérivations lexicales, concourent-elles à la même signification symbolique, à savoir que le voile n'est pas seulement ce vêtement coutumier qui est chargé de « cacher à l'homme de la rue la femme qui le croise », mais surtout qu'il est un vêtement dont la fonction cachée est de condenser sur elle – en le prohibant aussitôt – le véritable regard de l'homme, autrement dit le regard désirant.

Le voile est un vêtement institué dans le but explicite de différencier les deux sexes, tant du point de vue biologique et social que du point de vue spatial. De ce fait, il circonscrit une spatialité signifiante, celle de l'intériorité, elle-même inscrite dans la spatialité commune : la rue, le quartier, la ville.

Le voile est porteur d'une marque ambiguë du social : il parvient à assumer le paradoxe sur lequel il s'est bâti, car la femme qui se voile, même « dehors », reste « dedans ». Mais cette dualité du voile, cette fonction composite du « dehors/dedans » est – à terme – dépassable par les résonances sexuelles qu'il est temps d'aborder maintenant.

Sexualité voilée

Nous avons avancé l'idée que le voile était l'équivalent symbolique de l'hymen. Nous n'avions alors à notre disposition que des éléments d'observation épars puisés dans l'ethnologie maghrébine pour étayer convenablement notre propos. Depuis, nous avons pu constater que le voile fonctionnait comme s'il était lui-même un élément sexuel à part entière. Les études sur le nu et le vêtement le montrent amplement : le vêtement, loin de remplir sa fonction sociale de « pudeur », exacerbe les rapports entre ce qu'il masque, le corps, et le voyeur. Le « pudique », ou ce qui se donne comme tel dans le vêtement, crée donc son « public » et le vêtement se nourrit de son propre dépassement : l'érotisme[17].

Le vêtement se revêt à son tour de la charge séductrice qu'il était censé occulter ou valoriser. Un auteur du début du siècle l'a déjà signalé ; J.-C. Flügel notait en effet, avec justesse : « À l'un des extrêmes, les vêtements peuvent servir simplement à embellir, à accentuer, à encadrer le corps, comme par exemple chez les "girls" d'une revue parisienne, dont l'habillement superbement décoratif a pour seul but de rendre plus magnifique la beauté des corps et qui permet une nudité presque complète. À l'autre extrême, la libido est entièrement déplacée sur les vêtements mêmes, le corps n'étant qu'un moyen de suspension pour les robes[18]. »

Une observation des techniques d'utilisation du voile, telles qu'elles se présentent chez certaines Maghrébines névrosées, nous apprend que celles-ci le sexualisent beaucoup. Deux cas peuvent se présenter : ils illustrent la pertinence de l'axe « ouvert/fermé ».

L'obsessionnelle l'utilise sur le mode défensif et conjuratoire : le voile est entouré d'attentions, de soins variés, très significatifs sur le plan de la symbolique psychanalytique. Il est brossé, nettoyé, lavé à la première souillure et généralement jalousement préservé de l'attaque externe... Voilà qu'il devient épiderme par substitution, cet espace sur lequel se conflictualise la problématique névrotique ainsi que sa parfaite lisibilité !

Mais c'est surtout chez l'hystérique que le voile joue le plus manifeste des rôles du point de vue de la sémantique sexuelle. Dans cette affection, nous le savons depuis le travail inaugural des *Études sur l'hystérie*, le corps est une instance privilégiée du symptôme névrotique, une sorte de « passage obligé » sans lequel l'hystérie n'est plus qu'une suite de petits phénomènes dissociés les uns des autres et répartis anarchiquement dans la Psyché. C'est à son niveau que se joue la demande hystérique, que ce soit dans la mise en scène de la fameuse théâtralité ou encore dans la conversion du conflit.

Dans l'une et l'autre des névroses, c'est le voile qui permet l'accès à la symptomatologie inconsciente : dans la névrose obsessionnelle, c'est l'angoisse de la malade de voir s'ouvrir son voile d'une manière intempestive devant des inconnus qui la fait venir consulter. Au contraire, c'est précisément grâce à cette ouverture du voile, c'est grâce à cette « mise à nu du corps » que communique l'hystérique. Chez l'une, comme chez l'autre, et au-delà même des particularités des symptômes (niveaux de désir, intensité du refoulement, investissement et surdétermination), il est probable que le caractère dominant qui les rapproche soit la sexualité. La valeur sexuelle est plus évidente encore si l'on considère l'univers moral et la réalité où elle surgit. Cet univers décrète qu'une fille bien élevée, de « bonne famille » – ressortissant au fameux *hassab oua nassâb* – et en d'autres termes pouvant répondre de sa « virginité physique », ne l'est plus si elle ne porte pas le voile. Se dévoiler équivaut à une vilenie sociale, ce qui jette une ombre désastreuse sur sa famille et sur son patronyme [19].

Les prescriptions rituelles vont jusqu'à entourer certaines villes d'un « voile » métaphorique, parfaitement explicite socialement. Zerdouni, auteur d'un essai sur l'éducation traditionnelle des enfants, nous apprend qu'à Tlemcen, dans l'Ouest algérien, la jeune femme est jugée « honnête » ou au contraire « volage » – entendez vierge ou déflorée – à la largeur de son « petit œil » (lucarne aménagée dans le voilage, au niveau des yeux) [20]. Il est pour le moins significatif de voir que toute une ville s'identifie à l'idéal défini par « l'eau, l'air et le voile » dont un proverbe rend compte en ces termes : *Tlemcen, mahâ wa hwahâ ou talhifat nsahâ* – « Tlemcen, son eau, son air et le voilement de ses femmes » [21]... Qu'est-elle donc cette façon spécifique des Tlemcéniennes qui lui vaut ces élégiaques propos ? Et comment ne pas y voir la sublimation de cette membrane – que l'on sait centrale – qu'est l'hymen ? Comment, en effet, ne pas voir dans ce voile si cérémonieusement chanté l'équivalent d'un « hymen » tendu au-dessus de toute la communauté ? Un hymen que tous ceux qui se sentent appartenir au même univers de représentations ont à charge de défendre. Comment enfin, ne pas faire l'association entre cette désignation de l'hymen en médecine arabe et la désignation du voile telle que nous l'avons vue plus haut ? L'hymen ne s'appelle-t-il pas *hidjâb-al-bûkûriyya* (litt. « le voile de la virginité ») [22] ?

L'équivalence symbolique « voile = hymen » est également perceptible dans certaines pratiques sociales que nous révèle l'anthropologue. Ainsi, chez les Nefzaoua, groupement humain dont le cantonnement se situe de part et d'autre de la frontière algéro-tunisienne (partie méridionale), le passage du vêtement de la jeune fille à celui d'une femme mariée suit un rituel très codifié. Gilbert Borris qui rapporte cette information[23] l'étaie des deux couplets suivants que les compagnes de la jeune mariée chantent afin de la soulager de sa séparation avec sa mère :

> Pourquoi pleurer, petite sœur,
> Oui, pourquoi donc gâcher tes pleurs,
> (Que craindre d')un cousin germain !
> Ta mère et vous restez voisins.
>
> Le voile blanc as déposé,
> pour revêtir la rouge laine !
> laissant à ta mère la peine
> d'autres femmes vas soulager[24] !

L'auteur nous apprend que la laine rouge est investie d'un rôle de transition entre le long voile, écharpe de cotonnade blanche *(tarbûsà)*, attribut de la jeune fille qu'elle abandonne ce jour-là, et le grand fichu de laine rouge *(ugâya)* qu'elle revêtira seulement le surlendemain du mariage, en même temps que les autres pièces du costume correspondant à son nouvel état. La période de transition aura duré strictement trois jours, autrement dit le temps de la cérémonie des noces. La femme nubile, reconnaissable aux particularités signalées auparavant, mais aussi à son *hzâm âbyad* (ceinture de cordelettes blanches), accède à son statut d'épouse, ce qui lui donne le privilège de porter une ceinture tressée. De nos jours encore, même s'il n'est pas assorti d'un rituel aussi rigoureux, le voile signe le passage de la femme d'un statut à un autre.

Ainsi, dans certaines régions, de blanc chez la jeune fille célibataire *(haik)*, il change complètement de couleur et cela dès la nuit de noces, pour devenir noir *(m'leya, 'abâya)*, ce qui est le signe apparent de la femme mariée, tout au moins dans les régions du Maghreb où plusieurs coloris sont utilisés. Sa fonction d'« identificateur » du statut matrimonial de la femme (et donc de sa disponibilité) apparaît ici très nettement. À partir du premier enfantement, tout port de voile doit être une étiquette sociale au même titre que le changement de nom ou l'alliance au doigt. Si une multipare reprend le voile blanc de la jeune fille, à moins que ce ne soit par dérision ou à l'occasion de certaines manifestations très codées, elle s'attire inévitablement le persiflage et le mépris des autres femmes. Elles lui lanceront alors, avec un ton moqueur : « Que t'arrive-t-il donc ? Crois-tu que le *haik* te rende jeune fille *(sbiya)* ? » Le blanc comme symbole de pureté et de virginité est vérifié ici, puisque le *haik* se distingue surtout par sa blancheur immaculée. La relation du voile à la sexualité de la femme, mais surtout à la nuptialité, est mise en exergue par le contraste des réactions provoquées lorsqu'une femme d'un âge relativement avancé (après la ménopause) vient à quitter son foyer sans passer par le relais du vêtement coutumier. Toutes ne le font pas, car l'habitude de porter le voile s'est substituée à la contrainte initiale, mais celles qui le font – celles qui outrepassent cette imposition – ne soulèvent guère de critiques, tout au plus suscitent-elles des remarques affectueuses, sous une ironie bon teint.

Cela prouve, tout au moins ponctuellement, que le vêtement est non seulement un indicateur du statut sexuel – et le voile l'est totalement pour la femme – mais qu'en plus il est aussi l'indicateur de la fonction organistique du corps ; en d'autres termes, il révèle le silence du corps féminin, l'arrêt complet de sa prodigieuse fécondité où – à l'inverse – son aptitude séminatrice.

Revenons un instant sur la relation du voile au

tabou de la virginité : cette relation est explicite chez certaines ethnies qui observent l'usage singulier du rapt de la fiancée. Dans ces pratiques, il arrive que le vêtement soit, à lui seul, un motif suffisant pour que la femme passe de façon irrémédiable de son état de « pureté » de jeune fille à celui d'épouse. La « conversion » – si l'on peut appeler cela ainsi – n'est finalement qu'un procédé se situant au carrefour de la psychologie (contenu subjectif de l'acte) et de la culture (instance d'inscription). Dans toute la région des Grands Lacs africains, note Kashamura, il suffisait au jeune prétendant de déchirer la jupe de sa favorite pour qu'elle devienne *une femme* (et non pas seulement *sa femme*, ce qui aurait relevé plutôt du politique)[25]. Le même cheminement se produit lorsqu'il y a une tentative de viol sans passage effectif à l'acte. La fille est considérée comme une femme déflorée et doit se trouver un mari sur-le-champ. Considérant que cette « conquête » est irréversible, les parents ne peuvent plus recevoir leur fille que si elle est accompagnée de son mari.

De même, le fait de retirer la chaussure de la mariée, pratique courante dans certaines peuplades du Nord, ou encore de déchirer la couronne de la mariée, ou bien même de desserrer sa ceinture équivaudrait à une véritable défloration[26]. En Algérie, naguère, on s'adressait à une tisseuse pour tout ce qui concerne l'état de la virginité avant le mariage ou la récupération de celle-ci en cas de perte indue[27].

Rapport étrange donc du vêtement et des professionnels du vêtement avec la sexualité, à tel point étrange au demeurant que même Freud le signala dans ses *Nouvelles conférences sur la psychanalyse*[28]. Quoi qu'il en soit, cette question n'est pas étrangère au fantasme de la « double défloration » qui auréole le succès de certains délinquants maghrébins qui se gaussent d'avoir violé des femmes à la fois vierges et voilées. C'est dans cette même mesure que nous nous demandons jusqu'à quel point le fantasme commun de la femme voilée, lointaine, mystérieuse, inaccessible, ne se nourrit pas largement du fantasme concomitant de la nubilité taboue, dont l'inaccessibilité plonge ses ramifications jusqu'au tréfonds d'un Orient millénaire, sacralisé par des mythologies érotiques ambivalentes, du type 'udrite notamment[29].

C'est assurément autant de directions convergentes qui viennent renforcer l'idée que le voile pervertit sa propre légitimité sociale, en introduisant une sorte de rupture entre l'intention et le fait.

L'exhibitionnisme

L'exhibitionnisme est loin d'être une fatalité, un factuel sans suite ou une césure innommable. Dans la polarité du « voir/non-voir », intrinsèque au fait vestimentaire, l'exhibitionniste aurait la tentation d'occuper la place du Maître de céans, s'il n'y avait la vaillante morale publique qui sévit avec autorité. Mais l'ambiguïté du rôle est réaffirmée : le voile est à considérer comme ce vêtement dont l'objectif essentiel est d'empêcher que la femme ne soit vue et, simultanément, de lui donner, à elle, la possibilité de regarder les autres. C'est pourquoi, chez le commun, la vue d'une femme sans voile, de celles qui « devraient » être voilées, constitue une forme de possession, sinon une jouissance achevée. L'équation « être vue = être profanée » reçoit un indice supplémentaire si la femme vue est une femme vierge. La défloration n'est pas celle que le rituel immuable inscrit, elle porte seulement sur des substituts « symboliques » de l'acte en lui-même. De toute manière, s'agissant d'une référence mythique aux désignations traditionnelles du « pur » et de « l'impur », du

« propre » et du « souillé », le rapport sexuel proprement dit – si l'on entend par cela le procès limité de l'intromission du pénis – reste très secondaire. Tout se joue au niveau de la dissimulation. Capacité de dissimulation d'abord, de ce que la convenance sociale interdit et refoule, capacité de dissimulation, ensuite – ce qui est une vaine gageure –, de l'expression de toutes les formes compensatoires que nécessite le réaménagement de la libido féminine prohibée. Tout le paradoxe du voile tient à cette impossibilité principale de nier une érogénéité qu'il installe admirablement. « Installer » est même trop faible et peu apte à rendre compte de cette véritable « offre contrariée » qui est le propre de la séduction au Maghreb.

Nous pouvons maintenant considérer que la notion de l'Interdit, avec son pendant sexuel moralisateur, sera celle-là même qui nous introduit dans le domaine du Désir. S'il y a interdit, il y a désir. L'interdiction ne peut provenir que du Surmoi, réprobateur et exigeant. Le désir est une résultante de la pulsion du Moi, zone charnière avec le Ça. Vouloir nier la dimension inconsciente, c'est tenir un discours de cécité. Or la cohérence des usages sociaux en rapport avec le voile est empreinte d'une rigueur toute particulière. Cette rigueur s'apprécie à la non-réciprocité entre les mondes masculin (extériorité) et féminin (intériorité), mais aussi à la non moins stricte interdiction, visuelle et verbale, lorsqu'ils viennent à se côtoyer par inadvertance. Il est notoire, par exemple, que seuls les musiciens aveugles pouvaient, dans le temps jadis, animer les cours royales et les harems. Cela est encore valable de nos jours si l'on prend le cas de la mendicité à domicile : seuls en effet les mendiants aveugles ne provoquent pas la colère de la gent mâle de la maison. Il n'est pas étonnant que le personnage de l'aveugle ait alimenté d'une façon significative la mythologie amoureuse des anciens Arabes. L'aveugle est tantôt musicien, tantôt messager, puisqu'il se charge souvent de la transmission du verbe de l'amant à son amante. Précisons que seul le message écrit était en usage, ce qui lui conférait d'emblée une plus grande authenticité, lui évitant ainsi la précarité du message oral, lequel est soumis aux aléas de la mémoire et à sa « traîtrise ».

Voile et prostitution

Si le « bénéfice secondaire » du voile dont jouit la femme est très diffus, surdéterminé et parfois contraignant, introduisant fréquemment en son champ différentes notions surannées, l'usage qu'en fait la prostituée est nettement du côté de l'allié sûr, de l'effet indispensable à toute pratique prostitutionnelle.

Il suffit de penser à ces femmes, prostituées au statut informel appelées *kahbât*, qui racolent sur la voie publique et qui utilisent d'une manière très hétérodoxe le voile, qu'il soit blanc ou noir.

Celui-ci, à la faveur du mimétisme qu'il introduit, semble freiner une démarche qui est surtout d'ouverture. Mais ce n'est qu'apparence car, bientôt, le consommateur potentiel saura distinguer la gestuelle complexe de la prostituée et y pourvoir. Dans ce cas précis, le voile est le déclencheur le plus important de la conduite de séduction. Il est, à l'endroit de son non-conformisme, le vêtement le plus « pervers » et le plus « polymorphe » de tout l'apparat vestimentaire. Placé dans le contexte de l'Éthique qui, prétendument, l'entretient, le voile acquiert d'emblée une marque d'amoralité, devenant ainsi l'item qui différencie les femmes entre elles. Mais, en même temps, lors même qu'il contribue à réduire les particularités de chacune au profit d'une conversion grégaire, le voile inquiète l'homme et notamment le séducteur. La chanson populaire raconte le trouble du héros parti pour séduire et qui n'a séduit, en fait de femmes, que sa propre sœur… La peur agit toujours lorsque l'ubiquité de la femme voilée laisse place à l'émergence subite de la mère. D'où le triptyque évocateur et puissamment pervers du voile, de la mère et de la prostituée. Triptyque qui induit une question : « Jusqu'où peut aller la confusion des signes entre la prostituée voilée qui sera séduite physiquement et l'autre apparition voilée qu'est la mère, inaccessible à ce type de rapports ? » Beaucoup de chercheurs ont mis en évidence la relation qu'il y a entre la Prostituée et la Mère ou encore la relation Prostituée/Mauvaise Mère. Nous trouvons des échos très particuliers dans le fameux ouvrage d'Otto Weininger *(Sexe et Caractère)* dont tout un chapitre, « La prostituée et la mère », est réservé à cette question[30]. Bien que Freud émît un jugement sévère à l'égard de cet auteur, original par bien des aspects[31], il faut se rendre à l'évidence que cette association est un fantasme ancien, fortement enraciné dans les esprits. L'exemple de ces Maghrébins qui disent ne rien attendre d'une femme si elle n'est voilée exprime à sa manière une émotion trouble où le voile est le facteur déclenchant tout autant que le lien avec la symbolique maternelle.

Qu'est-elle en effet cette nostalgie de l'inconnue cachée par le voile, sinon celle qui est préservée par le refoulement et le tabou : la mère ? Très tôt, la psychanalyse nous a habitués à voir dans la problématique œdipienne le lieu d'une mise en scène fantasmatique du désir incestueux. La littérature, dans son extrême abondance, est significative de l'intérêt qu'a suscité cette question. La littérature psychanalytique se fait également l'écho de nombreux patients qui rendent partiellement compte de leurs désirs incestueux condensés dans cette notion de voile noir[32].

Le fétichisme corporel

Nous pouvons introduire la question du voile et du corps en évoquant la notion de fétichisme. Cette notion prend sa source dans des fantasmes divers, animés essentiellement par des équations projectives liées à l'investissement narcissique. Dans ce va-et-vient du désir, simultanéité complexe incarnée par l'envie de posséder, d'occuper, de s'étendre sur ce corps que le voile interdit et l'envie contraire de l'esquiver, de refuser la contiguïté charnelle par la médiation du vêtement, il faut voir sans nul doute une résurgence de caractères œdipiens. Ainsi donc nous pourrions dire que la nouvelle subtilité du voile tient à cette volonté de médiation entre le désir prohibé et sa pleine reconnaissance par autrui en tant qu'il est manifestation de refus. Fétichisation et magie qui se retrouvent également dans les fantasmes sexuels que les hommes nourrissent à l'égard de la séduction active des femmes[33], et qui empruntent au voile l'un de ses ressorts les plus actifs. En ne tolérant l'accès qu'à certaines zones du corps féminin, le voile opère une atomisation de celui-ci et contribue à le « chosifier ». L'idéalisation de ces zones déliées est dès lors fortement exagérée. Et, d'évidence, précieuse ou ridicule, cette mosaïque tracée sur la chair de la femme n'en demeure pas moins aiguë. Aussi son idéalisation est-elle perceptible dans les descriptions poétiques des « yeux féminins » qui investissent tout le champ affectif de l'homme. Ils sont « grands et noirs », « yeux de faon », « yeux de biche » ou « yeux sauvages » qu'entourent des « sourcils d'ébène » et des « nattes fécondes ». Le visage devient une « amandine » et les cils, une « rangée de flèches ennemies avant l'attaque » : voilà autant d'hymnes au corps partiel de la femme qui mettent en exergue l'intensité du désir focalisé par le voile. « Lorsque son voile fut tombé/Je n'avais plus la force de soulever ses cheveux », écrit Kateb Yacine[34].

Quant à la bouche, zone érogène initiale, elle subit – outre l'interdiction rigoureuse d'être vue[35] – un refoulement particulier. N'est-ce pas le substitut du vagin par excellence ? Cette idée, le folklore grivois populaire l'a si bien systématisée qu'une série de correspondances, ayant leurs modes de décryptage et leurs lieux d'épanouissement, ont vu le jour et prospéré[36].

Avant de clore ce chapitre, nous rappellerons les propos de Frantz Fanon qui portent précisément sur la relation complexe qu'entretient la femme avec son voile. La citation qui va suivre décrit les sensations qui assiègent la femme fraîchement dévoilée : « Impression de corps déchiqueté, lancé à la dérive ; les membres semblent s'allonger indéfiniment. Quand l'Algérienne doit traverser une rue, pendant longtemps, il y a erreur de jugement sur la distance exacte à parcourir. Le corps dévoilé paraît s'échapper, s'en aller en morceaux. Impression d'être mal habillée, voire d'être nue. Incomplétude ressentie avec une grande intensité. » Et de conclure : « L'absence du voile altère le schéma corporel de l'Algérienne[37]. » Bien évidemment, nous avons là affaire à des perceptions d'accommodation considérées comme normales, elles nous mettent, pourtant, sur la piste d'une certitude, celle de la complexité irréductible de la relation du voile qui est véritablement un « sur-vêtement », du corps féminin (schéma corporel) et de la sexualité.

En définitive, nous pouvons dire que le danger potentiel (rappelons qu'il est de nature psychique), à travers les conduites, voire les rituels de « protection », de « déviation du pôle inquiétant » et même de « sublimation » de certains rejetons, serait un canevas subjectif tout indiqué pour aider à la compréhension de ce qui se joue à travers le voile.

L'étymologie du terme *hidjâb* nous montre les parentés qui existent entre ce vêtement et certaines pratiques sexuelles en vigueur au Maghreb. La congruence de signification se prolonge au niveau de l'exhibitionnisme, de la prostitution et du fétichisme.

Voile et sexualité peuvent finalement constituer une grille de lecture appropriée des grandes questions de l'anthropologie sexuelle au Maghreb, le tout étant de pouvoir les mettre en résonance intelligible l'un par rapport à l'autre.

NOTES

1. In *La psychanalyse du feu*, Paris, Gallimard, 1938.

2. Qui n'est pas uniquement le Maghreb géographique, loin s'en faut, car les pratiques culturelles débordent largement les décisions de l'Histoire. Nous entendons ici la notion de « Maghreb » dans ce qu'elle a de profond, de vaste et de durable. L'histoire d'une civilisation (« arabo-musulmane » ?), la multiplicité des échanges entre les diverses nations du monde arabe occidental, la destinée commune d'une communauté qui expérimente une langue, une religion et un passé identiques.

3. Les travaux consacrés antérieurement au voile sont fort nombreux. Nous ne donnerons ici que les titres de ceux que nous avons consultés, à l'exception de ceux, néanmoins, qui seront cités ultérieurement :

a) Salah Eddine Boutarfa, « Le voile » in *Revue de l'Inst. des Belles-Lettres arabes (IBLA)*, Tunis, n° 104, 1963/4, p. 297-321 ;

b) Frantz Fanon, *L'an V de la révolution algérienne*, Paris, Maspero, 1975 ;

c) Fadila M'Rabet, « La femme dans le Tiers-Monde : le

cas du Maghreb» in *Encyclopaedia Universalis*, Paris, 1968, vol. 6, p. 1007-1010 (art. «Femme»);

d) Ch. Ougouag-Kezzal, «Le costume et la parure de la mariée à Tlemcen» in *Libyca*, Alger, t. XVIII, 1970, p. 253-268;

e) A. Taal, «Variations et usages du voile dans deux villes d'Iran» in *Objets et Monde*, Paris, II, 1970, p. 95-116;

f) Germaine Tillon, «Les femmes et le voile dans la civilisation méditerranéenne» paru partiellement dans «Mélanges Ch. André-Julien» in *Études maghrébines*, Paris, PUF, 1964, p. 25-38;

– *Le Harem et les cousins*, Paris, Seuil, 1966 (chap. IX : Les femmes et le voile, p. 199-212);

g) R. de Vaux, «Sur le voile des femmes dans l'Orient ancien» in *Revue biblique*, Paris, n° 49, 1935, p. 397-412.

4. Nous nous sommes fondé sur les informations recueillies par J. Chelhod et consignées dans l'article «*Hidjâb*» (voile), de l'*Encyclopédie de l'Islam*, Leyde, E.J. Brill/Paris, Maisonneuve et Larose, 1971, t. III, p. 370-372. Sur le plan historique, J. Lecerf note à propos du voile : «L'usage du voile, mentionné dans les civilisations assyrienne, hittite, perse ainsi que chez les Hébreux, les Grecs, les Romains, et qui a dû être en vigueur chez les Syriens aux époques séleucide et byzantine, était probablement déjà connu en Arabie à l'époque du Prophète, qui l'a préconisé pour ses propres épouses, en raison de leur rang social. C'est donc un emprunt de civilisation, portant sur une pratique aristocratique, généralisée sans doute avec la prospérité consécutive aux conquêtes», in «Notes sur la famille dans le monde arabe et islamique», *Arabica*, t. III, 1956, p. 57.

5. Abd-Ar-Razik Ahmad, *La femme au temps des Mamlouks en Égypte*, Le Caire, Institut français d'archéologie orientale, 1973.

6. *Ibidem*, p. 114-115.

7. *Op. cit.*, p. 370.

8. Ou *al-hidjâb al-hâdjiz* («la membrane protectrice»).

9. Aux yeux des mystiques, *hidjâb* représente tout ce qui voile le but, tout ce qui rend l'homme imperméable à la réalité divine. «C'est un rideau interposé entre le chercheur et son objet, entre le novice et son désir, entre le

tireur et son but», dit al-Hallâj. Ailleurs, dans son *Dîwân*, Qasîda V (traduit par L. Massignon, Paris, Seuil, 1981, p. 47) le voile est un écran séparant deux mondes, celui des initiés et celui des profanes.

10. Mais aussi des Touaregs, ce peuple que l'on dénomme précisément : «Ceux du voile» *(Kel Teguelmoust)*, de l'Iran *(tchador)* et de l'Inde *(purdäh)*. Pour ne pas trop nous écarter de l'aire que nous avons choisie, nous ne citerons que les travaux ayant porté sur le *litham* (voile) des Touaregs. *Cf.* Ibn Khaldoûn, *Histoire des Berbères et des dynasties musulmanes de l'Afrique septentrionale*. Trad. de l'arabe par le baron de Slane, t. II : «Derrière l'Areg se trouve le pays fréquenté par les Molethemîn (porteurs du *litham* ou voile), vaste région qui s'étend jusqu'au pays des Noirs et consiste en déserts où l'on s'expose à mourir de soif» (p. 193) ; H. Lothe, «Au sujet du port du voile chez les Touaregs et les Teda» in *Notes africaines*, Dakar, nº 52, 1951, p. 108-111 ; F. Nicolas, «Le voilement des Twaregs» in *Mémoires de l'IFAN*, Dakar, nº 10, 1950, p. 492-502.

11. Ce qui est probablement justifié sur le seul plan de l'historicité linéaire. Selon Chelhod dont l'article a été précédemment cité, «c'est sous la version initiale turque *harem*, prononcée *harim* et signifiant "femme" que ce terme est passé dans de nombreuses langues européennes».

12. 'Ayla : famille. R. Descloitres et L. Debzi ont écrit un article auquel toute recherche dans le domaine des relations intrafamiliales au Maghreb devrait se référer. Ils isolent le terme *'ayla* en lui conférant les limites de la grande famille constituée par la réunion de l'ensemble des familles restreintes *(beyt)* du père et de ses fils mariés, ou encore du (ou des frères) et de leurs fils respectifs mariés : «Groupement patrilinéaire, ajoutent-ils, la *'ayla* implique une virilocalité stricte : les fils continuent à vivre avec leur père après leur mariage, les filles, lorsqu'elles ne se marient pas avec leur cousin agnatique, quittent le domaine paternel pour rejoindre la *'ayla* de l'époux.» «Système de parenté et structures familiales en Algérie» in *Annuaire d'Afrique du Nord*, CNRS, 1963, p. 29-30.

13. «La même racine *h.r.m.*, qui sert à marquer les

limites entre le sacré et le profane, exprime également la vénération qu'on doit à un vieillard ou à une personne importante *('ihtirâm)*, le respect dû à l'épouse *(horma)* et l'intimité du foyer *(harîm)* », écrit J. Chelhod dans *Les structures du sacré chez les Arabes*, Paris, p. 64.

14. Riya Salima, *Harems et musulmans d'Égypte (Lettres)*, Paris, Félix Juven, édit., 1902, p. 2.

15. L'importance des « prémices » est un fait ethnographique reconnu et identifié depuis longtemps. Un arsenal complet de rites conjuratoires et de conduites apotropaïques accompagne les débuts de saison et l'ouverture des labours, des semailles et des récoltes. Les grands événements de la vie (naissance, premières dents, circoncision, mariage, etc.) sont souvent entourés des mêmes précautions. Pour de plus amples renseignements, il faut puiser dans les œuvres de Frazer, de Van Gennep, de Lévy-Bruhl et, pour le Maghreb, dans celles de Servier et de Doutté.

16. Selon les ramifications terminologiques que nous avons préalablement signalées.

17. Parmi l'ensemble de la littérature consacrée à la question, voir *Le nu et le vêtement* de Alain-Marc Descamps, Paris, Éd. Universitaires, 1972, p. 231.

18. J.-C. Flügel : « De la valeur affective du vêtement » in *Revue française de psychanalyse*, III, 1929, p. 519.

19. La mentalité reste extrêmement vigilante certes en ce qui concerne la « respectabilité » familiale, mais avec l'ébauche de modernisation des pays du Maghreb, cette question demande à être relativisée.

20. Nefissa Zerdoumi, *Enfants d'hier*, Paris, Maspero, 1979, p. 212.

21. *Ibidem*, p. 212,

22. *Cf.* J. Chelhod, art. « Hidjâb », *op. cit.*, p. 370. Il faut savoir cependant que l'équivalence voile-hymen dépasse les frontières linguistiques arabo-maghrébines. Freud, dans une note à l'« Homme aux loups » (dans *Cinq psychanalyses*, Paris, PUF, 1971, p. 403), en rapport avec le fantasme de la naissance – laquelle s'effectue à travers la déchirure du voile hyménal ou utérin – dit ceci : « Un sens accessoire possible, d'après lequel le voile représenterait l'hymen, qui se déchire lors des rapports avec un homme, ne correspondait pas exactement aux conditions de guérison du

patient et était sans rapport avec sa vie sexuelle, la virginité n'ayant pour lui aucune importance.» Il est facile de déduire, dès lors, que dans les milieux où la virginité a une certaine importance, l'équivalence soit plus marquée…

23. G. Borris, *Documents linguistiques et ethnographiques sur une région du Sud tunisien (Nefzaoua)*, Paris, Adrien Maisonneuve, 1951.

24. *Ibidem*, p. 146.

25. Anicet Kashamura, *Famille, sexualité et culture* («Essai sur les mœurs sexuelles et les cultures des peuples des Grands Lacs africains»), Paris, Payot, 1973, p. 98.

26. *Cf.* Ernst Jones, *Psychanalyse, folklore, religion.* «Essai de psychanalyse appliquée», Paris, Payot, 1973, t. II, p. 18.

27. Edmond Doutté, *Magie et religion dans l'Afrique du Nord*, Alger, Typographie A. Jourdan, 1909, p. 294.

28. S. Freud, *Nouvelles conférences sur la psychanalyse*, Paris, Gallimard, coll. Idées, 1971, p. 174 (conférence : la féminité, 1932).

29. Deux études passionnantes sur la relation amoureuse chez les 'Udrites sont : a) article «Odhrite» dans l'*Encyclopédie de l'Islam* et b) T.L. Djedidi, *La poésie amoureuse des Arabes, le cas des 'Udrites*, Alger, SNED, Études et Documents, 1973.

30. Otto Weininger, *Sexe et caractère*, trad. de l'allemand par D. Rénaud, Paris, édit. L'Âge d'Homme, 1975.

31. S. Freud : «Weininger, ce jeune philosophe si hautement doué, mais doté de troubles sexuels, et qui, après avoir écrit son curieux livre : *Geschlecht und Charakter (Sexe et caractère)* se suicida, a dans un chapitre très remarqué, traité les juifs et les femmes avec une hostilité égale et les a accablés des mêmes invectives. Weininger, en tant que névropathe, était soumis à ses complexes infantiles» (in *Cinq psychanalyses*, Paris, PUF, 1971, en note, p. 116).

32. Nous connaissons, depuis, l'équivalence «voile noir = deuil mort du père = liberté de la mère» qui structure la conflictualité de certaines névroses. Georg Groddeck rapporte dans *Le livre du ça (Au fond de l'homme, cela)*, trad. de l'all. par L. Jumel, Paris, Gallimard, 1963, p. 144-145) un cas fort intéressant où le rapport à l'inceste

est mis en évidence grâce aux associations obtenues à partir de la notion de «voilette». Bien que nous ne le considérons pas comme représentatif de la réalité maghrébine, nous le citons quand même pour son intérêt analytique.

33. Mais les femmes aussi peuvent être tenues pour responsables de tels agissements, ainsi que le préconise la Tradition. El-Bokhâri en parle à propos du verset coranique relatif au voile (S. XXIV, v. 30). «Dieu a dit aussi : "Commande aux Croyantes de baisser leurs regards et de contenir leurs passions" (S. XXIX, v. 31). Il s'agit, commente-t-il, "des femmes dont les yeux, à la dérobée, cherchent à voir ce qui leur est interdit"» (in El-Bokhâri, *Les traditions islamiques*, t. 4, p. 215).

34. In *Le cercle des représailles*, Paris, Seuil, 1959, p. 157.

35. Raison principale, sinon unique, invoquée par l'aristocratie touarègue pour garder le voile sur la bouche.

36. De plus amples développements se trouvent dans notre ouvrage *Le corps dans la tradition au Maghreb*, Paris, PUF, 1984.

37. In *Sociologie d'une révolution*, 1968 (1re édit. 1959), Petite Collection Maspero, p. 42. En proposant une description du voile comme outil idéologico-politique, Frantz Fanon éclaire du même coup une partie de l'âme féminine en Algérie et, partant, l'ensemble des liens subjectifs qu'entretient la femme traditionnelle arabe avec son voile, son vêtement fétiche.

CHAPITRE V

La littérature érotique arabe

Place et étendue

La littérature érotique arabe, comme chacun sait, est l'une des plus fécondes au monde. Outre le célébrissime Cheikh Muhammad al-Nafzaoui[1], érotologue du XVIe siècle, né à Nafza (Tunisie) sur lequel se publient encore les gloses les plus diverses, il faut citer Mawla Ahmed Ibn Souleyman (dit Ibn Kamal Pacha), contemporain du précédent (1573, équivalent à 940 de l'Hégire), et dont l'œuvre majeure *(Comment le vieillard retrouvera sa jeunesse)* est un programme en soi.

Nuits de noces ou comment humer le doux breuvage de la magie licite[2] est un recueil de « nouvelles » érotiques composé par 'Abd al-Rahmane Ibn-Bakr al-Souyoûti qui a vécu dans la deuxième moitié du XVe siècle (1445-1505). Quant aux *Alf Layla wa-Layla*, popularisées en Occident sous le titre des *Mille et Une Nuits*, elles paraissent plus anciennes encore (Xe siècle) : elles démontrent combien une certaine forme de libertinage[3] était en vigueur dans les pays arabes et plus extensivement dans tout le monde musulman de l'époque.

Ce que Jamel-Eddine Benscheikh appelle « voluptés orgiaques » en évoquant les fameuses *Nuits* n'est qu'une dimension épurée de cette pudibonderie caractéristique que les siècles ultérieurs se chargeront d'asseoir définitivement et sur laquelle nous aurons l'occasion de revenir[4].

Enfin, à l'aube de l'islam, en Arabie et au Yémen, l'amour courtois fleurissait librement et ne connaissait que les entraves psychologiques et matérielles dues au principe fondamental de l'inaccessibilité de la Dame[5]. C'est ainsi qu'une myriade de poètes introduisit la question subtile de l'érotisme, bien souvent d'ailleurs à travers des thèmes étroitement récurrents tels que l'homosexualité réelle ou substitutive – Omar Khayyâm[6], Abû Nuwâs[7] – sans toutefois opérer la conversion indispensable de l'esprit (rapport distancé à l'objet désiré par le biais de la prose) dans la chair (pratique immédiatement « consommatrice » du corps de l'Autre en tant que partenaire d'un érotisme actif). Autrement dit, l'érotisme classique arabe n'était pas encore au rendez-vous…

LES PERSONNAGES

Il est remarquable que dans toute la production littéraire érotique arabe, les personnages principaux soient rigoureusement identifiés. Parmi tous les protagonistes, celui du vizir recueille le plus de suffrages chez les érotologues. Sa fonction est précise : venant en une sorte de contrepoint social (pour ne pas dire contrepoids), il offre une doublure satisfaisante au fantasme de l'émasculation des gouvernants, roitelets imbus de leur pouvoir ou régents sanguinaires sans foi ni loi à l'exception toutefois de quelques figures de proue (Haroûn al-Râchid) qui concentrent en elles tous les caractères de l'Idéal collectif[8].

Le vizir représente le peuple dont il n'est que la simple émanation. Car, dans ce contexte, l'engeance est peu propice aux sentiments, que l'intentionnalité jurisprudentielle révoque souvent sans aucune contrepartie. D'une certaine manière, le personnage du vizir[9] (aide de camp, ministre avant sa déchéance, esclave à peine affranchi, etc.) participe d'un fantasme collectif où l'égalitarisme serait le fondement de l'édifice social. Mais la réalité infirme cela. En général, lorsqu'un vizir accomplit un acte sexuel avec une femme de la caste des gouverneurs de la cité, la loi le réprouve et la peine est appliquée dans toute la nudité de son despotisme. La castration n'est plus une figure lointaine de l'archétype communautaire ; elle n'est plus de l'ordre de l'imaginaire ou de l'échafaudage inconscient : elle relève, nous semble-t-il, d'une illustration exemplaire de la loi du talion par laquelle s'exprime la sévérité coutumière des sociétés traditionnelles face à celui qui attente à son équilibre endogène.

Là, la prescription (qui fonctionne comme un principe de réalité à son achèvement) ne se laisse point outrepasser, quelles que puissent en être les raisons, étant entendu que, dans cet univers parfaitement hiérarchisé et singulièrement féodal[10], le postulat princeps est celui de la rupture d'échange et de l'exclusion : « Ce qui appartient au Maître est interdit à son esclave », dira-t-on.

Un autre personnage, issu des plus basses couches sociales, celui du pauvre hère, mendiant ou portefaix, est souvent mis à contribution : là encore, d'entrée de jeu, se scelle un curieux rapport entre le sexuel – où se noue la transgression – et le pouvoir – instance répressive –, entre le libidinal et le sociétal (bien que le sociétal contînt du libidinal), entre le permis et l'interdit. Le mendiant, parfois aveugle (la cécité anatomique n'est pas à rapporter seulement, dans le cadre de la littérature, au fait du « Ne pas pouvoir voir », mais aussi au « Ne pas voir » au sens du refoulement de désir), est un personnage clef du processus de séduction : médiateur entre l'amant et son amante, il est de tous les secrets d'alcôve et exige, de ce fait, un traitement conséquent. La femme est centrale dans le sens du dérisoire et du simulacre. Rien de particulièrement glorieux ne vient la rehausser dans le concept de la « demande de l'Autre » en dépit de ce que pourrait penser un auteur récent pour lequel cette dernière (la femme « omnisexuelle ») est, finalement, le lieu de la déperdition physique de l'homme[11].

Le roman est donc construit. Il faut y ajouter quelques autres partenaires marginaux qui serviront d'alibi à la fiction : une vieille duègne, rivale ou complice, vénale ou conciliante, représentée par le personnage ambigu de la prostituée qui est tantôt renvoyée à son état de marginalité réelle, tantôt sollicitée pour son érudition dans le domaine de l'érotisme et de la déviance, un gardien de palais ; un harem maintenu dans un état de frustration sexuelle endémique et toute une cohorte de féaux serviteurs, aussi transparents que les eunuques qui servent d'alibis à la masculinité.

Reste l'homme : deux personnages distincts l'incarnent. Il y a d'abord le Roi dont l'impotence est exagérée. Effigie masculine sans nerfs et sans dimension spirituelle, abstraitement rivé à sa fortune, inerte, incapable de souffrance et parfaitement insensible aux vertus légendaires de ses concubines. L'homme qui nous est présenté sous ce jour est fondamentalement cupide, engoncé dans le rituel obsessionnel jusqu'aux minutieux lavages qu'exige la génitalité reproductive. En somme, une entité démasculinisée, obsolète, donnant lieu à une équation négative et irrecevable.

La spécificité n'est introduite qu'avec l'autre type d'homme : l'anti-héros. Le caractère explosif de l'érotisme arabe va se trouver mimétiquement inscrit dans l'ordre (ou le « désordre ») du récit littéraire[12]. Car ne s'agit-il pas surtout de pauvres gueux à la recherche d'une quelconque pitance, si peu populaires mais terriblement virils qui, selon un paradoxe apparent, vont jouir des privilèges du surhomme et bénéficier des faveurs féminines, dévolues aux Maîtres ?

La dynamique sexuelle force encore la caricature, car il ne s'agit à ce stade que de caricature où le dérisoire et le fictif sont les armes d'une révolte cathartique aux origines subconscientes et lointaines.

L'érotologue, appuyant ses traits, nous montre une populace qui, elle, est forte, bien tournée, toujours disposée à satisfaire la femme, éternellement amoureuse et alanguie. Le prototype en est le fameux Bouhloûl, bougre de village qui ne comprend que fort tard les desseins de ses amantes, grandes dames de la cour, lorsqu'elles lui enjoignent de s'étendre sur elles et qui devient, à son insu, le sujet de fantasmes des femmes muselées de l'Empire.

> Alors il (Bouhloûl) s'étendit à terre sur le dos comme s'étend la femme pour l'homme, pendant que son instrument se dressait comme une colonne. Elle se jeta sur cet instrument, le saisit d'une main et se mit à l'examiner, s'émerveillant de sa forme et de sa taille gigantesque.
>
> – Cet instrument est un objet de séduction pour les femmes, dit-elle. Mais il supporte aussi le tourment dont elles sont la cause. Cependant, je n'ai jamais vu quelque chose de plus majestueux que ton instrument, ô Bouhloûl !
>
> Elle empoigna ensuite l'objet et le frotta sur les lèvres de sa partie chaude. Puis elle se mit à estimer ses dimensions pour savoir si son huis pouvait le contenir. Et soudain elle s'abaissa sur lui avec force, et il disparut dans son ventre sans laisser aucune trace visible. Elle regarda. Les deux touffes de poils s'étaient collées l'une

à l'autre. Et elle s'étonna de voir que sa partie chaude avait englouti le monument[13].

LE SCÉNARIO

Le scénario est, à peu de variantes près, quasi identique d'une œuvre à l'autre : une situation conjugale, le plus souvent déficiente, est exposée en tête de récit : un roi, une reine et un homme de la cour, très informé des pratiques de ces derniers ; parfois, une femme introduite dans l'intimité du harem et servant d'intermédiaire. Les caractères sont eux aussi circonscrits : on y trouve la froideur de l'un (le roi), la lascivité de l'autre (la reine) et la fougue particulière de l'homme élu par la reine qui devient l'impétrant d'une gloire délirante et inattendue. Les conséquences sont dès lors prévisibles : le roi, cocufié, déclare que la reine est une apostate, la répudie ou l'immole sur l'autel de son infidélité ostentatoire.

Il s'agit d'un cheminement régulier, circulaire et immuable. Le conte-cadre des *Mille et Une Nuits* participe pleinement de cette nécessité du romanesque où se conjuguent, dans la violence, les archétypes sociaux les plus enracinés de la mentalité arabe. La jalousie, comme régulateur de la subjectivité plurielle et comme élément distinctif de la personnalité arabe, en est la conduite la plus exemplaire.

L'ÉROTIQUE

Afin de traiter cette question, nous avons envisagé une approche tripartite qui se décompose ainsi :

a) L'Érotique-action.
b) L'Érotique-formation.
c) L'Érotique-symbole.

L'Érotique-action consiste en un élément narratif essentiel où la fonction se révèle, à l'étude, purement associative et de liaison. Cette liaison n'est que textuelle et, bien qu'elle serve le tracé sinueux de la fiction, reste en deçà de la pertinence d'une description signifiante. L'Érotique-action assure, cependant, une continuité sans laquelle la succession formelle ne serait qu'un relevé « topographique » invertébré.

D'abord, il conviendrait de s'accaparer la dimension euclidienne de l'espace érotologique (en l'occurrence, le « Corps ») et d'explorer aux fins présumées du sentiment amoureux toute la panoplie de ses possibilités intrinsèques.

Au-delà, l'usage précis de la « durée » comme étape essentielle de l'Érotique-action n'est que procédure : dimensions des organes génitaux de l'homme et de la femme, jouissance et copulation ininterrompues le démontrent amplement.

C'est à ce premier niveau, celui de l'Érotique-action, qu'intervient Dame Arithmétique, vertige saillant du scientisme triomphant de l'époque[14] et devient, peut-on dire, le *nec plus ultra* de toute description qui, pourtant, ne se distingue pas par son vérisme ou par sa vraisemblance.

Un seul exemple suffit à éclairer ce propos :

> Le membre d'Abû ar-Haylîy est resté en érection pendant trois jours par la vertu des oignons. Abû al-Hayjâ, de son côté, a défloré en une nuit quatre-vingts vierges sans prendre de nourriture pendant ce temps, mais après avoir mangé auparavant à satiété des pois chiches et bu du lait de chamelle mélangé à du miel.
>
> Je n'oublierai pas Maymûn, qui est arrivé sans cesser d'éjaculer à coïter sans trêve pendant cinquante jours consécutifs. Il se félicitait d'avoir pareille tâche à remplir, au point qu'ayant dû fournir dix jours de plus, ce qui lui faisait soixante-dix jours de coït, il ne se trouvait pas rassasié. Mais pendant cet exploit, il ne se nourrissait que de jaunes d'œufs et de pain[15].

La proéminence des mensurations se retrouve, avec une régularité similaire, chez un autre maître de l'érotologie arabe, 'Abd al-Rahmane al-Souyoûtî.

> Le plus grand des instruments virils a pour longueur douze pouces, ce qui équivaut à trois fois la main fermée ; le plus petit, six pouces, soit une fois et demie la main fermée. Certains hommes possèdent un instrument de douze pouces ; d'autres de dix pouces, soit deux fois et demie la main fermée ; d'autres de huit pouces, soit deux fois la main fermée ; d'autres de six pouces, soit une fois et demie la main fermée. Celui dont l'instrument a pour longueur moins de six pouces, les femmes n'ont aucun bien à attendre de lui dans le domaine de la conjonction[16].

L'Érotique-formation est éducative dans le sens d'une pédagogie sexuelle dispensée aux jeunes adultes afin de compenser le peu d'information qui carence leur culture. Cet érotisme utilise la métaphore comme signification et non pas seulement comme illustration. Notons que l'érotisme arabe est exclusivement transmis et géré par l'écrit : aucune iconographie (à la manière nippone ou chinoise ou encore indienne) n'accompagne le texte qui est tantôt en vers, tantôt en prose. Un recours immodéré est ainsi fait aux comparaisons naturalistes, ce qui prend, dans cette rhétorique, l'apparence de perversions plus ou moins identifiées. D'autant que le parallèle entre les attributs sexuels de l'être humain et de l'animal est un sujet propice à toutes les grivoiseries et aux remises en question de la performance masculine telle qu'elle est techniquement présentée. Devenues zoolâtres, les princesses de l'érotisme arabe entretiennent un rapport précis au bestiaire d'amour où vient se briser le primat du masculin, tant chanté par les aèdes coutumiers. Surclassé par l'animal convoité, l'homme semble prolonger encore plus l'état de frustration sexuelle, endémique chez la femme arabe. Dès lors, toutes les surenchères sont possibles :

On raconte, dit Mawla Ahmed Ibn Souleyman, que le roi des nègres avait envoyé son armée combattre un des ennemis. Quand ils le vainquirent, ils réussirent à prendre une de ses concubines qu'il avait bannie de son lit et qui était en disgrâce. Quand ils virent la grande beauté de celle-ci et sa grâce, les hommes de troupe se dirent qu'elle n'était digne que de leur roi. « Je ne suis pas digne de lui », leur dit-elle. « Pourquoi ? » lui demandèrent-ils. « Mon maître, leur répondit-elle, avait ordonné à ses esclaves, et ils étaient trois cents, de copuler avec moi, ce qu'ils firent et mon désir de copuler était loin d'être étanché, encore moins d'être saturé. Il a ordonné alors qu'on me sorte de la ville. J'ai demandé à celui qu'on a chargé de cela de s'exécuter et il m'emmena effectivement loin de la ville. Quand je suis arrivée à la campagne, j'ai vu un âne en train de monter une ânesse, et son pénis était en pleine érection. Quand je l'ai ainsi vu, je n'ai pu me contrôler. J'ai pourchassé l'ânesse et je me suis mise sous son compagnon. Il m'a sauté dessus avec un sexe dont je n'ai jamais vu la pareille. Quel dommage que les hommes n'aient pas de sexes comme le sien ! » L'excitation des soldats fut à son comble lorsqu'ils entendirent cela et ils attendirent avec plaisir le moment de copuler avec elle. Tous les membres de l'armée la montèrent et elle prodigua pour chacun, durant l'acte, amour et douceur, ce qui les incita à recommencer. Ce qu'ils firent, puis la quittèrent[17].

Et un peu plus loin :

Elle enleva alors ses pantalons et elle s'étala devant lui. L'ours se leva, fit sortir un pénis aussi énorme que celui d'un âne et il copula avec elle. Elle l'acceptait et communiquait avec lui avec la même chaleur qu'elle y aurait témoignée envers un homme dans de telles circonstances. Quand il eut terminé, il se rassit, puis sauta sur elle et la pénétra une deuxième fois et ainsi de suite jusqu'à ce qu'il la conjoignît dix fois, et ils perdirent connaissance tous les deux et restèrent longtemps immobiles[18].

L'aspect formateur et éducatif de l'érotisme arabe se retrouve également dans *Les Mille et Une Nuits*, récits merveilleux qui constituent une mine inépuisable d'information sur les pratiques sexuelles de l'époque (de toutes les époques superposées qui leur donnèrent naissance[19]) : tout y est, de la séduction d'un jeune éphèbe par un adulte ou par une nymphomane invétérée jusqu'aux fétichismes les plus divers, en passant par le tribalisme, l'onanisme, le triolisme et autres conduites de cette nature, le saphisme n'étant évidemment pas le moins fréquent[20]...

En réalité, la mentalité patriarcale n'admettait pas – pas plus qu'elle ne l'admet de nos jours ! – que la femme pût éprouver un quelconque penchant pour un autre être que l'homme. La religion avait, pour sa part, renforcé cette tendance : saphisme et sodomie sont strictement interdits pour le musulman, mais la fellation et le cunnilingus échappent à l'interdiction formelle du Coran, « livre clair sur lequel ne règne aucun doute ». Ainsi, dans le cadre d'une relation conjugale légitime, le musulman peut-il se livrer librement à toutes les joutes orales et sexuelles avec sa partenaire sans craindre le courroux d'Allah, encore qu'il soit surtout exhorté à copuler avant d'être un adorateur d'Éros dont on peut penser légitimement que le solipsisme inquiète par la dénatalité qu'il implique.

L'Érotique-symbole : il existe toute une dimension symbolique dans la littérature arabe qui ne relève pas seulement de niveaux immédiatement perceptibles, explicites, doués d'une sémantique évidente.

Cela étant, toutes les représentations sociales sont confrontées les unes aux autres et sont sous-tendues par leur rapport tangible au réel. L'acte de coïter, la jouissance et le plaisir seront, eux, spiritualisés à l'extrême et l'érotisme, comme insigne privilège, devient une louange au Ciel. Les maîtres penseurs sont d'inébranlables fidèles, et l'érotologie, lorsqu'elle s'inscrit dans un ordre qui fait en tous points allégeance à la *doxa*, devient non pas « érotomanie » mais acte de foi. Une infinité d'anecdotes, hautes en couleur au demeurant, commencent par la profession de foi ou par l'invocation d'un des saints de la religion musulmane auquel on renvoie la paternité du dire.

Cette tolérance réciproque entre le fait religieux et des pratiques dénoncées par les clercs montre à l'évidence que les stratégies du pouvoir et de la contrainte sont particulièrement permissives lorsqu'il s'agit de phénomènes de groupe aussi fondamentaux que l'érotisme.

L'Érotique-symbole réussit à donner une démonstration de la toute-puissance divine et de l'imagination créatrice du prophète Mohammed en qui il faut voir, au-delà des performances sexuelles et de l'esthétisme pur, une allégeance au divin. Son érotisme se place au-delà de la simple exaltation corporelle, il est une marque du sublime. Dès lors, le langage attribué au corps est un langage de l'au-delà du corps, lieu à partir duquel il est systématiquement mis en demeure d'exister. À force de le rendre perfectible, l'érotologue n'a fait que le mettre dans l'impasse et ses prouesses sont soudainement devenues les symboles de l'impuissance et de la surcompensation. Le réel est, quant à lui, laissé aux tribulations des humains.

Nier l'existence du corps réel, tangible, jouissant dans un *hic et nunc* déconflictualisé, c'est, en somme, abolir les capacités révolutionnaires d'un Éros autonome, entièrement déconnecté des nodosités sociales, tout en canalisant une énergie indispensable à l'édifice général. Le corps, s'il est pris dans le tourbillon de l'érotisme, devient un appel au changement et à la vie, car il est lié aux délires des sens et à la déliaison. Or la littérature fait de lui un « fait accompli » de la jouissance, lieu où se transcende l'inhibition sociale.

Le débat est alors préalablement désamorcé puisqu'en se situant dans le reflet d'un signe (celui de délestage de la pulsion), il quitte l'interaction des trois niveaux de la dynamique sexuelle : perception/affects/symbolisation. L'Érotique-symbole, se réfugiant dans la gloire du démiurge, substitue au changement un état de *statu quo ante* permanent par lequel toute innovation, au lieu d'être subversive, va se justifier par une sorte d'anticipation des buts formels.

Il n'est donc pas étonnant que toute la quête de l'érotisme arabe s'est trouvée portée par une idée de la munificence de Dieu et de son Prophète :

> Lorsque je la vis dominée par la passion et par l'appétit, je lui accordai le secours de l'instrument. Dès qu'il eut franchi l'huis dont il frotta les lèvres, je me mis à le remuer dans son *kouss* vers la droite et vers la gauche. À ce moment-là, vint son plaisir. Elle perdit la notion du monde extérieur et le noir de ses yeux se fondit dans le blanc. Elle poussa un grand râle et je lui entendis un hennissement semblable à celui de l'ânesse. Elle avait une partie chaude de grandes dimensions, blanche avec une position médiane rouge, épaisse, s'élevant comme une coupole entre ses cuisses, le plus beau spectacle que puissent regarder les yeux. Gloire à Celui qui l'a créé. Mon instrument était complet, gros, unique en son genre quant aux dimensions. Lorsque je la vis dans cet état, je me mis à l'enfoncer précipitamment en elle. Et il

disparut tout entier dans son ventre. Je pensais jusque-là qu'elle ne pourrait pas le contenir[21].

ENTRE LE SUBLIME ET LE RÉEL

La symbolique de la littérature érotique arabe ne relève pas, avons-nous suggéré, des niveaux d'opposition dans l'univers politique des Arabes mais renvoie également aux mécanismes inconscients de leur culture, de leur philosophie et de leur mentalité. Ces mécanismes se fondent essentiellement sur des contenus de pensée, eux-mêmes sous-tendus par le dogme coranique et les « dits » du Prophète *(hâdiths)*.

À partir de ce contexte initial, toute une démarche exégétique va se mettre en branle et fournir l'ensemble de la législation dont l'axe giratoire est la loi coranique *(Chari'â)*, véritable paradigme de l'univers arabo-musulman et berbère.

Ainsi l'une des raisons implicites de la vision fantasmée du corps de la femme (et la vision sublimée du corps de l'homme) dans la littérature érotique arabe semble être la dépendance de cet homme à la logistique arabo-musulmane, totalitaire et contraignante, qui prétend régenter jusqu'aux plus infimes élans de la sexualité humaine, de la perversion manifeste jusqu'à l'auto-érotisation du corps.

La loi est paternelle, le désir est féminin, régressif et fondamentalement pervers : en témoigne l'œuvre démoniaque de la femme comme lieu d'épanouissement du fait pervers, ce que le Coran stigmatise nommément[22].

Objet bifide, la sexualité en terre d'Islam est simultanément réprouvée et tolérée, interdite et permise.

Le caractère sublimatoire de son évocation (autant que cet exercice imaginaire qui en est fait dans la littérature) se perçoit très nettement en dehors du cadre marital, notamment en ce qui se rapporte à la

Houri, « femme-esprit » offerte en prime au croyant dans les jardins fleuris du Paradis[23]. La *Houri* est une jeune femme, d'une rare beauté, éternellement vierge (« Que ni homme ni *djinn* n'a jamais touchée ») ou transcendant la déchirure hyménale et se reconstituant, en compagne docile, pour les seuls plaisirs de l'homme. Cette *Houri* offre une représentation de la féminité qui, passé le moment d'euphorie où elle se perçoit comme métaphore, est très étrange : elle est soit parabole, soit simple apparition diaphane permettant des projections d'affects sur un être de l'au-delà, d'autant plus immatériel qu'idéal. Elle est étrange par sa ressemblance au prototype même de l'être le plus inaccessible sur terre, phosphorescence intangible sur laquelle, paradoxalement, ne règne aucune ambiguïté. La *Houri* est décrite à travers les paramètres de sa longévité, de son corps et de sa personnalité : elle est douce, aimante, belle à ravir, disponible, multiple. Un tel réalisme dans la description de la *Houri* est en soi un fait exceptionnel dans le texte sacré pour appeler quelque prudence quant à son interprétation. Tout fonctionne comme si, dans l'eschatologie musulmane, on demandait au croyant de parachever la femme « réelle » d'ici-bas en la figurant si proche du sublime, si singulière et si peu astreinte à la physiologie élémentaire qui, ne l'oublions pas, est le lot commun de la femme « terrestre ».

Que dire donc de cette *Houri* ? N'est-elle que la résultante d'une dynamique projectionnelle à laquelle il faut ramener tout fonctionnement exutoire des besoins sexuels refoulés ?

Nous savons que cette vision sublimée (implicite au Coran) a fourni le motif à de véritables errements sémantiques et herméneutiques. Ainsi s'explique, en partie tout au moins, le glissement progressif que nous observons dans l'œuvre, par ailleurs fort intéressante, d'Abdelwahab Bouhdiba qui opère dans *La sexualité en Islam*, un transfert permanent entre la démarche coranique (prise comme élément univoque d'explicitation du comportement du musulman) et la réalité empirique. Dans ce vis-à-vis, quelque chose de l'ordre de la démesure intervient, inéluctable, ce qui jette sur la vie quotidienne des Arabes une lumière trop vive pour pouvoir éviter les risques de la falsification :

> Le savoir érotique de l'Arabe, nous dit l'auteur, lyrique, dans une continuité quasi génétique avec la mythologie du XVIe siècle, le rend capable de passer une nuit entière dans une orgie de parfums, de ripailles, de boissons et de femmes merveilleuses, entretenant, satisfaisant et renouvelant tour à tour le désir[24].

En lisant cela, une question préalable vient à l'esprit : de qui s'agit-il exactement dans cette description ? S'agit-il des personnages auxquels renvoie l'érotologie ancienne, ou alors s'agit-il de ces individus, *vulgum pecus*, quidams impliqués dans des structures socioprofessionnelles, s'activant et ne sachant parfois comment satisfaire leurs besoins alimentaires ? Mais continuons :

> Le temps de l'amour est une magnifique arabesque dans laquelle l'échec approché est toujours évité et la réalisation une fois atteinte s'avère un départ pour un autre recommencement. Seule la prière de l'aube peut mettre un terme à cette savante utilisation de la nuit[25].

Il s'agit bien de cet homme, croyant et pratiquant, qui, en dehors de ses moments de prière, se livre aux « voluptés orgiaques » dont se repaît l'onirisme ancien. Une seule fausse note vient détruire cette vision : l'érotisme concret n'est pas si vertigineux qu'il en a l'air, à moins d'en faire un élément de distinction d'une couche oisive et repue de richesses matérielles de toute sorte. Il est sûr qu'à considérer la civilisation arabe d'un point de vue strictement économique, nous comprenons que la notion de classe lui est aussi indispensable que l'est l'eau au poisson. Étant une civilisation de classes, il devient possible qu'une infime frange d'esthètes, urbanisés et citadins de longue date, cultivât l'art d'aimer et poussât très haut son raffinement. Dans cette société, patriarcale et polygame[26], le concubinage n'est interdit que du bout des lèvres, mais la fidélité féminine est une valeur cardinale de la communauté d'Allah. Soit ! Probablement une question d'ordre lignagier surdétermine ces faits. Mais alors n'est-ce pas suffisant pour donner une vision sublimée de la femme et faire en sorte que cette vision paraisse aller de soi pour tout un chacun ?

Là encore, A. Bouhdiba s'en fait l'écho :

> La sublimation de la femme, dit-il, est finalement un art de spiritualiser la chair, d'aller en quelque sorte au-delà de la sensibilité et de saisir à travers les sortilèges de l'orgasme et la magie de l'amour, la grandeur mystique de l'œuvre et de la volonté de Dieu[27].

La femme sublimée est un échafaudage, une construction entièrement mise au service de l'homme. Son désir spécifique n'intervient que dans la mesure où il est facteur déterminant de l'assomption des désirs masculins.

En mettant au premier plan la technicité de l'acte sexuel au détriment de ses dimensions vitales d'épanouissement, l'érotologue et ses commentateurs éludent savamment les questions les plus épineuses et ne cherchent guère à savoir si la femme est satisfaite des performances de son partenaire, ou même si elle est consentante. Or il se trouve qu'une grande partie de la littérature contemporaine publiée dans les pays arabes, du Levant au Couchant, est en flagrante contradiction avec cette représentation pétrarquisante de l'érotisme arabe[28]. En effet, un autre écho nous parvient du fin fond de l'inégalité des sexes en matière de sexualité. Même le Livre sacré n'a fait qu'avaliser des pratiques archaïques et des situations dégradantes pour la femme lorsque, stratégiquement, elles s'avéraient nécessaires pour la cohésion de l'ensemble, et quand bien même il aurait, selon les docteurs de la religion (*fîqh'* et autres magistères, tenus exclusivement par des hommes), restauré en Arabie ancienne une équité relative, perdue depuis les temps immémoriaux.

De nos jours encore, les tabous entourant le corps sont à tel point prégnants qu'il devient dérisoire (parce que purement spéculatif) de dire « que toute la vie quotidienne » est « organisée, structurée vers cette finalité suprême : jouir[29] ». Ne sait-on pas qu'il existe encore des femmes qui, mariées depuis une quarantaine d'années, ignorent jusqu'à la morphologie extérieure de l'organe sexuel de leur mari ! N'a-t-on jamais vu, dans le cadre d'une consultation gynécologique, le désarroi de certaines consultantes auxquelles on demandait où se situait le vagin ? N'a-t-on pas vu, hier encore, ces mariages traditionnels où, par pudeur, les hommes se présentent à leurs noces le visage entièrement couvert d'un voile blanc ?

Et la jouissance ! Quelle belle affaire ! Autant dire un mythe lointain, inatteignable par la majorité des femmes, seulement connu dans les contes de fées.

L'« OBJET BIFIDE »

Que la littérature érotique arabe soit le fait de cadis (jurisconsultes) ou de cheikhs enturbannés, versés dans la science du Coran, voilà qui n'enlève rien à ses particularités doctrinales. Au contraire. Nous y avons constaté sa double inspiration ; d'abord sur le plan politique, les docteurs de la foi ne pouvaient (en encylopédistes avant l'heure) se permettre d'ignorer un pan entier de la connaissance humaine et laisser les hérétiques en abuser. Cette raison, d'ordre purement stratégique, connote tous les écrits érotiques d'une dimension observable à première lecture, à savoir le caractère pédagogique, sinon « médical » de leurs traités. Un fait dominant donc, celui du contrôle social, un contrôle qui se prolongerait même, et c'est loin d'être une métaphore, jusqu'aux plus individuelles des émotions.

La deuxième inspiration est, à notre sens, une conséquence directe de la première, mais elle se trouve reliée au champ du psychologique. Il s'agit de la peur qui entoure toute innovation dans le cadre constitué du dogme musulman. L'innovation a, dans ce contexte, pour nom *bid'â*, qui signifie, extensivement, le « nouveau », l'« étrange », l'« inquiétant », en somme l'*Unheimlich*.

Le caractère anxiogène de l'innovation est doublement marqué en islam : d'abord il renouvelle le dogme de l'intériorité (alors que toute nouveauté est présumée existante dans le donné même du texte coranique, et il est inconcevable que l'homme puisse innover de quelque manière que ce soit dans l'Ordre supérieur de Dieu).

Ensuite, il le renouvelle de l'extérieur en introduisant des pratiques foncièrement étrangères à son esprit initial. La raison stratégique confirme donc, puisqu'elle la redoute, la raison psychologique à laquelle nous invite toute écriture propitiatoire de la Loi sur ses membres.

L'érotisme amplifie à sa manière tout le matériel projectif en le doublant d'une fantasmatisation redondante : membres sexuels devenus phallus géants, vagins s'invaginant dans la caverne spacieuse, puissance copulatoire décuplée et jouissance interminable.

Mais la dimension fantasmatique n'est pas stérile puisqu'elle sert de simulacre à l'expression des besoins exacerbés de l'individu. Simulacre ne veut cependant pas dire illusion. Il signifie simplement l'enflure des émotions et leur parfaite inadéquation à la vie génitale adulte, le caractère sémiotique d'une quête discursive réservée à quelques-uns.

Face à l'aridité des rapports intersexuels, tels qu'ils sont édictés par le législateur musulman, la littérature érotique se présente comme un stimulant du fantasme collectif ; toujours faut-il, à chaque époque, la réécrire et la reformuler en vertu des dynamiques sociales environnantes et du projet sexuel de l'individu.

C'est pourquoi ce chapitre ne peut se clore sans cette question de simple bon sens : « À quand la nouvelle littérature érotique arabe ? »

NOTES

1. Le Cheikh Sidi Muhammad al-Nafzaoui est l'auteur le plus célèbre dans le monde arabe en ce qui concerne la littérature érotique. Son œuvre *Al-rawdh el 'âter fi nuzhati el-khâter* (« Le jardin parfumé où s'ébattent les plaisirs ») (souvent rendu seulement par *Le jardin parfumé* ou encore *La prairie parfumée*) est datée de 1523. Le texte arabe sous sa forme actuelle est accessible dans l'édition de Tunis (Libr. Al-Manar). La traduction en langue française est de René Khawam aux éditions Phébus, Paris, 1976. Outre ces textes, il faut signaler – traduits en français – *Le collier de la colombe* du Cordouan Ibn Hazm (993-1064 ap. J.-C.), excellemment traduit par Léon Bercher, et *Les délices des cœurs* de Ahmad al-Tîfachî (1184-1253 ap. J.-C.), traduit par René Khawam, en 1971 (*cf.* Bibliographie à la fin de cet ouvrage).

2. Trad. René Khawam, Albin Michel Paris, 1972.

3. Qui reste, dans la majorité des cas, très allusif (voir l'histoire d'Aboulhassan Ali Ebn Becar et de Schemselnihar, favorite du Calife Haroun-al-Raschid) dans la traduction (perfectible) d'Antoine Galland (t. 1, Paris, Éd. G. Frères, 1960, p. 399-467) ou, au plus, d'un « sensualisme excitant » (voir l'histoire des amours de Camaralzaman, Prince de l'île des Enfants de Khaledan et de Badoure, Princesse de la Chine, mêmes références, p. 467-572) qui inspira, parmi tant d'adaptateurs, le cinéaste italien P.P. Pasolini.

4. In « Les Mille et Une Nuits », *Encyclopaedia Universalis*, vol. 11, p. 29-30.

5. Voir à ce sujet l'essai de T.L. Djedidi, *La poésie amoureuse des Arabes* : « Le cas des Udrites, contribution à une sociologie de la littérature arabe. » Alger, SNED, 1973, et le travail monumental de J.-Cl. Vadet, *L'esprit courtois en Orient dans les cinq premiers siècles de l'Hégire*, Paris, G.-P. Maisonneuve et Larose, 1968.

6. *Cf. Rubaiyyat* de Hakim Omar Khayyâm – Téhéran, Amir-Kabir, 1961.

7. Voir le compte rendu de J.-E. Benscheikh : « Poésies bachiques d'Abû-Nuwâs, Thèmes et personnages » in *Bull. d'Études orientales*, Damas, t. XVIII, 1963-1964, p. 7-84.

8. Il serait particulièrement instructif de se pencher sur les modalités d'identification collective des Arabes. Une première lecture nous montrera d'emblée que ces identifications utilisent un procédé fondé sur l'amalgame et la surdétermination des motifs d'inspiration. Un héros populaire pouvant être le pôle d'identification à une génération de princes féodaux et ces derniers pouvant eux-mêmes acquérir, par le simple fait d'avoir projeté des sentiments sur un héros populaire, une noblesse posthume qu'ils n'avaient pas de leur vivant.

9. L'étymologie du mot *vizir* fait de lui un héritage de la Turquie ottomane. Son équivalent en langue arabe est *wâzir'*. Il signifiait « aide de camp » et « second » avant de couvrir une notion protocolaire, voisine de notre « ministre » contemporain.

10. Une lecture possible de cet univers nous est proposée par A. Grosrichard dans une étude intitulée : *Structure*

du sérail, « La fiction du despotisme asiatique dans l'Occident classique », Paris, Seuil, 1979.

11. *Cf.* Fatna Ait Sabbah, *La femme dans l'inconscient musulman*, Paris, Le Sycomore, 1982.

12. Ce que tend également à démontrer le livre de F. Mernissi, *Le harem politique*, « Le Prophète et les femmes », Paris, Albin Michel, 1987. C'est en codifiant au maximum le rapport au sexe, c'est en maîtrisant la femme dans le juridique, voire dans le juridisme des Écoles, que l'homme manifeste le mieux son angoisse vis-à-vis de sa partenaire, le *Hadith*, n'étant plus, en définitive, que l'emblème du travail défensif élevé à l'échelle de l'institué et du législatif.

13. Cheikh Al-Nafzaoui, *La prairie parfumée où s'ébattent les plaisirs*, trad. R. Khawam, Paris, Phébus, 1976, p. 90.

14. Une recherche approfondie montrera la parfaite adéquation de l'ordre numérique avec la cosmogonie arabe de l'époque. Rappelons que cette littérature est le fait d'un peuple sûr de ses valeurs, fier de sa civilisation. Les érotologues ne faisaient que réagir, à quelques décennies près, aux effets sécurisants et hautement valorisants des centres de savoir établis à Bagdad et ailleurs (les *Beyt el Hikma* – Maisons de la Sagesse) et considéraient abusivement que l'Œcoumène était méridional et que le centre de cet Œcoumène était La Mecque. Les autres peuples relevaient du règne de la barbarie, perçue comme étant le vestige de l'antéislamisme *(Açr al-Jahilia)*. Un atlas de l'Empire musulman fut tracé sous l'impulsion du maître Balkhî. La médecine faisait des bonds avec les penseurs de l'Empire, comme Râzî, mais surtout Ibn Sîna (Avicenne), né à Boukhara en 980, mort en 1037, dont le prestigieux *Canon de la Médecine* étendit la réputation sur de nombreux siècles.

Enfin, les Arabes triomphaient dans les domaines de l'art, de l'architecture, de la philosophie, des mathématiques (et surtout l'algèbre) et du gouvernement de la cité (civil et militaire).

15. Cité par Abdelkébir Khatibi dans *La blessure du nom propre* sous la rubrique intitulée la « Rhétorique du coït ». Paris, Denoël, 1974, p. 152-153. Au-delà de cette

rhétorique, relevons le fait que l'érotologue a abondamment recours à ce qu'on serait tenté d'appeler les « agents redresseurs de l'organe masculin », autrement dit, à cette cuisine d'arrière-cour par laquelle, alchimiquement, se soutient l'épopée du sexuel et s'interpelle l'Érotique-action elle-même.

16. Abd al-Rahmane al-Souyoûtî, *Nuits de noces*, trad. R. Khawam, Paris, Éd. Albin Michel, 1972, p. 64.

17. In *Comment le vieillard retrouvera sa jeunesse* de Mawla Ahmed Ibn Souleyman, *op. cit.*, p. 94.

18. *Ibidem*, p. 105.

19. « Les histoires d'amour peuvent être ajoutées ici, dit Littman. Il y en a un grand nombre dans les *Nuits* et elles comprennent trois groupes : a) vie urbaine ancienne, avant l'Islam ; b) vie urbaine à Bagdad et Basra, affaires d'amour avec des jeunes filles libres ou esclaves dans les villes ou dans le palais des califes ; c) romances d'amour provenant du Caire, qui sont parfois frivoles et lascives », in *Encyclopédie de l'Islam*, tome 1, nouvelle édition, p. 374.

20. Voir, *supra*, le chapitre consacré aux « Homosexuels, pervers et androgynes ».

21. Abou Abdallah Mohammad al-Nafzaoui, *La Prairie parfumée où s'ébattent les plaisirs*, *op. cit.*, p. 201-202.

22. Placée sous le signe de l'absolument démoniaque, à la fois à cause de sa biologie (sang menstruel, cycles infernaux, capacités éruptives, émotivité, affectivité ténébreuse) et par sa sexualité (insatiable, profonde, syncrétique et perverse), la femme constitue un danger dont il faut canaliser, par souci de prévention, toute l'énergie. La peur, l'angoisse inconsciente de l'homme vis-à-vis de cette sexualité, polymorphe et démesurée, sont des motifs suffisamment sérieux pour justifier les divers dispositifs que connaît la société traditionnelle (pratiques cérémonielles, magie initiatique, recours aux divinités tutélaires, etc.). Ajoutons à cela que le corps de la femme a souvent été perçu à travers une lascivité monstrueuse et une dissimulation. Simultanément, la tendance générale (voulue, non voulue ?) a été de le réhabiliter pour le rendre désirable et donc « désirant », quoique dans des limites culturelles toujours circonspectes. Sublimé par la poésie, la littérature et maintenant les médias (*cf.* le cinéma égyptien), il n'en

constitue pas moins le lieu du péché, la surface sur laquelle s'opère la chirurgie du démon (... de la chair, bien évidemment !).

23. « Ceux qui craignent Dieu demeureront dans un paisible lieu de séjour, au milieu des jardins et des sources. Ils seront vêtus de satin et de brocart et placés face à face. Voici que nous leur donnerons pour épouses des *Houris* aux grands yeux » (Le Coran, sourate XLIV, « La Fumée », versets 51, 53, 54).

« Quel est donc celui des bienfaits de votre Seigneur que, tous deux, vous nierez ? Il y aura là des vierges bonnes et belles. Des *Houris* qui vivent retirées sous leurs tentes. Que ni homme ni *djinn* n'a jamais touchées avant eux » (Le Coran, sourate LV, « Le Miséricordieux » versets 69, 70, 72, 74).

« Des éphèbes immortels circuleront autour d'eux, portant des cratères, des aiguières et des coupes remplies d'un breuvage limpide, dont ils ne seront ni excédés ni enivrés, les fruits de leur choix et la chair des oiseaux qu'ils désireront. Il y aura là des *Houris* aux grands yeux, semblables à la perle cachée, en récompense de leurs œuvres » (Le Coran, sourate LVI, « Celle qui est inéluctable », versets 17, 18, 19, 20, 21, 22, 23, 24).

Le Coran, préf. J. Grosjean. Introduction, traduction et notes par Denise Masson, Paris, Gallimard, coll. La Pléiade, 1967.

24. A. Bouhdiba, *La sexualité en Islam*, Paris, PUF, 1975, p. 191.

25. A. Bouhdiba, *op. cit.*, p. 191.

26. Nous renvoyons à la lecture des ouvrages de Fadila M'rabet et à cet article, plus récent, de Yamina Fekkar : « La femme, son corps et l'Islam, questions de contradictions suscitées par le vécu quotidien en Algérie » (in *Le Maghreb musulman en 1979*, CRESM/CNRS, 1981, p. 135-146) qui relève notamment : « Le patriarcat réduit la femme à un besoin de tutelle permanente ; l'Islam, Idée Pure, la marginalise à cause des souillures de son corps. Dans cette situation, l'aspiration de la femme à une spiritualité personnelle ne peut s'exprimer que lorsque son corps n'est pas une entrave à la perception de son être » (p. 145).

27. A. Bouhdiba, *La sexualité en Islam*, Paris, PUF, 1975, p. 191.

28. Nous ne citerons que quelques titres en guise d'illustration : Z. Bittari : *Ô mes sœurs musulmanes, pleurez !*, Paris, Gallimard, 1964 ; N. El-Saadaoui, *La face cachée d'Ève*, Paris, Éd. des Femmes, 1982 ; Y. El Masry, *Le drame sexuel de la femme dans l'Orient arabe*, Paris, R. Laffont, 1962 ; F. M'Rabet, *La femme algérienne*, Paris, Maspero.

29. A. Bouhdiba, *op. cit.*, p. 192.

CHAPITRE VI

Les youyous

Les trilles des femmes au Maghreb, perçants mais modulés, appelés communément « youyous », par dérivation onomatopéique, ont une fonction cachée d'une singularité exemplaire.

Selon les régions, ces trilles se nomment en arabe : *tzaghârid*, *tzaghârit*, *twalwil*, de l'arabe classique *walwala*, et en berbère : *zrarit* au Maroc, *tarallélit* dans le Hoggar et *illiliwen* en Kabylie. Dans ce texte, nous utiliserons indifféremment tous ces mots, mais plus fréquemment les termes de « youlements », « yousyous », « trilles » et *tzaghârid*.

Nous savons que leur origine, en terre arabe, remonte à l'aube de la civilisation. Évoquant, dans son *Enquête*, IV, les « hurlements rituels » des femmes de la Grèce ancienne lorsqu'elles allaient au temple offrir leurs supplications aux Dieux, Hérodote leur donne une origine libyenne (autrement dit, africaine et plus précisément maghrébine si l'on considère la terminologie contemporaine). Il ajoute que les femmes de cette région « en usent fort, et d'une façon remarquable »[1].

Les youyous ont une fonction explicite, qui est primordiale : l'information. Chaque peuple dispose en effet d'un moyen facile, parfaitement reconnaissable, grâce auquel il informe des événements de la

Cité, qu'ils soient fastes ou néfastes. Les événements malheureux sont accompagnés de pleurs et de lamentations qui poussent parfois le tragique dans ses derniers retranchements. Les événements heureux sont couronnés de *tzaghârid* qui signalent des réjouissances familiales et collectives : fin d'une guerre, fin d'une période de calamités naturelles, chute de pluies après la sécheresse.

Ainsi, lorsque l'on chemine dans le voisinage d'un hameau et que l'on entend des cris yodlés de femmes, l'on comprend qu'il s'agit d'une noce ou de toute autre réjouissance, voire d'une festivité locale à caractère saisonnier (*touiza*[2], fin des semailles, fin des labours, ouverture des récoltes).

Ces « youlements » ne font souvent que ponctuer des épithalames inspirés qui se chantent durant les grandes occasions, notamment lors des mariages.

Lorsqu'une femme ou un chœur de femmes lance ses *tzaghârid*, la chanteuse peut suspendre un instant son chant et le reprendre après, les « youlements » fonctionnant là à la manière d'une pause au cours de la partition vocale.

Concrètement, le fait de distinguer des trilles de jeunes femmes de ceux d'adeptes plus âgées n'échoit qu'aux plus expérimentés, car seule la base phonétique est considérée. La panoplie vocale de la Maghrébine est dans ce domaine d'une assez grande étendue : le spectre comprend toute une variété de *tzaghârid*, les uns graves, les autres aigus. D'autres sont monodiques, quasiment sans âme, et d'autres encore sont colorés et en relief. Ajoutez à cela le tempérament de l'exécution, lequel s'enracine profondément dans la psychologie de la *tzaghrâta*, l'interprète.

Parfois, dans l'assemblée des hommes, les plus aguerris se livrent à quelques conjectures, menées confidentiellement, et ayant pour but l'établissement de l'identité exacte de la *tzaghrâta*. D'aucuns vont même jusqu'à percevoir de la nervosité dans l'émission, du flegme dans la voix, du traînant, du liant, de la rigidité, de l'émotion et bien d'autres caractéristiques psychologiques…

Notre point de vue est le suivant : les youyous ont la mission de lier un sexe à l'autre en éludant le séparatisme rigoureux établi entre eux depuis des lustres. Leur fonction est sexuelle. Quant à leur pérennité, elle relève du désir de rencontre sous-jacent à la bipartition constitutive entre les sexes.

Nous savons que les *foquahâ*[3] ont réglementé le rapport des sexes entre eux jusqu'aux plus infimes détails, y compris les détails visuels : Ghazzâli, qui ne compte pas parmi les plus farouches réformateurs de l'islam, va jusqu'à relever une mystérieuse « fornication de l'œil »[4] et réprouve l'attachement amoureux de l'homme pour la femme, cette dernière étant considérée comme *instrumentum diaboli*. Ailleurs, dans un *hadith*, Abû Hurayrah a rapporté que le Prophète aurait dit : « Est décrétée pour le fils d'Adam une part d'adultère qu'il commettra infailliblement et qu'il ne pourra éviter. L'adultère de l'œil est le regard (luxurieux), l'adultère de l'oreille est d'écouter (des paroles voluptueuses), l'adultère de la langue est la parole (licencieuse)[5]… »

Dès lors, un homme ne doit jamais regarder une femme avec laquelle il n'a aucun lien de parenté, ni franchement ni même à la dérobée… ce que font néanmoins la plupart des hommes.

La stratégie est simple : la société empêche, ce faisant, les individus de se lier entre eux sans passer par l'instance familiale, ce qui signerait la mort des valeurs matrimoniales traditionnelles.

Reste la relation auditive : en omettant de réglementer rigoureusement cette relation (et comment auraient-ils pu ?), elle est naturellement devenue l'une des clefs de la rencontre, ainsi que nous pouvons la saisir au Maghreb.

C'est donc dans un anonymat prétendument complet (très relatif pour les hommes auxquels s'adresse l'appel) que la femme se livre au jeu de la séduction qui travaille à l'ombre de la pudibonderie conventionnelle de la fête.

L'intention séductrice

Ici, comme dans beaucoup de disciplines de la sensibilité collective, il y a un apprentissage technique à acquérir avant de se lancer dans l'exécution de ces « cris yodlés », signes élevés de l'esthétique vocale maghrébine.

Tout comme les deux arches d'un portique d'église, le paradoxe se maintient grâce précisément à des composantes qui se seraient niées si elles venaient à se défaire : il s'agit de la « morale » et de la « stratégie séductionnelle ». Afin de contourner cette morale, la pulsion de rencontre agit dans l'ombre : à défaut de se faire voir (apanage de l'homme), la femme peut se faire entendre. C'est pourquoi, pour peu qu'un paravent, une palissade quelconque ou un mur ténu les dérobent aux regards masculins, les femmes émettent volontiers leurs cris yodlés et passent métonymiquement à la conquête des Ulysse qui les écoutent.

Or, si l'on exclut momentanément le déroulement organique – qui a son importance –, l'on peut avancer l'idée que les youyous sont un indicateur sonore permettant d'évaluer le potentiel des femmes à marier, toutes celles qui sont désormais prêtes à quitter définitivement le gynécée du père pour rejoindre celui du mari. La conséquence qui s'ensuit sera d'une grande éloquence : plus la femme est proche du seuil du mariage, plus elle a le droit d'émettre ses youlements et plus ces derniers sont chargés de sens, autant pour les hommes que pour les « marieuses professionnelles », les mères, les amies et bien évidemment pour toutes les belles-mères qui guettent leur nouvelle bru. Car la jeune femme maghrébine sait qu'en ces lieux rien ne vaut vraiment la conquête de la mère ou de la tante pour arriver plus sûrement au mari, le mariage étant avant tout un concordat familial avant d'être l'affaire d'un couple isolé. Les femmes au Maghreb sont à proprement parler les vraies marieuses des hommes, elles sont les organisatrices émérites des noces et les chefs d'orchestre les plus infatigables[6]. À l'inverse, lorsqu'une femme vient de se marier ou pour des raisons d'âge essentiellement, elle n'est plus désirable, l'observation montre que les youyous passent au second plan des préoccupations de la personne au profit de la parade sociale et des apparences. Dans ce dernier cas de figure, elle a encore la possibilité de forcer le respect des autres femmes en jouant le rôle de l'incitatrice ou de l'animatrice de la veillée, mais elle ne sera plus que le déclencheur. Qu'importe ! Sa mission sera atteinte dès le moment où la relève est assurée par les plus jeunes. Enfin, après avoir maquillé la cérémonie d'une parure pédagogique et prétendument éducative, elle peut rejoindre le chœur des *tzaghrâtate*[7] et laisser émerger librement le véritable sens des trilles féminins.

Les youyous fonctionnent donc, chez les jeunes femmes, comme une stratégie élaborée et complexe qui vise à informer le groupe compact des mâles regroupés dans l'enceinte « sociale » de la maison de leur maturité sexuelle. Le « chant » émis est alors à prendre moins comme l'exécution d'une partition innocente et sans autre portée que strictement esthétique, mais plus fondamentalement comme le symbole d'une énergie puissante, qui gouverne un instinct d'union extrêmement fort.

Cependant, ce qui ajoute au poids des paradoxes auxquels sont soumises les tentatives de séduction au Maghreb, ceci même, en dépit du dépassement que nous évoquions chaque fois qu'il était question de séduction, c'est qu'en permanence les amants disposent de deux coupes bien pleines. Ils boivent à la première, c'est la Loi, elle est amère ; mais s'ils boivent à la seconde, ce n'est plus la ciguë fielleuse qui descend, c'est une force tout aussi impérieuse, un miel sauvage qu'ils dégusteront alors comme à une fontaine jaillissante : la passion fatale[8]. En vérité, les amants n'ont même pas d'alternative entre un choix et son contraire, car les deux solutions sont semblablement mauvaises et laissent un arrière-goût désagréable de culpabilité.

Si nous envisageons les *tzaghârid* sous ce jour-là, nous constatons très vite la forte concurrence qui s'établit entre les postulantes, puisque les « youyous » peuvent constituer une première bouture à une attirance globale de la part des hommes. Sublimés par les hommes, les youyous accèdent alors au statut d'« outil de séduction », sans pour autant se détourner de leur fonction conventionnelle. Toute femme qui excelle dans l'art des youyous peut influencer l'homme plus profondément que les autres et s'entourer ainsi d'une aura féminine très capiteuse. Ainsi s'explique la réputation que se sont taillée certaines *tzaghrâtate* dans les bourgs du voisinage et même dans tout le département. Leur nom, au retour de quelque noce fastueuse, est colporté de chaumière en chaumière, jusqu'à ce que, peu de temps après, des pensées masculines leur soient secrètement dédiées.

Dominique Champault, qui connaît bien la société belbalie, confirme l'observation que nous avons faite partout ailleurs dans le Maghreb : « Les fillettes de quelques années, lit-on dans *Une oasis du Sahara nord-occidental* : *Tabelbala*[9], s'essaient à moduler le *zrarit*, et l'on reconnaît chez les adultes des performances individuelles en ce domaine. Une femme dont le cri est le plus parfaitement modulé, le plus strident, le plus long, est invitée dans toutes les circonstances où elle peut se faire entendre[10]. »

C'est à partir d'une longue et minutieuse observation du groupe des hommes lors de ces cérémonies collectives que nous sommes parvenus à ces hypothèses.

Qu'observe-t-on donc ? Le phénomène discret suivant : les youyous provoquent sur les hommes qui les écoutent des effets érotiques et développent à son acmé leur sensualité. Leur excitation est visible à l'œil nu : ils deviennent subitement fébriles, arment leur fusil maladroitement et tirent vers le ciel des salves prolongées[11]. Les a-t-on vus bouger qu'ils démontrent les plus grandes indispositions ; les a-t-on vus parler que toutes les rougeurs leur montent au visage et empourprent leurs lèvres... Leurs yeux pétillent et brillent étrangement, et leur élocution est parfois embarrassée. Il est vrai que ces effets sont discrets, trop intimes et trop végétatifs pour être admis par ceux qui les ressentent dans la confusion des festivités coutumières. Mais continuons à les observer : les effets des youyous sur eux peuvent aller de la satisfaction contenue à entendre ou à apprécier des vocalises de femmes jusqu'à des réactions plus irrationnelles, et donc plus incontrôlées : rougeur du visage, faiblesse dans la discrimination des sensations, précipitation et perte de contrôle des gestes, d'habitude déliés.

Quand, munis de ce dispositif d'étude, nous assistons à une noce traditionnelle, nous isolons très vite ces phénomènes, auparavant imperceptibles à notre regard. Le refoulement spécifique qui entoure les choses sexuelles ne favorise guère, malheureusement, le décryptage laborieux auquel l'observateur se livre, d'autant que la culpabilité surdétermine chacune des conduites observées.

Sur le plan chronologique, les noces maghrébines durent généralement trois jours complets si le pourvoyeur est assez nanti, légèrement moins dans le cas contraire.

La veille du grand jour, celui de l'accueil de la mariée, un « gala » d'entraide est organisé au profit du marié, car celui-ci se ruine littéralement en invitant l'ensemble du village. Cette entraide s'appelle *al-'âun*. Elle permet de colmater la brèche des crédits qu'occasionne le conclave nuptial. Au centre des convives, trône un personnage clef, *al-barrâh*, mi-crieur public, mi-beau parleur se nourrissant de la rime poétique autant que du réalisme le plus cru. Il est chargé d'une fonction d'énonciation. Avec sa voix de stentor, le *barrâh* déclame en effet l'écot de ceux qui apportent une aide aussi généreuse que faussement fraternelle[12].

L'emphase du « diseur » – de bonne fortune, car on y apprend les richesses des uns et des autres par déduction de l'aide consentie – sera fonction de l'importance de cette aide, à telle enseigne que l'on pourrait dire que la déclamation elle-même se fait complice du grand capital ! À cette occasion, les femmes lancent leurs trilles guillerets et auréolent de leurs voix les enjolivures du « coryphée ».

La femme – en toute bonne conscience – rejoint le groupe dominant, car ses trilles renforcent l'ordre de l'argent dans la mythique sociale et dans les fantasmes spécifiquement masculins, la durée des trilles du chorus étant assortie à la somme versée. Rien n'est quantifié, bien sûr, mais lorsque la cohérence sociale est tacitement soutenue il faut s'attendre que ceci (l'argent) entraîne cela (les trilles) sans que l'ordre n'en soit particulièrement affecté. En même temps, les autres hommes, aiguillonnés dans leur orgueil, passent à l'offensive, surenchérissant sur les sommes déjà avancées et s'en sortent parfois avec des dépenses inattendues. Or, dans bien des cas, l'incitation à la hausse est artificiellement provoquée par les acolytes du bénéficiaire. Lorsque l'on connaît les conditions matérielles dans lesquelles vivent les familles maghrébines, l'on s'étonne rapidement des sommes prodigieuses mises à contribution lors de ces fastueuses agapes. Seule explication valable : l'argent n'est plus seulement un moyen neutre d'échange, c'est un instrument stratégique de capitalisation symbolique et de prestige.

Sur un plan inconscient, il faut noter le rôle que pourrait jouer l'association argent, trilles féminins et sexualité. Au-delà du fait que, généralement, en l'absence d'un sentiment qui pourrait s'appeler « l'Amour », la beauté de la femme se monnaie comme tout autre objet de consommation, et au-delà même du facteur de parade qui n'est pas – faut-il le rappeler – négligeable (et qui, somme toute, n'est pas neutre sexuellement), l'atmosphère de cette séquence de la noce est elle-même différente des autres. Le plaisir d'être vu et scruté par des dizaines d'yeux agrippés aux interstices des maisons augmente l'excitation des hommes devenus malgré eux les pôles de la séduction muette et effrontée des femmes.

Des mots secrets passent d'oreille à oreille, d'autres sont formulés à voix haute et il arrive même que certains propos soient rapportés à la personne concernée sur-le-champ, car la morale est parfois d'une permissivité bien friponne… Dans l'assemblée, qui revendique encore le recours à la *hchoûma* (la pudeur) et donc au *charâf* ou à la *hormâ* (honneur, respectabilité), des regards brûlés à vif par le désir incestueux et hétéroclite tentent de décrypter dans le fouillis des parois truffées de brèches insolites leur soif inextinguible d'amour. D'autres regards sont, depuis, rivés sur le trio des gracieuses jeunes filles qui sortent du harem pour rejoindre le cénacle interdit afin d'oindre de henné l'auriculaire du marié et de ses compères. (Le henné passe pour être une pâte douée de vertus prophylactiques, fertilisantes et thérapeutiques.)

Ces préposées à l'office public sont généralement des parentes du futur époux, en attente d'un prétendant : quel moment rêvé pour se montrer à visage découvert à l'assemblée des « fins appréciateurs » ! Test de passage, test de beauté, offrande anticipée, ces jeunes élues ont beaucoup de chances de devenir les reines de quelques seigneurs cherchant une consécration. Les pratiques traditionnelles ont ceci de particulier qu'elles instaurent un labyrinthe inextricable en temps normal et puissent devenir soudainement tolérantes et permissives le moment venu, toute conduite codée n'étant pas abolie par ailleurs. Telle est donc cette coutume de l'entraide qui annule en quelques instants une dichotomie spatio-temporelle connue pour son intransigeance.

Au même moment, derrière le crin protecteur (le dernier rempart encore en vigueur), les duègnes continuent à pourchasser celles qui – enhardies par la montée du désir – tentent de franchir la ligne totémique en s'approchant par trop des hommes.

C'est pour toutes ces raisons qu'il faut donner aux trilles leur véritable signification, un moyen à peine détourné de conquête et de séduction. Car comment ne pas les prendre pour ce qu'ils sont réellement (au regard de la réalité inconsciente, cela s'entend !), c'est-à-dire une invite déguisée et subtile et une incitation à l'union ? Il paraît évident, maintenant, que les effets que nous avons observés dans l'assemblée des hommes, du garçonnet qui se sent transporté d'une joie inexplicable au plus vieux cheikh, docte jusqu'à la dissimulation, soient dus aux youyous, quand bien même leur action libidinale effective dépende des dispositions immédiates de chaque auditeur.

Mathéa Gaudry, auteur de *La femme chaouia de l'Aurès*[13] rapporte les faits suivants : « L'opposition des sexes se manifeste en quelques circonstances : la *rahbiya* oppose parfois des groupes d'hommes et des groupes d'*azriyat* (femmes libres, courtisanes) ou de jeunes filles. Les *'azriyat* chantent des chœurs alternés avec des hommes et nous avons entendu leurs *aslîloû* (cris de joie des femmes, équivalent à *tzaghrît* ou *hilouîn*) surexciter les derviches au Djebel Bous et exalter le courage des hommes au combat[14] ! »

L'hypothèse à deux fourches qui considère que les youyous ont une fonction érotique d'une part et chevaleresque d'autre part se confirme dans ce cas, quand bien même l'existence actuelle des derviches des montagnes reste à vérifier… Sur un autre plan, il faut signaler la contingence sexuelle qui lie entre eux l'érotisme et la manifestation de parade que constitue la chevalerie. Mais arrêtons-nous momentanément au deuxième aspect de ladite hypothèse, là où il est question des origines premières des trilles et de leur développement au sein du corps militaire de l'époque.

Nous avons signalé que l'origine des youyous se perd dans la nuit des temps. Cependant, l'histoire musulmane laisse entendre que les armées du prophète Mohammed se faisaient accompagner de femmes qui étaient chargées de leur prodiguer toutes sortes d'encouragements. En fait, aucune source sérieuse ne mentionne ce cortège de femmes venant galvaniser les *moudjahidine* de l'Islam. Il s'agit d'une simple piste de recherche, mais elle méritait d'être signalée[15].

Pour revenir aux effets proprement sexuels des youyous, rappelons ce que nous disait un *hajj'* (pèlerin) avant son départ pour La Mecque[16] : « Je ne peux aller aux Lieux saints, disait-il, que depuis ma propre maison » (par opposition à tous les pèlerins qui décident d'y aller en prolongeant des vacances commencées à Marseille ou à Rome). La raison explicite donnée par ce pèlerin était que « les *tzaghârid* des femmes faisaient de lui un homme » ! Il était à tel point éloigné de la métaphore, qu'une telle réflexion pourrait légitimement receler, que son voyage, décidé unilatéralement par son fils résidant en Allemagne, fut annulé. Il préféra partir l'année suivante, mais sans la déviation européenne, cela ne comportant pas – à son point de vue – les mêmes gratifications.

Un jeune homme nous dit un jour, alors que nous évoquions devant lui ce cas : « Très tôt, les *tzaghârid* m'ont ému. À sept ans, lorsque j'entendais les femmes chanter et pousser leurs yous-yous, je me caressais le pénis. »

Un autre homme, particulièrement expert en circuits de l'émotion, nous a confié qu'il avait la chair de poule, parfois jusque derrière sa nuque, lorsqu'il entendait des femmes émettre ce qu'il appelle les « déclencheurs de ses sécrétions ». Aussi, à chaque fin de semaine, il s'arrangeait pour accompagner une noce et n'exigeait pour seule compensation que le fait d'avoir un équipage de femmes affectionnant les youyous. Il décrivait d'une manière détaillée (le détail est très souvent un élément sexuel) comment l'une d'entre elles faisait ses *tzaghârid*, comment elle les entonnait et comment, enfin, ils explosaient soudain dans un bouquet de sonorités intenses qui l'émouvaient au plus haut point…

Possessivité, soulagement, honte

S'il nous fallait encore fournir des arguments en faveur de la nature érotico-sexuelle des *tzaghârid*, nous donnerions celui de la jalousie possessive qu'éprouve le mari à l'égard des trilles de sa femme. Celui-ci surveille ses manifestations et arrive à les distinguer entre mille autres du même type. Cette attitude constitue sans aucun doute un témoignage privilégié sur les résonances sensuelles éprouvées par les hommes. Nous avons observé que les trilles constituaient, dans leur version collective, un élément indispensable à la pratique festive au Maghreb : art vocal, méthode de stimulation, les *tzaghârid* ont leurs écoles et leurs styles. Ceux-ci constituent un moyen virtuel permettant l'écoulement des tensions, exutoire parmi tant d'autres que la femme utilise pour donner à ses attentes sexuelles une possibilité d'autorésolution. Dans un tel contexte, la femme mariée qui mène une vie sexuelle équilibrée ne se livre que parcimonieusement à ce genre de manifestations, dès lors regardées comme des pratiques substitutives aux maigres « bénéfices secondaires ».

Enfin, un dernier point à l'avantage de cette aperception des trilles féminins au Maghreb : l'homme ressentirait de la honte devant ses amis s'il arrivait que l'on distinguât les manifestations vocales de son *harîm* (femme), la voix occupant là la place dévolue à la femme elle-même. Pour sa part, J.-P. Charnay constate justement que « le son de la voix féminine est, plus qu'en d'autres civilisations[17], chargé de suscitations érotiques ; l'amour ou le désir naissent souvent, sont provoqués par les rires ou les paroles trop hautes, comme par la peinture orale de la beauté du corps féminin ou la vigueur des ébats féminins[18] ». Une remarque complémentaire devrait amplement étayer ce dernier point. Il s'agit de l'expérience qu'on est tenté de faire en partant des youyous comme d'un signe de distinction entre les sexes, autrement dit comme une sorte d'appel d'un sexe par l'autre. On se serait en effet attendu que les youyous disparaissent dès le moment où les sexes ne sont plus séparés ou tenus à l'écart l'un de l'autre, comme cela se pratique maintenant dans la faculté ou à l'usine. En réalité, les youyous tendent nettement à disparaître lorsque les regroupements sont mixtes et lorsque le fruste contact auditif – apanage de la société traditionnelle – est remplacé par une proximité réelle entre hommes et femmes. Il serait intéressant d'étudier plus attentivement ces nouvelles conduites mais, d'ores et déjà, les résultats sont assurés d'aboutir à des conclusions très similaires à celles-là. C'est alors que deviennent passionnants les quelques cas d'hommes « atypiques » qui entonnent le cri des femmes au lieu et place de celles-ci. Or, lorsqu'un homme émet des *tzaghârid* (il existe souvent des hommes qui ont des penchants pour l'expressivité féminine !), il s'installe très vite une atmosphère malsaine que l'assemblée s'empresse d'exorciser par quelques esquives verbales dont elle a le secret[19]. La poésie ancienne avait parfaitement mis en lumière l'importance qu'avaient prise les ornements féminins dans la conduite de séduction et c'est le cas notamment des *khêlkhâl*, ces anneaux que les femmes portaient aux chevilles et qui leur permettaient de séduire sans même émettre leurs « déclencheurs de sécrétions » ! Voici pour terminer le vers d'un poète arabe que le simple bruissement des bijoux féminins inspirait :

> Regardez ces jambes qui semblent se quereller avec *Khêlkhâl* : Écoutez le cliquetis des anneaux accouplés surmontant son brodequin[20].

1. Hérodote, *L'enquête*, IV, Paris, Gallimard, coll. La Pléiade, 1964, p. 352.

2. Cérémonie collective visant à conjuguer les efforts de tous les membres d'une communauté autour d'une tâche unique, habituellement réservée à l'un d'entre eux.

3. Docteurs de l'islam.

4. Mais on en trouve déjà des prémices dans la Bible.

5. Selon Al-Qashânî, in *Traité sur la prédestination et le libre arbitre*, précédé de *Quarante hadiths*. Trad. St. Guyard, Paris, M. Allard, Éd. Orientales, 1978, p. 51.

6. Comme c'est souvent le cas dans les sociétés patriarcales, seul le prestige extérieur intéresse réellement l'homme.

7. Le « chœur des *tzaghrâtate* » n'est pas à proprement parler une pratique constituée, mais il arrive que les organisateurs des festivités convient spécialement telle ou telle femme pour ses seules enjolivures vocales.

8. Cette question, passionnante à tous égards, a suscité en nous le besoin de lui consacrer *Le livre des séductions*, Paris, Lieu Commun, 1986.

9. Aux éditions du CNRS, Paris, 1969.

10. *Ibidem*, p. 215.

11. Il est courant dans les noces traditionnelles maghrébines de voir les hommes armés de fusils de chasse tirer des cartouches à blanc afin de « mettre l'ambiance » ou de la réchauffer, probablement un dernier vestige de leur ancienne tradition guerrière.

12. L'argent versé en de telles circonstances est en effet censé revenir aux donateurs sous la forme d'une entraide similaire en cas de noces prochaines, majoré symboliquement d'un taux coutumier et fluctuant selon les fortunes. Celui qui ne voit rien venir dans les prochaines années (enfant à circoncire, fils aîné à marier, etc.) se limitera à une mince obole, compte tenu du fait qu'il ne jouira probablement d'aucun retour possible.

13. Paris, Librairie orientaliste P. Geuthner, 1929.

14. *Ibidem*, p. 282.

15. Hypothèse défendue notamment par le sociologue et historien maghrébin Ibn Khaldoûn qui écrit dans ses

Prolégomènes (trad. M. de Slane, Paris, Librairie orientaliste P. Geuthner, 1936, vol. 2, p. 49) : « Le même usage se retrouve chez les Zenata, peuple *(berber)* du Maghreb : leur poète marche en avant de la colonne et chante à faire tressaillir les montagnes ; il oblige ainsi à courir au-devant de la mort ceux qui n'y pensaient même pas. Ils appellent ce chant *tazouagaït*. Ces effets sont le résultat d'un sentiment de joie que l'on éprouve dans l'âme et qui réveille le courage avec autant de force que le vin, liqueur qui inspire aussi un sentiment de joie. »

16. Le pèlerinage est l'une des cinq obligations de l'islam.

17. Ovide observait déjà, dans son *Art d'aimer*, des phénomènes identiques. Voici ce qu'il conseillait aux femmes sans grande beauté : « C'est un charme qu'une voix mélodieuse : que les jeunes filles apprennent à chanter (à défaut de beauté, beaucoup de femmes ont eu leur voix comme moyen de séduction) et qu'elles répètent tantôt les cris entendus dans nos théâtres de marbre, tantôt des chants du Nil avec leur rythme. »

18. In « Communication et société, variations sur parole, amour et cuisine », paru dans *L'ambivalence dans la culture arabe*, sous la direction de cet auteur et de Jacques Berque, Paris, Éd. Anthropos, 1972, p. 178.

19. Cela étant dit, il serait probablement très instructif de mieux observer le comportement de ces hommes, car on y apprendrait bien des choses particulières sur l'homosexualité maghrébine.

20. Rapporté par M.-C. Sonneck, « Six chansons arabes en dialecte maghrébin », in *Journal asiatique*, juillet-octobre, t. XIII-XIV, 1899. Bien qu'en marge de notre enquête, nous voudrions signaler l'observation de Dermenghem que l'on peut lire dans *Le culte des saints dans l'Islam maghrébin* (Paris, Gallimard, 1954, p. 126-127) : « Rien n'est plus saisissant d'ailleurs que cette manifestation vocale d'émotion religieuse et sociale, qu'on entende les yous-yous la nuit, quand on s'approche d'un sanctuaire en fête, qu'ils soient poussés aux moments pathétiques des grandes *hadhras*, qu'ils saluent les heures des mariages ou qu'ils s'amenuisent en discret et tendre salut d'une visiteuse aux présences invisibles. »

CHAPITRE VII

La circoncision

Chez l'enfant maghrébin, la menace de castration prend les contours réalistes de la circoncision toujours imminente.

Comme dans quelques autres contrées dans le monde, la pérennité symbolique du groupe social passe, entre autres, par la cible explicite de l'organe génital en le marquant d'un sceau irréversible, la péritomie[1].

La circoncision se dit au Maghreb : *t'hâra* (de *tahâra* ou « hygiène »). Ce terme devient concept lorsqu'il se met au service d'une idée religieuse telle que la « purification », la « pureté » (qu'il traduirait aisément dans le cadre d'une littéralité exiguë) ou la « probité ». Le mot désigne aussi la lustration rituelle appelée *ghusl* ou « purification majeure ». Le terme consacré en arabe classique pour désigner la circoncision est *khitân*. Tous les auteurs s'accordent à dire qu'il entretient des liens philologiques étroits avec les désignations de parenté et d'alliance. Ainsi l'auteur de l'article consacré à la circoncision par l'*Encyclopédie de l'Islam*, A.-J. Wensinck, précise-t-il que « certains mots apparentés à la *kh-t-n* désignent le beau-père, le beau-fils, la belle-fille *(khatan, khatana)* ou le fait de se marier *(khutuna)*[2] ».

La circoncision se pratique couramment entre

trois et cinq ans. Elle est une expérience exclusivement masculine et ne connaît pas (ou plus) d'équivalents chez la jeune fille. Dans cette région, en effet, l'excision ne constitue pas le motif d'une pratique connue de nos jours bien que les traditionnistes prétendent qu'un dit du prophète Mohammed la préconise clairement[3].

L'existence des termes *khifd* et *khifâdh* prouve que l'excision était connue par les anciens Arabes et peut-être même largement pratiquée. Le fait qu'elle se maintienne jusqu'à nos jours dans certaines régions arabes (Égypte, Soudan) passées sous l'influence de l'islam accentue et vérifie cette thèse[4].

La circoncision dans son contexte

Dans cette étude, nous nous sommes très peu préoccupé des conséquences traumatiques anatomochirurgicales, d'autres les ayant traitées d'une manière plus spécifique[5]. Notre choix est allé électivement à l'environnement psychologique qui implante la circoncision dans son contexte réel. Il est évident que la période préparatoire est structurellement signifiante pour le candidat et donc plus riche en informations à la fois pour l'analyste et pour l'anthropologue.

Le vécu de l'enfant maghrébin de sexe masculin est marqué par un sevrage tardif qui inaugure la circoncision, laquelle intervient à une période houleuse d'abandon de la mère et d'accès à la différenciation identitaire. L'objet maternel était jusqu'alors immensément « bon », « nourricier », « chaleureux » et « oblatif ». Il a fallu que s'ouvre la période d'incertitude de l'après-sevrage pour que l'enfant souffre d'une angoisse d'abandon dont le terme est fixé autour de l'âge conventionnel de la circoncision. Nous reviendrons bientôt sur la relation inquiétante de certaines épreuves et de leur chronicité au niveau de la vie fantasmatique de l'enfant.

En termes psychanalytiques, c'est dans ce passage très rapide d'une oralité généreuse et prodigue à une « génitalité » vécue sous le signe de l'angoisse de castration et du danger réel de l'exérèse que tout enfant maghrébin ressent, peu ou prou, lors de la circoncision, que se situent les deux termes d'un conflit particulier contribuant à renforcer le fantasme majeur de la castration. Car il faut admettre que si la circoncision marque une étape dans la vie de l'enfant, ce n'est certainement pas au profit d'une accession réelle au monde de la masculinité achevée, qui ne s'opérera qu'à la puberté. En fait, tout fonctionne comme si l'enfant payait le prix par anticipation, longtemps avant la jouissance sexuelle promise, ainsi qu'on le voit, pour ne prendre qu'un exemple, dans les rituels africains. La circoncision redouble ainsi les fantasmes sans leur apporter réellement une mise en perspective anthropologique satisfaisante.

La seule réponse proposée par la société est un discours en creux, une sorte d'alternative dont les postulats sont également cruels : en contrepartie de son marquage définitif, l'enfant peut prétendre en effet à une reconnaissance de type grégaire, laquelle est présentée comme une panacée. Se trouvant eux-mêmes devant une sorte d'impasse, les parents utilisent souvent des arguments à sens unique : « Tu dois être circoncis, entend-on fréquemment, parce que tous les enfants de ton âge sont circoncis. » Par ce déplacement, le centre de gravité prend une coloration sociale du type de l'appartenance à la « classe d'âge » et vide de sa pertinence toute velléité de l'enfant d'arguer d'une peur quelconque. C'est pourquoi, loin de l'estomper, les arguties (peu convaincantes) des parents amplifient une angoisse latente, obscure, rampante et incontournable. Cette dimension nous paraît intéressante à plus d'un titre et notamment en raison de sa mise à l'écart par nombre de chercheurs qui se sont attelés à résoudre cette question. Pourquoi la peur de l'enfant dérange-t-elle autant les auteurs de sensibilité arabo-musulmane qui s'y sont intéressés ?

L'enfant face à sa circoncision

Les caractéristiques du vécu de l'enfant précirconcis sont fort complexes. Elles peuvent être, didactiquement, décomposées en deux moments consécutifs relativement distincts : la *période d'anticipation* et la *période d'acmé*.

– La *période d'anticipation* : les réactions apparentes et observables décrites ci-après s'installent progressivement à partir de deux ou trois jours avant l'opération. Mais c'est environ deux heures avant l'opération même, à un moment où la circoncision est imminente, qu'elles sont le mieux observables. Cet intervalle de temps est variable selon le degré d'émotivité de l'enfant considéré.

Énumérons succinctement les réactions physiologiques les plus visibles, les plus évidentes :

– fluctuation des perceptions : les données sensorielles s'émoussent ;

– sensibilité extrême aux sensations cœnesthésiques, avec notamment une augmentation indifférenciée de la chaleur générale ;

– parfois, apparition d'un état fiévreux avec tout le cortège des symptômes connus : sudation, accélération du pouls, rougeurs localisées sur des régions inhabituelles du corps et sur le visage ;

– un état paroxystique caractérisé par des pleurs abondants, incontrôlés, spasmodiques et nerveux.

Quant aux réactions psychologiques, elles apparaissent autour d'« un vide moral » identifiable à celui des grandes frayeurs. Mais, plus « cliniquement », il faut rappeler les éléments suivants : durant ce laps de temps, l'enfant présente une faible concentration, doublée d'une rétention mnésique très entamée et d'une compréhension diluée. Il a tendance à interpréter exagérément ce qu'il perçoit, procède à des assimilations et à des généralisations hâtives sur un fond commun assez dépréciateur. Il est manifeste que son appréhension fine est amoindrie. Ce syncrétisme passager le pousse à confondre les catégories linguistiques d'affirmation et de négation (le « oui/non ») avec, par exemple, ceux de la quantité. Le « vide physiologique » est renforcé : corps en creux, tête bourdonnante, parfois impression de dyspnée et quelques palpitations[6].

– La *période d'acmé* de ce processus qui évolue rapidement a lieu quelques minutes avant l'opération proprement dite. Tout se suspend brusquement à l'arrivée du redoutable *tahhâr'* (péritomiste)[7] que l'enfant ressent avec une exactitude prémonitoire.

D'ailleurs, si imperceptibles que soient les changements qui surviennent à ce moment (conseils prodigués par les parents et volonté de dédramatisation de l'entourage, courage loué avec ardeur, atmosphère se tendant légèrement, gestes plus saccadés des adultes...), l'enfant réagit intensément par le comportement typique que nous avons observé précédemment et qui, maintenant, s'accélère pour déboucher dans bien des cas sur de véritables crises d'angoisse, sinon – dans les cas plus pathologiques – sur des bouffées délirantes caractérisées.

Il est évident, cependant, que la typologie décrite ci-dessus est une « typologie idéale ». La réalité offre un échantillonnage bigarré qui va du grand émotif jusqu'au garçonnet précocement aguerri et placide. Mais l'intérêt de cette typologie est certain, car on arrive à saisir l'importance capitale de ce moment fatidique que les idéologues évacuent rapidement. La douleur, l'angoisse avant l'opération, les réactions de l'enfant – pourtant d'une fixité obsessionnelle – sont escamotées au profit d'une description circonspecte de la technique du circonciseur ou même – ce qui est un comble – sur une évaluation des frais strictement matériels et financiers engagés à l'occasion de cette cérémonie… L'enjeu n'apparaît vraiment que lorsque la circoncision est envisagée du côté de celui qui la subit et non pas du côté de celui qui la pratique, et l'exérèse du prépuce ne saurait moins intéresser le chercheur que les considérations idéologiques, sociales ou religieuses qui la légitiment et qui, hélas, dans bien des cas sont devenues le seul point de mire de l'enquête.

Il faut rappeler, à l'encontre de toute démarche consistant à ignorer le danger de la circoncision, que celle-ci touche aux organes génitaux et transforme leur physionomie et qu'en outre elle n'intervient en aucun cas comme la résolution d'un mal douloureux. Enfin, rappelons que du point de vue psychanalytique la circoncision serait un scénario vivant permettant à l'enfant d'identifier, de « donner corps », si l'on peut dire, à ses peurs anciennes et à toutes les angoisses qu'il nourrissait dans son enfance alors que la conteuse lui décrivait les monstres hideux qui pullulent sur la terre. Une dernière observation concernerait le stoïcisme allégué chez l'enfant au moment où il affronte les démons de l'ablation et qui n'est en fait qu'une construction sommaire proposée par les adultes afin de contenir ou de canaliser leur propre angoisse. Il suffit, en effet, d'observer l'enfant pour se rendre compte que ses réponses ne sont pas celles de quelqu'un qui désire ardemment cette opération…

Face à cette situation, le père est souvent

maladroit ; il dit : « Voyons ! ne pleure pas, c'est la fille qui pleure. » L'enfant répond : « J'ai envie d'être une fille, une fille c'est mieux. » Ou alors : « Ne pleure pas, mon garçon, tu deviendras un homme ! » Enfin : « Tu ne vas pas pleurer, personne ne l'a fait parmi tes camarades. Tu ne vas pas pleurer, ils se moqueront de toi. » En fait, les encouragements de l'adulte, qui ont pour objet la « dédramatisation » de l'acte chirurgical, ne sont en fait que des formules creuses et redondantes que l'enfant, soudainement clairvoyant, annule d'un geste de la tête. Là où l'adulte pense « prophylaxie », l'enfant ne voit que le danger de l'ablation, ce en quoi il a « cliniquement » raison. Il est certain que lorsqu'il s'agit d'atteintes ayant pour cible le corps, toutes les ratiocinations, d'où qu'elles viennent, deviennent étrangement obsolètes et caduques. Paradoxalement, on serait tenté de penser que ce leitmotiv, par sa dissonance même, était à l'origine de l'angoisse grandissante qui allait occuper le devant de la scène à l'approche de l'instant fatidique. Où qu'il se trouve, l'enfant réagit, en effet, avec une remarquable symbiose affective, voire une tendance marquée à l'altérité tragique.

Il est prévisible que la position que nous défendons dans ce paragraphe n'est pas celle de tous ceux qui ont travaillé sur la question. Ainsi, dans *La circoncision* (« Blessure narcissique ou promotion sociale ») de Noureddine Toualbi[8], toute la problématique tourne autour de la polarité induite par le titre, laquelle devait infailliblement déboucher sur une solution de type « idéologique », à savoir que la circoncision est une « promotion sociale », voire un véritable épanouissement de la fragile personnalité de l'enfant maghrébin. Nous ne discuterons pas la méthodologie utilisée[9] ; ce qui nous retiendra ici, ce sont plutôt les conclusions auxquelles il aboutit, en somme la portée réelle du travail, à la fois théorique et pratique. Ces conclusions apparaissent avec évidence dans un résumé rédigé par l'auteur et publié dans le *Bulletin de Psychologie*[10]. Sur cette base, nous ferons simplement quelques observations. L'auteur, au terme d'une étude qui a le mérite d'une grande clarté, aboutit à ceci : « Les conclusions tirées de cette recherche sont tenues pour représentatives de l'ensemble de la population algérienne dont la circoncision s'est faite suivant des procédés médicaux. Celles-ci pourraient s'orienter sur deux axes principaux. Première conclusion : la circoncision en Algérie acquiert au niveau du vécu de l'enfant valeur de promotion sociale... » et « Deuxième conclusion : la non-circoncision implique des effets contraires à la péritomie...[11] ». Au-delà du caractère tautologique de ces propositions, nous considérons que la transposition des termes de cette conclusion à toute la population des circoncis est pour le moins laxiste et imprudente. Pis encore, si la conceptualisation finale ne prend pas en considération ce qu'elle s'est évertuée à démontrer tout au long du travail, à savoir la dimension conflictuelle de la circoncision et partant les limites de ce qu'il est appelé ici « promotion sociale »[12], à quoi servirait-elle ?

La deuxième observation nous ramène aux trois premières phrases de l'exposé où l'on voit que la circoncision, qui est « perçue, ressentie et vécue comme une blessure narcissique par l'enfant européen[13] » est, dans la société algérienne, « un phénomène naturel normalisé ». L'utilisation côte à côte des termes « phénomène », « naturel » et « normalisé » invite à penser que la circoncision est une opération qui se place en deçà de la conflictualité inhérente à toute mutilation, en deçà de l'angoisse de castration, en deçà des perturbations œdipiennes, mais, simultanément qu'elle est ouverture sur le monde de la sexualité adulte, de la génitalité, de la sublimation sociale, de l'épanouissement narcissique, se hissant même au niveau d'une prétendue positivité corporelle, la plus béate qui soit... Absence de continuité évidente entre des stades de développement qui s'agencent entre eux de manière peu dialectique et non progressive et qui, en opérant une forclusion pure et simple de la problématique œdipienne, introduisent une dissonance entre prégénital et postgénital[14]. C'est pourquoi il est indispensable de ne pas omettre la réinsertion de la conflictualité, presque « nécessaire », de la castration, qui est œdipienne et rien d'autre ! S'il nous fallait proposer une formule afin de résumer ce qui vient d'être démontré, nous avancerions celle-ci : la *circoncision constitue un moment déstructurant sur le plan fantasmatique et un moment structurant sur le plan de la « reconnaissance d'image »*, *dans la mesure où l'image concernée (ou identité) est une image sociale*. Formule qui, à son tour, nécessite quelques développements. En effet, ce moment clef n'est structurant que dans la mesure où l'on considère que la circoncision participe activement à l'évolution des attributs physiques et intellectuels en rapport avec le profil consacré par la communauté. Dans cette perspective, la circoncision serait une « discipline du corps » visant à une identification plus affirmée de l'individu aux idéaux de son groupe. On appellerait volontiers ce processus : la corporalité grégaire. De même, c'est à ce titre que la circoncision peut être appréhendée comme un acte de communication interne. Nous retrouvons là la dimension de l'« alliance », identifiée ailleurs comme l'un des axes stratégiques de la pérennité communautaire[15].

La circoncision : un rite de passage ?

Parallèlement à la philosophie de l'intégration, s'est dégagée progressivement, tout au long de ce siècle et notamment sous l'impulsion de Van Gennep, initiateur de l'expression, une autre explication qui consiste à ne voir dans la circoncision qu'un simple « rite de passage » d'un statut à un autre, ces statuts ponctuant à leur manière la longue chaîne de la vie. Or, en lui appliquant le schéma unidimensionnel du passage, en l'inscrivant dans une historicité logique, mais conventionnelle, l'ethnologie méconnaît le caractère conflictuel, voire déstructurant de la circoncision dans la mesure où celle-ci présente une nature irréductible et hétérogène avec la raison explicite de sa finalité, de cette finalité dont on l'habille à tort !

Car il est un aspect dont peu de théoriciens semblent se préoccuper : c'est que la circoncision est un marquage réel du corps. Face à ce marquage corporel, qui transforme la physionomie d'une partie de l'anatomie masculine, l'on percevra une grande disparité de positions selon que l'on est l'auteur de l'inscription ou son support. Il se trouve que l'inscription en elle-même, bien qu'elle s'exprimât sur un corps en chair souffrant, n'est finalement qu'un « message social ». Facile ! Mais comment explique-t-on alors l'hétéronomie[16] qui prévaut entre les termes de la contradiction ? Dans les deux cas, en effet, il s'agit d'un lieu où s'inscrit une volonté, un désir ou une raison qui puise à l'extérieur d'elle-même, « dans les impulsions ou dans les règles sociales », le principe de son ultime action, la circoncision. Le passage de la raison sociale à l'inscription organique se complique singulièrement lorsqu'il s'agit d'accueillir après sa conversion un non-musulman, tant il est vrai que la légitimité du culte musulman passe aussi par le

« signe » de la circoncision. Comment faire admettre alors la nécessité d'un marquage qui ne se justifie plus ni par le court-circuit du symbole, ni par celui d'une équivalence concrète à cet hôte du culte qui a plus embrassé la foi nouvelle que ses archaïsmes et qui surtout, du point de vue du développement psychophysique, risque d'avoir dépassé, depuis nombre d'années, les stades de la libido infantile et même ceux de l'adolescence [17] ?

Cette contradiction justifie que l'on fasse le détour par la théorie psychanalytique qui propose des vues originales sur la circoncision.

Du fantasme à la symbolisation

La théorie la plus reconnue jusqu'à maintenant est celle qui considère la circoncision comme le moment d'une déjection rétroactive de fantasmes paternels, refoulés à leur apparition et réactualisés sur la personne du fils. Il s'est donc passé une inversion des contenus « agressifs » de la circoncision. Réminiscences paternelles quant à sa propre circoncision, vengeance fantasmée du père sur la rivalité inconsciente du fils, tendance névrotique à la domination et au sadisme, structures ambivalentes diverses… telles pourraient être les configurations que revêt un retour du refoulé paternel et qui surdétermineraient tout le dispositif rituel. Herman Nunberg décrit un cas intéressant dans la *Nouvelle Revue de Psychanalyse* [18]. Il s'agit de l'histoire clinique d'un patient qui revivait dans les rêves et les fantasmes sa propre angoisse vis-à-vis de la circoncision, à travers précisément la circoncision de son fils, celle-ci fonctionnant comme un « stimulus actuel » renouvelant une angoisse passée. « Il se comportait dans son fantasme, dit l'auteur, comme si lui-même allait être circoncis ou plutôt comme s'il se souvenait de sa propre circoncision et y réagissait d'une manière semblable à cette dernière[19]. »

Il n'y a pas seulement les fantasmes paternels qui interviennent pour donner leur complexité à ces réminiscences. Il y a aussi ceux de l'enfant lui-même, qui, en l'espace de quelques minutes, passe *de facto* de son état naturel initial où dominait encore l'auto-érotisme, à un état de culture dans lequel prend place une sexualité codifiée, socialisée, canalisée, en un mot domestiquée. Le langage actuel aurait probablement préféré le terme « programmée », mais ce serait, nous semble-t-il, pousser la métaphore trop loin.

Sans aller jusqu'à ces extrêmes, il faut convenir que la circoncision porte la contradiction signifiante Culture/Nature à son paroxysme en éludant d'une façon irrévocable l'espace neutre constitué par le choix possible de l'enfant à la jouissance de son corps vierge. La masculinité au Maghreb est absolument incompatible avec la présence du prépuce, moins du reste pour des raisons strictement théologales que pour des raisons d'identification irrationnelle aux idéaux collectifs ; de même la féminité semble être irréconciliable avec la perte de l'hymen avant les noces officielles.

Entre ces deux pôles se dessinent les angoisses les plus terrifiantes de l'adolescence, ses fantasmes et ses obsessions. Les motions refoulées n'ont que l'âge de la naissance et point d'arrivée. Elles sont actives du début de la vie de chacun jusqu'à sa fin, avec la même force et la même vigueur. C'est ainsi que se structure le rapport à la mutilation. Il en est question dans un préambule aux *Blessures symboliques*[20] que l'on doit à Jean Pouillon : « Circoncision, subincision, excision, dit-il, "blessures symboliques", mais blessures tout de même irréversibles : le prépuce ne se reforme pas, le clitoris non plus[21]. » Par contre, ajoute-t-il, introduisant un élément de comparaison : « Dans le cas du prêtre (auquel on couperait les cheveux pour l'admettre dans l'Ordre), la mutilation est minime, mérite à peine ce nom, et c'est pourquoi on la dit symbolique[22]. »

En outre, il est un aspect particulièrement important dans tout débat portant sur le problème de la circoncision : celui de l'âge où le jeune enfant est circoncis.

Cette question est souvent menée de façon concomitante avec celle de la castration. Mais comment circoncire sans « castrer », comment trancher sans donner l'impression de détruire et comment faire admettre qu'une ablation puisse être un facteur d'accomplissement et de perfection ?

À quel âge l'enfant est-il soumis à cette opération ? C'est une question que se posent également tous ceux qui ont à charge de circoncire régulièrement des enfants. L'usage collectif influe sur toutes les décisions prises dans ce domaine, dès lors que la circoncision se constitue en un signe socialement organisateur, ce qui semble être le cas, notamment, de la circoncision hébraïque qui se pratique obligatoirement le huitième jour après la naissance[23]. Or invoquer le fait, vrai en certaines circonstances, que la circoncision est une prophylaxie du phimosis[24] et se satisfaire de cette explication, c'est escamoter l'essentiel du rite, puisque la seule évidence de l'âge auquel on circoncit les adolescents d'Afrique et d'Océanie annule en grande partie cet argument et que ces latitudes (qui se distinguent par des températures élevées et un climat humide) sont censées, s'il en est encore besoin, augmenter le taux des inflammations du prépuce et l'apparition des phimosis. Les silences évocateurs de tous les traités de *fiqh'* musulman montrent à l'évidence l'insignifiance de cette question d'âge car, à vrai dire, elle importe peu et l'instauration du rituel ne se discipline réellement que dans l'adhésion de ceux qui l'observent. L'âge auquel on la pratique, bien qu'il soit néanmoins observé, n'en constitue qu'un aspect marginal. Toutefois, c'est bien cette question de la temporalité de l'acte qui nous introduit au concept de symbolisation, tel qu'il est forgé et analysé par Jean Laplanche dans ses *Problématiques*[25]. Partant d'une réflexion critique sur la castration, cet auteur en arrive à poser la question de la circoncision. La question est la suivante : « Peut-on estimer que la circoncision soit un acte symbolisable dans la société maghrébine ? »

Certes oui. La circoncision permet l'émergence du symbole et appelle d'une certaine façon la dimension de l'altérité dans la mesure exacte où le sujet de l'opération reste ouvert à un univers transindividuel de communication. Il y a, si l'on peut s'autoriser une telle expression, du « Soi dans le Groupe » par le biais du sacrifice. Bien qu'il s'agisse avant tout de relations que la réalité occulte d'autant plus fortement qu'on a affaire à un groupe omniscient, la circoncision peut alors, dans cette perspective, devenir un fait intelligible et signifiant sur le plan social. Nous dirons alors : il s'agit là d'une « symbolisation réussie » (Laplanche). Or, si l'on considère le nombre d'inhibitions sexuelles à l'âge adulte, toutes à caractère névrotique, ainsi que les fantasmes masculins ayant trait à l'appareil génital féminin en tant que support anxiogène, il est judicieux de nuancer cette position unilatérale, tout au moins optimiste, en réintroduisant dans l'évaluation des effets à long terme ce qui ressortit à une étiologie actuelle et ce qui, au contraire, plonge ses racines dans la panoplie des angoisses et des fantasmes vécus sous la bannière traumatisante de l'ablation. Dans les cas heureux où la névrose ne sanctionne pas l'issue de la péritomie, le destin névrotique, sa charge pathogène, dirions-nous, sera de nouveau vivifiée, entretenue, réinvestie. Il explosera sous diverses formes, plus tard, lors des développements libidinaux ultérieurs : peurs incoercibles et immotivées, troubles affectifs, impuissance lors de la nuit de noces, ou encore éjaculations précoces, lesquelles ne sont, dans bien des cas, que des formes atténuées d'impuissance. Du point de vue psychanalytique, il est probable que toutes les manifestations réactionnelles de l'homme maghrébin, de l'agressivité mineure à l'égard de la sœur jusqu'aux conduites de surcompensation phallique les plus sommaires (sentiment exacerbé de l'hypervirilité, de la jalousie, du narcissisme et du souci majeur de la « bonne apparence »), soient à ranger sous la bannière de cette même lignée étiologique. S'il en est ainsi, comment dès lors ne pas y voir le signe d'un réinvestissement régressif de la période précirconcisionnelle où l'enfant était effectivement « roi », effectivement « tout-puissant », effectivement « ityphallique » ? Comment ne pas associer l'exagération de ces conduites au polymorphisme archaïque des stades préœdipiens ? Mais, au demeurant, c'est peut-être à raison qu'elles interviennent, ce faisant, elles impliquaient le fantasme vain du passage de l'auto-érotisme (« l'ange aux mille travers » qu'est l'enfant précirconcis) à l'« adultération polymorphe »[26]. Pour reprendre une image très évocatrice, la circoncision serait une opération faite « à même l'œdipe ». Tout comme le prépuce, l'œdipe reste béant sur la rivalité père-fils. Cette rivalité perdure jusqu'au lendemain du mariage car, au Maghreb, l'homme n'accède à la reconnaissance du père que lorsqu'il le devient lui-même. Le Désir, la Jouissance, la Copulation, fonctionnent d'abord comme des dettes à la Loi du Père, donc à la *Umma* : c'est le prix du noviciat !

Le danger relatif à la circoncision est désormais un fait reconnu. C'est d'abord le danger « réel » de risques d'accidents fâcheux[27] ; c'est ensuite – et cela à un tout autre niveau – le danger fantasmé, projeté par anticipation sur la cérémonie en tant que telle ; c'est, enfin, la peur du circonciseur, personnage affublé dans la tête de l'enfant de tous les caractères phalliques paternels (puissance, autorité, omnipotence). Une observation courante puisée dans la réalité commune vient indirectement étayer cette vision des faits : il s'agit du bonheur affiché, et probablement réel, qu'expriment les parents lorsque, à la naissance de leur fils, ils constatent que celui-ci est déjà « circoncis ». En réalité, il s'agit seulement d'un prépuce légèrement plus court que les autres, ce qui met « à nu » le gland et donne l'impression d'un organe précirconcis. À cette occasion, les parents diront unanimement : « Il est circoncis ! Il a été circoncis par les anges ! » Loin de mesurer que cette joie est d'origine occulte, car elle est douée d'une vertu déculpabilisante et libératrice vis-à-vis du danger encouru par l'enfant… Heureux donc celui qui comme ce circoncis naturel vient au monde en apportant aux parents un cadeau divin ! Le danger peut également être neutralisé en recourant à des procédés rituels ou magiques : « Beaucoup de rites accessoires, dit Wensinck[28], expriment l'intention d'écarter le danger : le fait d'habiller le garçon en fille, l'emploi du mouchoir, le fait de brûler du charbon et du sel ; les tambours et les *duffs*, la récitation de *dhikr* et de prières ; vraisemblablement, l'étalage de charité et le sacrifice de victimes peuvent être aussi envisagés sous ce jour. » Ajoutons pour notre part, le bain purificateur, les amulettes, le *djaoui* mekkois, sorte d'encens anobli par son origine, les fumigations et surtout le répertoire de chansons exécutées lors de cette cérémonie qui ne diffère guère de celui joué et chanté lors des noces et qui a pour but, en général, d'écarter les mauvais esprits. Enfin, une dernière remarque concernant le danger de la circoncision nous est rappelée par Dominique Champault qui l'a observée dans la société belbalie. Elle écrit : « Les vierges ne sont pas admises à l'intérieur (du lieu où se déroule la cérémonie), tout au plus, du seuil, jettent-elles un coup d'œil[29]. » Extraordinaire axe mythique du *pur* et de l'*impur* qui structure l'espace conféré aux deux sexes dans les grandes circonstances et qui, de ce fait, écarte le danger potentiel lié à la femme. Ce qui est remarquable, si l'on en croit l'auteur, c'est que l'interdiction ne concerne que les jeunes filles nubiles mais épargne les femmes mûres, sexuellement affirmées. Comment faire la part des choses – qui paraissent tellement bien intriquées – si nous ne faisions pas recours au paradigme de l'élément anxiogène et hostile que l'inconscient du groupe écarte et neutralise comme il peut[30] ?

Il s'avère donc que le sang et la crainte du sang donnent une plus grande cohérence aux conceptions traditionnelles qui, sans cela, souffriraient d'illogisme[31].

Mais une grande question reste à poser : que justifie encore la circoncision au Maghreb alors que tous les textes constitutifs ne l'évoquent que timidement ? S'agit-il d'un « universel » tombé en désuétude ailleurs et qui se maintiendrait dans quelques contrées du monde, dans des cultures soucieuses de continuité spirituelle ? Ou s'agit-il seulement d'un archaïsme qui verra son agonie au fur et à mesure que l'idée de progrès se fera jour dans les consciences ?

1. La circoncision est souvent désignée par le terme de « péritomie », qui vient du grec mais, semble-t-il, le terme chirurgicalement exact est « posthectomie » (du grec *posthé* prépuce et *tomé* : couper), *cf.* Sion Simon, *La circoncision : considérations historiques, sociologiques et médico-chirurgicales*, Paris, Dupuytren-Copy, 1970, 115 p. – Thèse de médecine n° 29.

2. Article « *khitân* » (circoncision) in *Encyclopédie de l'Islam*, par A.J. Wensinck (Leyde, E.J. Brill, Paris, A. Picard, p. 1013).

3. La circoncision est d'obligation traditionnelle pour l'enfant mâle, dit Al-Qayrawâni, tandis que pour les femmes l'excision *(khifâd)* est simplement une pratique recommandable *(La Risâla*, trad. L. Bercher, Alger, Éd. J. Carbonel, 1949, p. 305). Abdelwahab Bouhdiba rappelle que le prophète Mohammed aurait vu un jour Um 'Attya opérer une fillette et lui dire : « La circoncision est une *sunna* pour les hommes et seulement une *makrouma* pour les filles. Effleurez et n'épuisez point *(ashmî wa lâ tanhikî)*. Le visage embellira et le mari sera ravi » (in *La sexualité en Islam*, Paris, PUF, 1975, p. 216).

4. Pour se convaincre à la fois de la réalité de l'excision et de son caractère primitif, il suffit de lire deux ouvrages écrits par des Arabes : ils sont édifiants ! Le premier remonte à 1962. Nous le devons à Youssef El Masry, *Le drame sexuel de la femme dans l'Orient arabe* (Paris, R. Laffont, 1962). Le second, plus récent, est un document de témoignage. On le doit à l'Algérienne Aïcha Lemsine, auteur de *La chrysalide* : *L'ordalie des voix*, Paris, Nouvelle Société des Éditions Encre, 1983.

5. *Cf.* Slamia Mokhtar, *Contribution à l'étude de la circoncision : historique et technique* – Thèse de médecine, n° 556, Paris, 1950 (nombreuses planches explicatives). Ferretti Chantal, *Sténose du méat urétral chez l'enfant et circoncision*, Paris, Éd. Médicales et Universitaires, 1971 (thèse de médecine n° 142). Dictionnaires, manuels et encyclopédies de chirurgie.

6. « … Une heure avant la cérémonie, on lui fait boire

du bouillon de poulet dans lequel on a mis à macérer de la noix muscade *(elĝawsa)*. Cette préparation est destinée à lui éviter un choc psychologique trop violent lorsqu'il verra couler son propre sang» (M.S. Belguedj, *La médecine traditionnelle dans le Constantinois*, Strasbourg, Université de Strasbourg, 1966, p. 138).

7. Docteur ès circoncisions, appelé couramment *tahhâr*, mais qui, en dehors de cette activité – très saisonnière –, occupe la fonction de coiffeur ou de barbier *(haffâf, hadjâm)*.

8. Alger, SNED, 1975.

9. L'auteur critique, à juste titre d'ailleurs, une certaine méthodologie projective, venue d'Occident, et la récuse pour les défenses supplémentaires qu'elle suscite chez les candidats. Il met au point une «série de planches» qui, nous dit-il, s'inspirent des mêmes méthodes ci-dessus rejetées et répondent aux deux critères principaux que voici : flou des dessins et mouvement. Il serait sans doute intéressant de discuter l'enchaînement qui lui a permis de mettre sur pied cette technique, afin d'évaluer son efficience et sa rigueur.

10. «La circoncision : blessure narcissique ou promotion sociale» in *Bulletin de Psychologie*, XVIII, 314, n° 1-6, 1974-1975, p. 345-349.

11. *Ibidem*, p. 349.

12. Voici un exemple que l'auteur cite dans son petit résumé et qui montre, à l'évidence, le caractère extrêmement ambivalent de l'enfant précirconcis face à l'imminente épreuve, quand bien même l'auteur choisirait des options complètement inattendues. Après avoir cité *Inhibition, symptôme et angoisse de Freud*, il écrit : «Or, précisément, l'angoisse devant l'opération chirurgicale semble liée à autre chose qu'à la seule douleur physique réprouvée. Elle est comme le produit de quelque grave danger dont la survenue nuirait irrémédiablement à l'intégrité globale de l'individu. Quel autre danger sinon celui de la castration dont attestent, par ailleurs, tous les commentaires de nos sujets à la deuxième planche de notre épreuve laquelle, rappelons-le, renvoie à la scène opératoire.»

13. *Ibidem*, p. 345.

14. Pourtant, des voix s'élèvent ici et là pour mettre le

doigt – sans en avoir l'air – car les tabous des « scientifiques » sont parfois aussi tenaces que ceux des dogmatiques – sur la nécessité de repenser la circoncision en recourant aux concepts psychanalytiques. Parmi ces voix, citons celle d'un psychiatre algérois, M. Boucebci, qui remet indirectement en question les conclusions de Toualbi. Évoquant la question de la circoncision, il écrit en substance : « Blessure symbolique structurante, rituel religieux permettant une identification sociale, la circoncision n'en pose pas moins le problème de sa valeur symbolique de castration. » *Cf.* M. Boucebci, « Multiparité, mutations socioculturelles et psychopathologie » in *Confrontations psychiatriques*, n° 21 (Psychiatrie et cultures), 1982, p. 110.

15. « Au sens métaphysique, les incirconcis désignent les païens, qui n'appartiennent donc pas à l'alliance dont la circoncision est le signe distinctif... » Xavier Léon-Dufour, *Dictionnaire du Nouveau Testament*, Paris, Seuil, 1975. « L'homme doit observer les commandements de Dieu pour maintenir le pacte mais, de son côté, Dieu, lui aussi, doit faire ce qui lui incombe, et voilà posé le problème de Job. [...] La circoncision est réputée signe d'alliance », écrit Van der Leeuw dans *La religion dans son essence et ses manifestations*. Paris, Payot, 1970, p. 465.

16. « Condition d'une personne ou d'une collectivité qui reçoit de l'extérieur la loi à laquelle elle se soumet », André Lalande, *Vocabulaire technique et critique de la philosophie*, IIe édit. Paris, PUF, 1972, p. 412.

17. Regardée comme canoniquement non valable, la circoncision des Malais arrivant à Djeddah pour leur pèlerinage serait pratiquée une seconde fois. (*Cf.* article *khitân* de l'*Encyclopédie de l'Islam*). « On s'est préoccupé, dit Bouhdiba, de la circoncision de l'adulte qui se convertit à l'Islam. Canoniquement, le vieillard affaibli peut être dispensé mais pas les autres. Il est préférable qu'il se circoncise lui-même ; sinon, il achète une concubine spécialisée dans ce genre d'opération. Elle seule en effet est habilitée à voir et à manipuler le sexe de son maître. Toute autre personne risque d'enfreindre les prescriptions attachées à la *'aoura*. À la rigueur, le tenancier du hammam peut se

livrer à cette opération» (in *La sexualité en Islam*, *op. cit.*, p. 216).

18. Herman Nunberg, «Tentatives de rejet de la circoncision», in *Nouvelle Revue de Psychanalyse*, nº 7, 1973, p. 205-228 (chapitre d'un livre de l'auteur intitulé *Problems of Bisexuality as Reflected in Circumcision* – Imago-Publishing Cº, London, 1941).

19. *Ibidem*, p. 211.

20. Jean Pouillon : «Une petite différence ?» in *Les blessures symboliques* de Bruno Bettelheim, Paris, Gallimard, 1971, p. 235-247,

21. *Ibidem*, p. 235.

22. Ce choix du huitième jour réservé à la circoncision juive l'interdit aux musulmans qui doivent privilégier un autre moment.

23. «Circoncision : elle apparaît dans les gravures rupestres d'Afrique du Nord et de l'Égypte qui l'a transmise aux Hébreux. On a avancé que c'était une prophylaxie archaïque des pays chauds, parant aux infections du sillon balanique, facilitées par le phymosis», écrit G. Charrière, *La signification des représentations érotiques dans les arts sauvages et préhistoriques*, Paris, G.-P., Maisonneuve et Larose, 1970, p. 199.

24. *Cf.* Bouhdiba, Wensinck, les traités du *fiqh* musulman et les descriptions des ethnologues.

25. Jean Laplanche, *Problématiques II*, *Castration-Symbolisations*, Paris, PUF, 1980. Voir notamment les passages, stimulants, où Jean Laplanche établit des équivalences «symboliques» entre la circoncision et la castration («la circoncision comme métaphore de la castration»), ainsi que la dimension métonymique introduite par l'ablation du prépuce, lequel équivaudrait au pénis tout entier selon la logique même de la métonymie qui consiste à jouer des substitutions possibles entre la partie et le tout, et inversement.

26. Pour reprendre une expression de Roger Lewinter dans *Groddeck et le royaume millénaire de Jérôme Bosch*, Paris, édit. Champ Libre, 1974, p. 39.

27. «Et la douloureuse blessure trop souvent tarde à se cicatriser ; parfois, de longues et pénibles semaines étaient nécessaires ; parfois aussi, des accidents entraînaient

des complications plus graves : infections, hémorragies, sectionnement de la verge, artère du pénis tranchée, partie du gland coupée… » (A. Bouhdiba, *op. cit.*, p. 218).

28. « Des pratiques traditionnelles entourent la circoncision d'usages relevant de la magie et qui la sacralisent. » D'après M.S. Belguedj : « La sage-femme va elle-même au cimetière ou à la campagne enterrer le placenta, et nous avons déjà vu qu'une vieille femme enterrait le prépuce, après la circoncision, dans la terre prise au tombeau d'un marabout » (in *La médecine traditionnelle… op. cit.*, p. 205). De nos jours cependant, cette sacralisation tend à décroître, sous l'effet notamment de la médicalisation progressive de cette coutume.

29. Francine-Dominique Champault, *Une oasis du Sahara nord-occidental* : *Tabelbala*, Paris, CNRS, 1969, p. 341.

30. Tout comme pour la nuit de noces, et dès le moment où l'opération est sanglante, il faut s'entourer des précautions nécessaires. Il est utile de rappeler que la formule inaugurale la plus utilisée dans la tradition islamique, la *basmala*, est absolument fondamentale. À l'entrée, à la sortie, comme pendant tout le déroulement de la manipulation, elle est murmurée, répétée, reprise inlassablement par tous ceux qui s'activent fébrilement autour de l'enfant.

31. C'est du reste ce qui caractérise le mieux la circoncision telle qu'elle est évoquée par la Bible : « Il advint que, durant le voyage, dans une hôtellerie, Iahvé l'aborda et chercha à le faire mourir. Alors Séphorah prit un caillou, trancha le prépuce de son fils et en toucha ses pieds, puis elle dit : "Tu es pour moi un époux de sang !" Alors il la laissa. Elle avait dit "époux de sang" à cause de la circoncision » *(Exode*, IV, 24-25-26) (La Bible, Ancien Testament).

CONCLUSION

De l'« esprit de sérail »

L'« esprit de sérail » est une notion abstraite que nous forgeons afin de rendre compte d'une réalité fugitive. En l'occurrence, dans ces lignes, nous tenterons de cerner un « indiscernable », quelque chose de l'ordre de la tentation ; une tentation grosse de nombreux confluents parmi lesquels ceux de la jalousie *(ghîra)*, de l'honneur *(nîf)*, de la pudeur *(hichmâ)*, de la virilité psychologique, de l'impuissance, du « droit de regard » réservé au Père et finalement du « syndrome d'appropriation ». Métonymiquement, toutes ces notions relèvent de deux ou trois grandes catégories, différentes en soi, mais qui ont le caractère de la marginalité, lequel constitue du reste un bon ferment paradigmatique.

La jalousie

Au Maghreb, un culte tout particulier est rendu à la famille. Pour l'individu qui est né et qui a grandi dans cet environnement, la famille, la *'aylâ* [1], constitue une sorte de pôle cardinal, omniprésent du berceau jusqu'à la tombe. Le rapport viscéral qu'il entretient avec cet univers l'amène à sacraliser tout ou partie de l'Ordre familial, sans lui appliquer aucun raisonnement, ni aucune contre-preuve. La structuration socio-économique est telle qu'à la longue un consensus social s'est noué autour de la *'aylâ*, qui ne tarda pas à devenir un véritable dogme. Échanges matrimoniaux, échanges de biens matériels et échanges symboliques, du type du prestige, de la primauté du patriarche ou des visites de courtoisie vont naturellement transiter par cette instance. Elle en réglementera les flux et les quantités, tout en assurant à sa pérennité toutes les garanties du consensus social. L'« esprit de sérail » commence là : il consiste en une sorte de jalousie qui surprend l'individu mâle lorsqu'une tierce personne s'approche, prend contact pacifiquement ou agresse tout ou partie de ladite *'aylâ*. Jalousie maladive, dira-t-on ! On ne saurait mieux qualifier cette angoisse subite qui saisit le frère par exemple lorsqu'il sent que sa sœur est convoitée par un homme extérieur au sérail, car cet esprit jaillit avec une réelle fulgurance lorsqu'il s'agit de femmes à protéger[2].

Mais protéger contre qui ? La réponse n'est jamais explicite : elle est acceptée sans précision, sans mode d'emploi, tacitement. Ce qui est certain, c'est que la dichotomie qui existe entre les mondes masculin et féminin, aux valeurs correspondantes et donc foncièrement complémentaires, n'est pas une dichotomie qui date des quelques derniers siècles. La société maghrébine, qui connaît une mutation rapide de ses valeurs, rencontre sur son chemin le poids affligeant des pratiques anciennes et veut les ignorer. Prenons le cas de la séduction : comment un homme fait-il pour rencontrer sa dulcinée et comment cette même dulcinée – qui s'est apprêtée à cet effet durant des heures – va-t-elle s'y prendre pour le rejoindre sans craindre le courroux des mâles ? Elle et lui se cherchent avec une énergie comparable mais, au Maghreb, tout contribue à les séparer, à commencer par des tracassins de bas étage : lieux de rencontre rares, transports inadéquats, intimité inexistante, heure de retour fixé et obligatoire pour la fille... Viennent ensuite les contraintes de l'éducation, le conditionnement de la pudeur dans les lieux publics et, pour finir, cet « esprit de sérail » qui fonctionne à ciel ouvert et qui est d'une efficacité sans pareille. Il s'impose comme une chape à la fois mentale, morale et collective. Son foyer le plus actif, le plus virulent, c'est probablement la jalousie. La jalousie est un phénomène complexe lié à la possession et relevant d'une « hérédité » sociale et familiale. C'est aussi un virus transmissible. Nous cherchons encore aujourd'hui à savoir, entre le manque de confiance qui crée la jalousie ou la jalousie qui crée le manque de confiance, lequel est premier. Ce n'est certes pas facile à délimiter : disons seulement que la jalousie gère l'incohérence des sentiments. Elle est une sorte de garde-fou contre l'infortune de la tromperie. « Plus je suis jaloux, dit le jaloux, moins j'ai des risques d'être trompé... » De la même manière, la femme se dit : « Si je ne suis pas jalouse, mon compagnon pensera que je ne l'aime pas et que je le trompe. » La jalousie s'échange comme un don. Loin du sentiment, loin de la passion, la stratégie est très efficace lorsqu'il s'agit d'avancer des pions sur l'échiquier amoureux !

Toute une sociologie de la jalousie au Maghreb reste à élaborer. Nous dirions par exemple : dans quelle couche sociale la jalousie travaille-t-elle à la conservation des valeurs ancestrales ? Combien de crimes passionnels ont été enregistrés, dans quelles circonstances et dans quels espaces/temps ? Peut-on établir des séries, étudier des quantités significatives, extraire des corrélations ? Sont-ce des facteurs accidentels qui les déterminent ou alors sont-ce des valeurs plus profondes, des tendances lointaines, des cassures endémiques ? Qu'en est-il maintenant de la jalousie sur le seul plan phénoménologique et relationnel ? N'est-il pas prévisible que la jalousie soit un critère d'instauration et de conservation de l'ordre patriarcal ? Ne peut-on pas dire « pilier de l'ordre patriarcal » ? Le jaloux dit : « Je garde ma femme à la maison, ainsi serai-je deux fois gagnant : en privant les autres de la regarder et en regardant moi-même la leur ! »

Car le jaloux est quelqu'un qui regarde beaucoup les autres. Atteint de scopomanie, il est l'une des figurations du « badaud » parfait, doublé, comme il se doit, du censeur le plus froid et le plus impitoyable. Chez lui, la femme est dépossédée de sa propre image, de son « Moi » profond ; elle n'est qu'un fétiche qu'il s'approprie de droit. Pour ne prendre que le plus criant, l'un des droits qu'il s'est longtemps arrogé (et non des moindres) est celui de la cloîtrer à l'intérieur de l'enclos familial, la privant ainsi d'un besoin élémentaire vital, reconnu même par les éthologistes, le besoin d'espace. Le cercle infernal s'installe alors : jalousie entraîne répression, répression entraîne perte de confiance laquelle tente de se dépasser dans la conquête de l'Autre, autrement dit dans une sorte de « réclusion préventive[3] ». Face à ce paternalisme, cette inféodation du sentiment d'espace de l'Autre, la femme réagit en se disant : « Je suis un être humain. J'ai autant de droits que l'homme et je compte accéder aux dignités élémentaires : droit d'être moi-même dans la complémentarité et dans la différence, droit au respect, droit à la confiance mutuelle et droit à la véritable responsabilité, civile et politique. »

Or, à peu de choses près, la société lui dénie tous ces droits, bien qu'elle lui en accorde d'autres. Dans la mentalité collective, la femme n'est ni responsable, ni même « adulte », et encore moins « pure ». Le nombre d'interdits canoniques qui visent à l'empêcher d'accomplir telle ou telle activité rituelle sous prétexte de son impureté originelle est effarant[4]. Il est donc indispensable de la garder à l'intérieur, lui montrer ce qu'elle doit accomplir afin de l'aider à retrouver sa « pureté légale », la comprendre parfois et chercher – autant que faire se peut – à la rendre la moins imparfaite possible. Qu'elle prenne ses responsabilités n'est pas strictement nécessaire et au lieu de s'occuper à gérer ses affects – si compliqués ! – il lui faudra d'abord apprendre à diriger son foyer, à soigner ses enfants et à mieux préparer sa cuisine. Pour certaines d'entre elles, l'injustice est trop aveugle. Se laisser confiner entre quatre murs pendant les trois quarts de sa vie n'est pas – pour le moins – un sort enviable. C'est en partie pour cette raison que l'envers de la médaille est tout aussi cuisant : la femme utilise les armes que l'homme a forgées pour son propre compte, afin de se protéger. Ce qui donne ceci : « Je suis jalouse de sa liberté de mouvements et d'action. Je suis jalouse de ses rencontres fortuites et du silence complice de la société concernant toutes ses trahisons, je dois donc explorer d'autres réseaux qui me sont avantageux et surtout significatifs, des réseaux occultes dont il sera définitivement exclu à son tour. Il est bon que je tende mes propres rets à l'insu des censeurs, des clercs (souvent confondus en une même personne), à l'insu surtout de mon mari et de sa famille, son alliée naturelle. » « Mon regard ravageur ne cessera de badiner alors avec les passants, croisant le leur, et lorsque, par un pur hasard, j'écarterai le rideau qui me sépare de la rue, je cueillerai les fruits exquis de mon travail machiavélique sans aucune fausse pudeur ! »

Mais la jalousie est bien étrange. Elle est, peut-on dire, à sens unique, car si l'homme (ou la femme) qui trompe son partenaire se rend compte qu'il est simultanément trompé, son affliction est si grande qu'on a l'impression qu'il récolte les deux tristesses, la sienne d'abord mais aussi celle de ne pas avoir trompé sans être trompé. Plus loin, une observation détaillée de la jalousie telle qu'elle se manifeste dans le creuset des valeurs maghrébines montre que celle-ci jouit d'un coefficient d'acceptation de la part de la femme sensiblement plus élevé que celui de l'homme. Car l'« esprit de sérail » entretient l'aliénation jusqu'aux limites de la dédramatisation. La femme dit : « Mon mari est très jaloux (il faut comprendre : mon mari est très amoureux !). » Ainsi, elle accepte l'équivalence jalousie = amour, ce qui la rend moins combative et moins vigilante. Or tel ne serait pas le cas, si elle arrivait à séparer les sentiments les uns des autres. Qu'elle le veuille ou non, cette acceptation relative de la jalousie maritale – qui est le plus souvent corrélative à des dérives romanesques à l'extérieur de la relation conjugale (*cf.* le « paradoxe du jaloux » étudié plus haut) – la femme accepte la possibilité de n'être pas exclusivement le reflet du désir de son mari. En définitive, lui étant ainsi soumise, elle arrive à perdre sa propre jouissance, son propre désir puisque l'espèce humaine exige que la quantité de tendresse soit proportionnelle au désir d'union sexuelle, que ce soit chez la femme ou chez l'homme. Là encore, ce qui est aboli et nié, c'est une certaine profondeur du sentiment amoureux au Maghreb, et la jalousie n'est pas tant l'approfondissement ou l'attribut naturel de celui-ci – en dépit de ce que peuvent soutenir hommes et femmes secrètement rassurés par cette équation – que son véritable encerclement. Au moment où la femme commence à se reconnaître et à se doter d'une parole spécifique (l'exemple des intellectuelles maghrébines est éloquent bien qu'il n'épuise pas toutes les émergences), au moment où certains hommes prennent conscience de l'originalité de son apport, la jalousie, elle, continue à agir dans les deux sens, comme substitut inversé de l'amour (chez la femme) et selon une « cohérence » médiévale chez l'homme. Par son encerclement psychologique et mental, par le fait qu'à ses côtés le sentiment amoureux semble totalement emmuré, la jalousie introduit par la grande porte l'« esprit de sérail » dans le couple. Érodé, poli ou affiné dans le grand laboratoire idéologico-mythique de la mentalité collective, l'« esprit de sérail » est rarement perçu, de nos jours, comme un atavisme. Tout au plus est-il une caractéristique que l'on entoure avec une certaine jouissance intérieure.

Nîf et Hichmâ

L'arsenal du Père se maintient aussi grâce au conditionnement de la jeune Maghrébine. Ce conditionnement se distingue par le fait d'être le pendant « mineur » de la virilité psychologique préconisée chez le garçon. Chez la fille, il s'agit surtout de développer, par survalorisation continue, la notion de « pudeur », *al-hichmâ*. Elle constitue l'axe paradigmatique de toute son éducation, de tout son avenir d'épouse. Nous avons vu, lors de la discussion sur le langage dépréciateur à l'égard de la femme, que c'est la belle-mère, accompagnée d'une conseillère, proche parente de celle-ci, qui est chargée de procéder au choix de sa future bru. Outre les caractéristiques physiques (taille, poids...), outre le savoir-faire et les qualités culinaires, cette dernière doit convaincre la future belle-mère de son acceptation zélée de toutes les prescriptions inhérentes à son nouvel univers familial, étant entendu que la résidence du jeune ménage est fondée sur le principe de la virilocalité, de son allégeance à l'autorité de la belle-mère, du respect des valeurs locales et surtout de sa « pudicité » *(al-hichmâ)*[5]. Mais pour qu'elle soit agréée sans trop de difficultés, sa propre famille veillera très tôt à lui inculquer ces mêmes valeurs à travers un dressage très rigoureux où l'on reconnaîtra facilement quelques-unes des conduites étudiées ici : port du voile à l'extérieur de la maison, claustration totale, continence sexuelle, soumission inconditionnelle aux désirs parentaux et masculins, acceptation de la cohérence introduite par l'« esprit de sérail » et défense de cette cohérence ; et surtout, ne jamais se livrer à un quelconque rapprochement avec l'autre sexe, en dehors de son mari. Sur le plan des conduites formelles à adopter en cas de situation inconvenante, hommes et femmes sont généralement soumis aux mêmes prescriptions, lesquelles découlent directement d'un verset du Coran : « Dis aux croyants de baisser leurs regards, d'être chastes. Ce sera plus pur pour eux. Dieu est bien informé de ce qu'ils font – Dis aux croyantes de baisser leurs regards, d'être chastes, de ne montrer que l'extérieur de leurs atours, de rabattre leurs voiles sur leurs poitrines, de ne montrer leurs atours qu'à leurs époux (...) » (Sourate XXIV, « La Lumière », versets 30 et 31). Il est certain que c'est dans le domaine des relations intersexuelles que la notion de « pudeur » (*Hichmâ*, avec son pendant moral, l'*Ih'ya*) est la plus fréquemment usitée. Parce qu'elle est le signe de la pudeur et du savoir-vivre[6], l'*Ih'ya* impose à l'homme de baisser les yeux lorsqu'il croise une femme dans la rue. Il se détourne également, chaque fois qu'il se trouve dans une situation embarrassante où il incommode son vis-à-vis, qu'il soit homme ou femme. La loi générale qui préside à ce genre de situations est celle de l'évitement. Cette loi agit plus fortement encore si le degré de parenté entre les protagonistes, si leur maturité sexuelle (pubères/impubères) et si leur relation à l'inceste sont plus marqués ou socialement solidaires.

L'autre sentiment fétiche qui soutient l'arsenal du Père est le *nîf*, une nébuleuse capitale qui fonctionne en trompe l'œil dans un environnement dominé par le souci du paraître et la peur du « qu'en-dira-t-on ». Le *nîf*, dont il ne pourrait être aucune traduction parfaite, serait, ainsi que nous l'avons défini ailleurs[7], « l'honneur de l'individu, de la famille qu'il représente et du clan dont il est issu ». Nous ajouterons que son rôle dans le cadre des valeurs populaires est un rôle de validation et de hiérarchisation des bonnes manières. Nul ne peut prétendre à une quelconque reconnaissance sociale, au respect venant des autres, à la consécration du groupe s'il ne prouve au préalable son attachement à ces notions de respectabilité et d'honneur figurées par le concept organicisé de *nif* (du mot *anf*). « Le *änf* (nez) se trouve dans le visage, écrit Lahbabi. Or, le nez symbolise la fierté ; d'où la *änâfa* (refus des compromissions, de la honte) et *akhd'a änf* de quelqu'un, c'est l'abaisser, le soumettre sans ménagement[8]. »

Virilité psychologique et impuissance

La notion de « virilité psychologique » est la caractéristique principale de l'éducation masculine au Maghreb. La pierre angulaire de cette éducation est signifiée dans la langue courante par un terme dérivé directement de la notion d'homme, en tant qu'il est la représentation la plus achevée du Père. En effet, *r'joulia* (virilité psychologique, masculinité) est un diminutif dérivé de *rajel (vir)* qui signifie homme. La femme traditionnelle n'appelle jamais son époux par son nom, mais uniquement par les termes de *rajel* (le

Vir), *rajli* (mon homme, qui signifie mon mari). Dans certaines régions, c'est uniquement par la particule « Lui » *(Huwâ)* qu'elle le désigne. Le corollaire de la notion de *r'joulia*, chez le garçon, est la pérennité de cet Ordre tout-puissant. Celle-ci s'exprime dans des manifestations d'autorité sur la « femme multiple » qui compose son paysage féminin, de l'enfance à l'âge adulte : la sœur durant l'enfance, la cousine à l'adolescence, la femme à séduire, qu'elle soit une collègue de travail ou simple passante [9].

C'est seulement à ce prix que se forge une identification véritable au Père, à son règne et à la défense de sa magnificence. En pratiquant lui-même les notions de « dépendance au père », de « respect » et de « déférence » pour tout système d'autorité pyramidal traditionnel, le garçon, en bon élève-enfant, studieux et diligent, va les exercer d'une manière totalitaire et absolue, corporellement et mentalement, sur la personne de sa sœur cadette ou aînée, proche parente ou fille éloignée, connue ou inconnue, sur sa future femme, sur sa mère parfois. L'engagement y est renouvelé avec lui comme il le fut au temps de ses propres parents. Cet engagement est souverain, mais ses sources sont imprécises, indiscernables et peu soucieuses d'égalitarisme.

Le « Fils », l'enfant-roi, l'être chéri des mères maghrébines, le support indépassable des attentes conjuguées de toute la *'aylâ* est le représentant imposant du père, l'aboutissement de tous les héritages réels ou symboliques. N'est-il pas le dépositaire attitré du Patronyme familial ? N'est-il pas également le meilleur protecteur de sa sœur et le farouche défenseur de l'« honneur familial », le fameux *nif* ?

La « virilité psychologique » est certainement le cadre subjectif le mieux adapté au maintien et à la pérennité de l'« esprit de sérail ». Dans cette « stratégie » à long terme, la virilité psychologique est fortement soutenue par ces procédés de médecine ancienne que se chuchotent à l'oreille hommes et femmes tout en se défendant de les avoir jamais utilisés : « L'homme, dit M.-S. Belguedj, cherche à garder le plus longtemps possible ses capacités viriles qui sont confondues, comme on l'a constaté, avec la fertilité. Pour y parvenir, l'usage de mets épicés, surtout les testicules de mouton, est chose fréquente, mais aussi celui de fruits riches en huile tels que les amandes *(lawz)*, *noix (ğawz)* et arachides *(kawkaw)*, à l'état de nature ou bien combinés au miel ou au sucre. Le mets appelé *muḥḥ el-šiẖ* (moelle ou cerveau de vieillard) passe pour un bon reconstituant dans ce cas. Il est fait d'un mélange à parts égales de miel et de beurre frais. Un complément d'information est puisé par l'intéressé dans les vieux traités de médecine qui consacrent de longs chapitres à cette question, ou dans des ouvrages traitant des différents aspects de l'amour, y compris la pornographie [10]. »

Qu'en est-il maintenant de *l'impuissance* ? L'impuissance recouvre une double réalité, celle de l'échec ponctuel manifesté par une absence d'érection lors de la nuit de noces et celle, sociale celle-là, qui considère que l'impuissance est un phénomène que l'on peut produire à loisir, pourvu qu'on ait pris certaines dispositions préalables et procédé à quelques rituels.

Dans ce second cas, nous parlerons de nouement de l'aiguillette *(rabt')*, qui désigne les impuissances provoquées dans le but de nuire à la personne visée en entravant, lors de la nuit de noces, toutes ses tentatives de copulation. Il est à remarquer d'emblée que dans les deux cas, et à moins d'une impuissance chronique, qui d'ailleurs fait partie des cas de nullité du mariage [11], les parents du jeune marié éviteront, le plus souvent en vain, que la nouvelle ne s'ébruite. Cependant, l'organisation traditionnelle du mariage au Maghreb est telle qu'il est quasiment impossible d'éviter qu'un événement de quelque importance ne suscite rapidement une publicité correspondante et, partant, une mise à nu franche et parfois désastreuse. Quoi qu'il en soit, les convives restent aux aguets et scrutent le lever du jour, comme s'il était un champ de bataille, en se demandant si la salve de coups de feu va enfin venir ou si l'impuissance du mari est admise[12].

L'« esprit de sérail » est une affaire contraignante, aussi bien pour la femme que pour l'homme, lequel doit constamment démontrer sa parfaite socialisation, sa performance dans tous les domaines et son souci d'amélioration. À cet égard, les impuissances ponctuelles de la nuit de noces, qu'elles soient le résultat d'un conflit psychique ou la résultante de tensions siégeant dans le corps, sont extrêmement révélatrices de la pression subie par l'homme, cette nuit-là. Beaucoup d'auteurs ont signalé le rôle pathogène des premiers jours du mariage, et la psychiatrie s'est même forgée un concept (psychoses nuptiales) pour décrire ce phénomène[13]. Il est probable aussi que la peur anticipée, liée à une faillite possible, constitue une part effective de l'étiopathogénie, extrêmement labile, de ces psychonévroses réactionnelles. Cependant, notre position est plus nuancée. Elle prend en ligne de compte le fait que la culpabilité ne précède pas l'acte culpabilisant. De même qu'il nous paraît incongru d'attendre un lapsus verbal de quelqu'un dans une langue qu'il ignore (nous omettons les cas, rarissimes, d'hypermnésie névrotique qui font réciter à quelques malades instruits de véritables langues étrangères !), de même, pour que l'impuissance se produise, faut-il qu'au départ existe une structure, un univers de fragilité et de défaillance qui provoquent cette impuissance. C'est dans un canevas de ce type que s'inscrit le syndrome de l'impuissance. Mais si nous considérons l'impuissance du mari lors de la nuit de noces comme « défaillance », à proprement parler comme « un acte manqué », nous ne nous intéressons là qu'à un aspect du problème, l'aspect négatif de l'acte, celui de l'échec. Invoquant alors une relation causale à l'origine de cet échec, nous courons le risque d'ignorer toute une dimension qui ferait de l'échec proprement dit (l'impuissance) une sorte d'aboutissement névrotique et inconscient de son homosexualité. S'agit-il alors d'une fuite névrotique dans le symptôme ? Cela pourrait être concevable si l'on considère l'importance des surinvestissements sociaux et individuels, la seule forme de masculinité, la virilité, et si l'on conçoit combien certaines représentations narcissiques concernant la dimension phallique sont déterminantes dans l'Imaginaire maghrébin ici-bas et dans l'au-delà[14]. L'irrévocabilité de la féminité dans la conduite, la pensée et les affects, non seulement corrobore l'hypothèse selon laquelle le sujet craint les méfaits de son homosexualité, mais accentue la volonté inconsciente de réaliser ce désir sous couvert de l'impuissance. Aussi paradoxal que cela puisse paraître, c'est à un acte positif (au sens d'abouti) que nous assistons et non pas, seulement, comme on se serait attendu, à une défaillance purement organique. Il reste néanmoins que si l'impuissance est un symptôme, elle est en tant que tel le reflet plus ou moins avoué et fidèle de tensions multiformes se jouant ailleurs. L'angoisse qui apparaît de manière ponctuelle, lors de la nuit de noces, n'est pas née *ex nihilo*, pas plus d'ailleurs qu'elle n'est absurde étant donné l'importance sociale accolée à ce rite. Elle se trouve, au contraire, dans tous les points d'ancrage qui sont au croisement des poussées inconscientes et des pressions du surmoi, à telle enseigne que nous pourrions comparer l'hypervirilité psychologique de l'homme et l'impuissance du mari aux deux faces opposées d'un cube dont l'une, la supérieure, recevrait, à la manière d'une réfraction lumineuse, toutes les perturbations qui se jouent à la surface de la seconde, la face inférieure symbolisant le côté inconscient de l'être.

Le « droit de regard »

L'« esprit de sérail » ne s'arrête pas uniquement aux phénomènes de conditionnement pédagogique et éducatif apparents, émergés ; il est aussi la réalisation de nombreux désirs inconscients et inavoués. Ces désirs entretiennent avec le tabou de l'inceste des rapports bien plus étroits que ceux que noue le garçon avec sa mère. Le rapport incestueux du garçon vis-à-vis de la mère passe, semble-t-il, par la voie du langage licencieux, des propos obscènes. Il ne peut y avoir qu'une efficacité symbolique et différée puisque la transgression se cantonne au moyen (l'instrument langue) et n'atteint jamais la personne réelle, tout le temps que les relations entre parents demeurent ritualisées, ce qui est différent de ce qui se joue dans la relation père/fille, qui n'est pas soumise à un déterminisme équivalent. Il aurait tendance à s'exprimer d'une manière plus directe, et bien que le scénario incestueux soit localisé dans des sphères fantasmatiques, il est clair, en revanche, que la réactivation des désirs incestueux est plus évidente. Elle est liée à ce qu'on pourrait appeler le « droit de regard » de l'Homme-Père à l'exclusivité de tout autre homme. L'image que le corps nubile de la fille maghrébine offre au Père prend la dimension d'une sujétion de fait dans la mesure où ce corps – grâce notamment à l'imposition du voile et à la claustration – est interdit aux autres et à leur jouissance. Dans cette dépendance, le Père a, si l'on peut dire, le monopole exclusif de la jouissance visuelle sur le corps de la femme maghrébine, qu'elle soit fille ou épouse. Ce droit du regard que le père s'adjuge, ne serait-ce que d'une manière compulsive – donc fantasmatique – est comparable aux droits féodaux réservés aux suzerains du Moyen Âge. Sans aller jusqu'à une équivalence terme à terme, nous pouvons dire que le « droit de regard » est pour le mâle maghrébin à l'intérieur du sérail ce que fut le « droit de cuissage » pour le seigneur. Appliquée à la situation maritale, inaugurée par la nuit de noces – *jus primae noctis* oblige ! – cette équivalence aurait pour corollaire la suppression du mari réel au profit d'une cérémonie de défloration assumée symboliquement par le mâle du sérail. Le Père procède à la pénétration de la mariée par personne interposée, par phallus-descendant. Le mari n'est alors que le moyen et non l'entité autonome. Il ne constitue plus qu'une instance érectile du phallus paternel. Le jeu de la substitution du mari au père, et du père au pénis, qui serait un jeu gratuit s'il ne s'agissait pas de cette fonction singulière qu'est la fonction du « Père symbolique », figurant les mâles du sérail, arrive à sa pleine réalisation par le transit de l'identification idéalisante au père omnipotent. Le mari réel n'a été en fait qu'un « mari-enfant », bâti à l'instar d'une génitalité adulte, autrement dit à l'image d'un père puissant. Le mari est gardé enfant jusqu'à ce que la volonté inexorable du potentat, son père, lui intime l'ordre (l'Ordre ?) de rentrer en possession de ses moyens sexuels en le consacrant mari. La problématique est plus complexe encore si, pour ce faire, nous prenons en ligne de compte les croisements infinis de désirs et de contre-désirs du père réel, de la mère symbolique et réelle, du mari proprement dit et de la jeune mariée, dont l'autorité intellectuelle et sociale est pratiquement sans effet. En définitive, le mari est exclu – par infantilisation – au profit du mari-phallus, pseudopode figuré du père géant. Quant à la femme, elle n'accède au désir du père qu'à travers un mari détachable, inscrit dans la mouvance des « dons » du père, sans individualité propre. Sur le plan des angoisses enregistrées, le mari effectif, ainsi vassalisé, va craindre sa femme non pas pour son potentiel de dangerosité intrinsèque, mais parce qu'il aura consommé avec elle des rapports « incestueux » et culpabilisants. Ainsi, devenu intrus dans le harem du Père, il va craindre le courroux de sa femme (qui symbolise l'une des propriétés de la communauté des Pères) en même temps que celui de son père, dont il est inconsciemment le rival[15].

Culturellement, l'avènement de l'Islam a entraîné une abolition de l'esclavage et limité la polygamie à quatre femmes. Mais la disparité des sexes, la représentation traditionnelle de la femme, son « image », ainsi que son statut civil, l'impératif de la virginité prénuptiale, la jalousie excessive de l'homme et le monopole qu'il détient en matière de décisions évoquent, avec parfois des analogies troublantes, les relations du Maître avec les femmes de son harem, avec cette différence, somme toute minime, que de nos jours ces relations sont réitérées non pas à l'égard de certaines femmes seulement – nommément désignées – mais bien vis-à-vis de l'ensemble de la gent féminine, étendue au harem, à la parentèle, au quartier, à la cité entière et – à terme – aux femmes de la même communauté de sang.

Le syndrome d'appropriation

C'est, peut-on affirmer, le critère le plus marquant de l'« esprit de sérail », en même temps qu'il est le plus intangible et le moins maîtrisable. En vertu de ce syndrome – qui dit syndrome ne dit pas forcément maladie, surtout dans le domaine dévié de la société – toute femme maghrébine qui passe dans la rue appartient potentiellement à tout homme la désirant, pour peu qu'il sacrifie au rituel imposé par la société en empruntant les voies inscrites à cet effet. Nous savons que jusqu'à une date récente, et encore maintenant dans les bourgs et dans les villages, le mariage se conclut entre familles et non pas entre individus isolés. C'est pourquoi l'association n'est plus une affaire de choix individuel seulement, celui-ci étant foncièrement déterminé par d'autres critères que ceux du cœur, parmi lesquels l'argent occupe une bonne place.

Mais le syndrome d'appropriation a ceci de particulier qu'il recouvre l'ensemble du champ des attitudes du Maghrébin : les responsables administratifs, les chefs de service, les directeurs d'usine et autres personnes mandatées par le pouvoir économique pour embaucher peuvent inconsciemment faire appel à ce complexe d'appropriation et n'engager une collaboratrice que si elle leur offre quelques avantages de « cuissage » ou toute autre « facilité ». Le « droit de cuissage » est un droit féodal, à peu de choses près équivalent au « syndrome d'appropriation ». La seule différence, c'est que dans un cas le cuissage est réel, inscrit dans la chair sanguinolente de l'épouse lors de sa nuit de noces ; dans l'autre, le « cuissage » est moral, disons subjectif. Si une secrétaire n'est embauchée que parce qu'elle offre une apparence flatteuse et uniquement pour cette seule raison, c'est que le « droit de cuissage » agit toujours aussi fortement sur les mentalités. La jalousie, pour ne prendre qu'un exemple de l'arsenal mis en œuvre par cette conception, fait partie intégrante de l'appropriation, quand bien même elle paraîtrait justifiée socialement. N'est jaloux en effet que celui qui se sent autorisé à l'être en vertu de l'équivalence que nous avions débusquée précédemment, à savoir que la jalousie fonctionne comme une preuve d'amour. Un proverbe arabe dit : « En celui qui n'est pas jaloux, rien de bien bon » *(Alli ma ighîr, ma fih' khîr)*. Dans le harem impérial d'antan, il y avait certes la haute muraille, les pièges du parcours, les enclos surveillés et les couloirs de l'insécurité. Dans l'« esprit de sérail » arabe, les pièges sont des automatismes sociaux, les couloirs de l'insécurité sont des couloirs inconscients et la haute muraille n'est autre que la société. Ainsi donc, tout fait corps : la faute et la peine, la norme et l'écart. À travers ses agents privilégiés, l'esprit de sérail s'installe dans la mentalité et occupe les structures du discours social et de sa légitimité. Il est malheureusement l'incarnation figée depuis des siècles non pas d'une évolution, mais plutôt d'une imperfection de croissance. Car, il faut le préciser, l'« esprit de sérail » joue un rôle social important puisqu'il est porteur d'une fonction de martyrisation idéale. Imaginons la douleur d'un frère ou d'un père lorsqu'une sœur ou une fille vient à perdre sa virginité avant son mariage avec tout autre homme que son mari légitime. Pour l'heure, cela ne se produira probablement pas, tant que l'esprit de sérail continuera à être agissant, tant que les hommes veilleront à la chasteté de « leurs » femmes et tant que, en définitive, ces mêmes femmes continueront à accepter le sort qui leur est ainsi fait : vertu d'ordre qu'ont parfois les « bénéfices secondaires ».

*
* *

Dans quelque direction que nous orientions notre investigation, dans quelque direction que nous menions le décryptage de la sexualité au Maghreb, nous constatons que le véritable débat se structure en fait autour d'un axe reliant l'interdit et le prohibé au permis et au toléré. Le résultat tient en une phrase : l'anthropologie sexuelle au Maghreb ne serait qu'une simple phraséologie, si elle ne fixait au préalable les conditions d'émergence du statut réel du corps. Le corps est en scène, comme dans un théâtre. Il se donne à voir, se pare, se joue, se « maquille » ou se « démaquille ». À l'image de la Diva, le corps a parfois ses tempéraments. Comme elle, il peut être tendre, coquin ou pervers. En contrepartie, il lui arrive d'être absent, de se réfugier dans les coulisses du social, de n'apparaître que dans sa fragile existence, désincarné, livide et congestionné.

Plusieurs chapitres de cette étude (la circoncision, le tabou de la virginité, les marginalités sexuelles et, d'une certaine manière, le langage obscène) posent la question du statut anthropologique du corps, l'appréhendent selon leur mesure propre, le soumettant tantôt à la preuve de son intimité propre (physiologie, relais avec la psyché), tantôt à la contre-épreuve de l'ordalie sexuelle.

Ainsi présentée, la problématique d'un corps se hissant à l'aune d'une anthropologie physique perceptible est une problématique de liaison dans la diversité. Les apparences du corps sont nombreuses, et s'il n'y avait le liant « somatique », elles disparaîtraient tantôt dans le caractère « instrumental » qui, trop souvent, échoit au corps, tantôt dans le déterminisme des pulsions, ou encore dans le marquage, la mutilation et le rituel scripturaires.

Or le corps est un corps de prohibition (dans l'inceste, dans ce « non-usage » coïtal des couples maghrébins avant l'officialisation de leur union) ou un corps de jouissance (dans le mariage, dans le commerce charnel avec une prostituée, laquelle fonctionne comme une fausse condition de désir dans une idéologie qui prohibe les rapports extra-conjugaux et prématrimoniaux). « Pattern » social, généralisé, irréductible, relevant de l'idéologisable, le corps sexué, trahi, banni, parfois inquiétant, souvent sanglant, est la justification – et la limite – de l'anthropologie sexuelle maghrébine, ainsi que, ce nous semble, de toute anthropologie sexuelle.

Dans cet univers où le nébuleux côtoie le fini, l'hétérosexualité s'érigeant en un modèle extensif et majoritaire à l'usage, à la fois mode d'emploi et « poseur de lois », référence et destin. C'est à l'homosexualité de se prévaloir d'une différence, de se poser face à l'unicité des réactions et des dispositions sexuelles de la majorité normative. Or nous savons par ailleurs qu'en termes d'identification, se poser n'est rien moins – stratégiquement – que l'équivalent de s'« opposer ». Pour qu'apparaisse un jour une sensibilité homosexuelle au Maghreb, il faudrait nécessairement que l'homosexuel, quel qu'il soit, homme ou femme, arrive à promouvoir des valeurs qui rompent totalement avec la sexualité de la majorité. La minorité est plus intrépide que la majorité tout le temps que dure son ambition de s'affranchir du carcan des images figées et de la mentalité sclérosée qui l'encerclent.

Autour de la virginité, la préoccupation était similaire bien que l'argumentation dût prendre des chemins adjacents. Il apparaissait à l'évidence qu'en matière de tabou il ne s'agissait pas seulement d'un tabou de la virginité, loin s'en faut, mais, plus encore que dans l'homosexualité, l'interdit était un interdit du corps. En effet, que l'on considère les fantasmes masculins qui forment le lit du tabou de la virginité ou que l'on évoque les fantasmes féminins ; que l'on parle du « vagin denté », des images de « la cruche cassée » ou du « sexe océan » et des croyances qui gravitent autour des représentations de l'hymen et de sa conformité (élasticité, forme, promptitude à saigner) tout concourt à faire du corps, qu'il soit réel ou imaginaire, partiel ou total, l'objet d'une fantasmatisation inquiétante et quelque peu morbide. Tout fonctionne en fait comme si l'imago de ce corps, telle qu'elle est fantasmée par les parties en présence, fomentait l'angoisse tout en devenant son meilleur support, l'argument de sa propre perte.

C'est parce que le corps du partenaire fait peur, inquiète, se donne dans un hermétisme fondamental qu'il doit être assujetti à une appréhension élaborée, précautionneuse, médiatisée et défensive.

Les conditions d'érection de cet échafaudage complexe sont des conditions ressortissant à la prééminence de la subjectivité transindividuelle dès l'instant où la charge négative ne vise pas seulement un corps mort, inanimé, mais bel et bien un corps aux potentialités infinies et solidement greffé sur le vivant. Ces conditions, parce qu'elles sont de l'ordre du « sujet » dans la relation, vont se bâtir autour de quelques segments explicatifs récurrents :

– *axe du « danger psychique »* signalé par les conduites d'évitement, de conjuration et de fuite dont il faut rappeler la parenté avec le symptôme obsessionnel : le grand nombre d'opérations prophylactiques qui sont censées protéger le jeune couple de toute malfaisance, lors de la nuit de noces, constitue un exemple édifiant ;

– *axe symbolique* qui regroupe les significations liées au sang, à la peur des prémices (présupposée et contemporaine à chaque inauguration de cycle nouveau) et les autres structures paradigmatiques de l'être humain plongé dans son environnement ;

– *axe fantasmatique* figuré par l'angoisse de l'un et

de l'autre des protagonistes à l'endroit de leurs attributs génitaux respectifs.

Dans une partie du chapitre consacré au tabou de la virginité, des liens sémantiques unissant le tabou à l'interdit et à la pénétration ont été évoqués. Afin de clore cette rubrique et cédant quelque peu à une image très explicite, nous serions en effet en droit de définir la nuit de noces *(leilat ed-dokhol)* comme la nuit de la défloration en raison de l'association reliant les deux symbolismes en vigueur, celui du *doukhoul* (le fait d'entrer dans un lieu clos) et celui – à peine voilé – de la pénétration d'une jeune femme vierge.

Avec la circoncision du garçon, nous entrions de plain-pied dans l'angoisse de castration. Nœud gordien dont aucun ne pourra se défaire par un simple refoulement, cette angoisse structure le rapport de l'enfant à son corps. La zone corporelle visée et l'âge auquel celui-ci lui est soumis – ajouté au fait que la circoncision ne débouche pas immédiatement sur une sexualité adulte, duelle, bienfaisante, pouvant la justifier – font que la circoncision préfigure les dangers inconscients que l'homme affrontera lors de son mariage. Le vagin ne sera pas « castrateur », ni réellement « denté » ou « agressif », si aucune attaque traumatisante ne vient préalablement marquer de son sceau tout l'environnement pénien ; l'opération qui consiste à élaguer le pénis infantile de son revêtement « inutile » peut dans certains cas se solder par un échec flagrant qui pourrait même aller jusqu'à l'émasculation.

Le voile « éduque » le regard masculin et le focalise sur des régions du corps féminin qui, initialement, dédoublent très rarement les zones érogènes naturelles. Mais au voile s'accole une certaine érogénéité que l'on pourrait qualifier de contextuelle. Loin de supprimer donc ce pourquoi il est institué, le voile le porte mieux encore à la connaissance de l'autre, tout en exagérant la dimension perversement voyeuriste de l'homme. Le voile est donc un vêtement proprement impur, où tout du moins inapte à remplir sans ambiguïté sa fonction de protection, jouer son rôle ségrégationniste.

Toute contraire est la fonction des « yous-yous » qui devait, au départ, servir comme appel au rapprochement sexuel et qui s'est en quelque sorte « banalisée » pour ne plus signifier qu'un appel au regroupement festif. Les « yous-yous » agiraient en creux par rapport au voile puisque, dans un cas, le signe est privatif et dans l'autre, grâce à la « liaison sonore » qu'il établit, il est relationnel.

Tous ces éléments participent d'un ensemble mental commun, celui de la sensibilité maghrébine et organisent une grande partie de l'imaginaire social, cristallisent ses schèmes de pensée, ses conduites et préfigurent ses réactions. La congruence de ces données aboutit à l'instauration d'un « Esprit » dont la caractéristique principale est la privatisation des rapports de pouvoir et de sexe essentiellement au seul profit de l'homme : c'est l'« esprit de sérail ».

En définitive, l'ensemble de ces champs de force, leur convergence et leur interaction laissent filtrer peu à peu une sorte de polarité dont les termes sont des oscillations entre le social et le corporel, le « privatif » et le « participatif », l'individuel et le collectif. Face au chaînon manquant que constitue la catégorie du « marginal », la philosophie maghrébine évoque des notions où le sacral est le seul gouvernail ; face aux angoisses de la nuit de noces et de la circoncision, elle propose l'adéquation à un univers de valeurs et le bénéfice symbolique qu'en retire tout individu normalement constitué ; face au vide, elle apporte le plein ; face à l'incohérence, l'organisé, au sens normatif du terme. Car il est un aspect d'importance capitale, c'est que l'anthropologie sexuelle n'est pas seulement une anthropologie d'un corps désocialisé et désacralisé, elle est, aux yeux de l'herméneutique locale, partie intégrante de la représentation du monde du Maghrébin, dans son existence empirique, mais aussi dans sa projection eschatologique. Cela montre qu'en terre d'Islam tout se noue et se dénoue selon une axiologie traversée de part en part par le sacré et le théologal. La solidarité de corps qui existe naturellement entre des disciplines comme l'anthropologie religieuse, l'anthropologie psychanalytique et finalement l'anthropologie sexuelle a pour champ d'investigation le monde hiérarchisé du sacré. Dans cette même perspective, en sacralisant la sexualité, l'Islam contribue, ne serait-ce que partiellement, à intégrer l'anthropologie sexuelle dans la « science du Beau et du Bien », double condition esthétique et morale sans laquelle le « Vrai » n'existerait probablement pas.

NOTES

1. Pour tout ce qui concerne la *'ayla*, nous renvoyons le lecteur à cet article, déjà cité, de R. Descloitres et L. Debzi : « Système de parenté et structures familiales en Algérie » in *Annuaire d'Afrique du Nord*, CNRS, 1963, II, p. 23-59.

2. Sans être abondante, la littérature sur la jalousie s'est enrichie progressivement durant les époques, à la fois pré- et postislamiques. Voici ce qu'en dit un auteur maghrébin qui s'est préoccupé de la place que tenait la poésie amoureuse dans les sociétés arabes : « Il suffisait de voir quelle grande place occupe le thème de la jalousie dans les répertoires d'Amour arabes. Pour ne citer qu'un seul exemple, le *hadith* suivant est d'une extrême importance : au principe juridique de l'Islam empêchant la vengeance immédiate par jalousie pour l'épouse (quatre témoins sont nécessaires pour qu'un accusé de fornication, *zinâ*, soit condamné), l'Arabe oppose sa spontanéité. En plus, le

Prophète arabe justifie cette réaction : le compagnon Sa'd ibn Ubâda dit, un jour, au Prophète : "Ô Envoyé de Dieu ! demandes-tu que je laisse en paix l'homme que j'aurais trouvé avec ma femme le temps de trouver quatre témoins ? – Oui, répondit le Prophète. – Par celui qui t'a envoyé prêcher la vérité, répliqua Sa'd, je l'aurais frappé avec un sabre tranchant." Le Prophète dit alors (aux autres) : "Êtes-vous étonnés de la jalousie de Sa'd ? (Eh bien !) je suis plus jaloux que lui et Dieu plus jaloux que moi encore" » (selon Rawda et El-Bukhâri), *cf.* T.L. Djedidi, *La poésie amoureuse des Arabes, le cas des 'Udrites*, Alger, SNED, 1973, p. 28.

3. Il est également intéressant de noter la présence du concept de « jalousie » dans un domaine comme la mystique. Ainsi J.-L. Michon le reprend dans son *Glossaire de la mystique musulmane*, lorsqu'il évoque la vie du soufi marocain Ahmad Ibn 'Ajiba (1746-1809). Voici ce qu'il écrit : « *Al-Ghyra* : La jalousie, c'est répugner à voir son aimé auprès d'autrui [...] Il n'y a, dans l'existence, que la jalousie divine, laquelle pénètre dans les lieux épiphaniques. La jalousie qui s'exerce vis-à-vis des personnes (des âmes) est celle du vulgaire, qui est jaloux des atteintes à l'honneur du foyer ; la jalousie vis-à-vis des cœurs est celle des gens d'élite : ils sont jaloux que leur cœur n'incline vers un autre que leur Bien-Aimé ; la jalousie vis-à-vis des esprits et du tréfonds des cœurs *(ar-wâh, astâr)* est celle des élus de l'élite : ils sont jaloux que leur esprit ne se tourne vers autre chose que le Bien-Aimé et que l'Ami n'incline vers autrui », in *Le Sufi marocain Ahmad Ibn 'Ajiba* (1746-1809) *et son mi'râj*. Paris, Libr. philosophique Vrin, 1973, p. 200.

4. Le Coran indique que les menstrues sont une « infirmité » suffisamment grande pour éloigner de la femme les hommes qui pourraient s'en approcher : « ... Tenez-vous à l'écart des femmes pendant les menstrues et n'en approchez que lorsqu'elles seront purifiées » (Sourate II, 222). En outre, il est exclu que la femme prenne le Livre saint entre ses mains ou qu'elle récite quelques passages (hormis ceux qui écartent le démon !), « de séjourner dans la mosquée (ou même de la traverser) » (*Encyclopédie de l'Islam*, art. *Hayd*). On sait par ailleurs que les jours du

Ramadhan où la femme a ses règles ne lui sont pas comptés et qu'elle est tenue à en marquer la différence en mangeant normalement. Sa prière également n'est pas valable. Enfin, tout ce qui touche aux lochies *(nifâs)* est entouré de tabous divers et entraîne des périodes de retraite, ponctuées par autant de pratiques purificatoires. Il serait vain de citer toutes les interdictions qui concernent la femme. Il faut simplement se référer aux *Traditions islamiques* de Bokhâri, *op. cit.* et à *La Risâla* de Al-Qayrawânî, également cité. Mais, il y en a d'autres.

5. Mais la *hichmâ* peut avoir un versant moral. « L'inconduite de la femme, écrit B. Farès, auteur de *L'honneur des Arabes avant l'Islam* (Paris, Libr. Adrien-Maisonneuve, 1932) faisait affront à sa famille. Quand un poète composait des poésies amoureuses en l'honneur d'une jeune fille, les Arabes estimaient que cette dernière était déshonorée et que la réputation de son père était salie. [...] Le mari se vantait de la pureté des mœurs de sa moitié, bien plus que de son propre courage. [...] D'autre part, la femme vertueuse qui ne perdait point la réputation de son père ni celle de son frère était magnifiée » (p. 76).

6. « ... Nous déclarons, écrit Miskawayh au tout début de l'Islam, que le premier trait physiognomonique qu'il faille relever chez l'enfant et prendre comme indice de son intelligence, c'est la pudeur. [...] Si tu regardes un enfant et t'aperçois qu'il est pudique, qu'il baisse le regard à terre, ne porte pas l'effronterie sur son visage, ne te fixe pas des yeux, c'est un premier indice de son excellente nature... », in *Traité d'Éthique (Tahdib al-'Akhlaq wa Tathir al-'A-Raq)*, trad. M. Arkoun, Damas, Institut français de Damas, 1969, p. 93.

7. *Cf.* notre ouvrage, *Le corps dans la tradition au Maghreb*, Paris, PUF, 1984, p. 38 et 50.

8. In *Le personnalisme musulman*, Paris, PUF, 1967, p. 14.

9. C'est dans le folklore populaire que nous rencontrons les témoignages les plus vivants de cette hypervirilité. Voici un petit chant de noces visant à préparer psychologiquement la jeune mariée à recevoir son « sultan » : « Donne-nous ta main/Pour que nous l'enduisions de henné. Dénoue ta longue ceinture/De soie rehaussée

de fils d'or. De son pas de sultan, Ali va monter/Vers la chambre nuptiale ! » (M.-T. Amrouche, *Le grain magique*, Contes, poèmes et proverbes berbères de Kabylie, Paris, Maspero, 1966, p. 209).

10. M.-S. Belguedj, *La médecine traditionnelle dans le Constantinois*, Strasbourg, Université de Strasbourg, 1966, p. 157.

11. « À l'impuissant, on laisse un délai d'un an (pour consommer le mariage). Si, durant ce délai, il arrive à coïter, c'est fort bien. Sinon, la séparation (judiciaire) interviendra, si la femme le désire » (selon Ibn Abî Zayd Al-Qayrawânî, *La Risâla*, *op. cit.*, p. 187).

12. Procédé populaire dont la signification est à la fois de sceller l'union de chair entre les jeunes mariés et surtout d'informer l'ensemble des voisins et proches de l'issue favorable de la nuit de noces. Ainsi l'honneur de la famille est-il sauf.

13. *Cf.* J.-M. Sutter et Y. Pelicier, « Mariages et psychoses nuptiales en milieu algérien musulman » in *Mariage et Célibat*, Actes du IIIe Congrès de l'Ass. cathol. intern. d'études médico-psychologiques, Paris, édit. du Cerf, 1965, p. 111-116. Dans la lignée d'une psychiatrie traditionnelle, ces auteurs omettent de mentionner la conflictualité sous-jacente au tableau symptomatique qu'ils décrivent. Évoquant les schizophrénies consécutives ou contemporaines au mariage ils disent ceci : « Le plus souvent, il s'agit de psycho-névroses réactionnelles qui revêtent la forme d'états d'agitation anxieuse plus ou moins richement délirante, souvent marqués d'une touche confusionnelle. Plus rarement, le tableau évoque celui d'une manie aiguë » (p. 111).

14. « Même à propos de l'Au-delà, la puissance masculine reste l'objet d'un grand souci. On essaye de la décrire quantitativement et qualitativement. Elle sera, d'après le Prophète ou ceux qui lui auraient attribué certains *hadiths*, égale à celle de cent hommes d'ici-bas. C'est dans la même journée que l'homme accomplira l'acte avec cent vierges. S'il revient vers elles il les trouvera vierges de nouveau. Bref, il aura "un organe inlassable et un désir [sexuel] ininterrompu" » T.L. Djedidi, *La poésie amoureuse des Arabes*, *op. cit.*, p. 100.

15. « Image terrible du père : *Ab*, écrit A. Bouhdiba, colosse, puissance, sérieux, pouvoir, tout se mêle et se combine pour dresser une véritable muraille entre l'enfant et son père », in *La sexualité en Islam*, *op. cit.*, p. 267.

INDICATIONS BIBLIOGRAPHIQUES

Abd-Ar-Raziq A., *La femme au temps des Mamlouks en Égypte*, Le Caire, Institut français d'archéologie orientale, 1973.

Abraham K., *Œuvres complètes*, Paris, Payot, 1966.

Ait Sabbah F., *La femme dans l'inconscient musulman*, Paris, Le Sycomore, 1982.

Allard M., Elzière M., Gardin J.-Cl., Hours F., *Analyse conceptuelle du Coran sur cartes perforées*, La Haye-Paris, Mouton & Cie/EPHE, 1963, t. 1, *Code*; t. 2, *Commentaire*.

Amrouche M.-T., *Le grain magique*, Paris, F. Maspero, 1966.

Al-Djawbari 'Abd al-Rahmâne, *Le voile arraché*, L'autre visage de l'Islam, II, chapitre XXX : « Des femmes expertes en ruse, astuce, tromperie et effronterie », Paris, Phébus, trad. R. Khawam, 1980.

Al-Muqaddasi, *Description de l'Occident musulman au IVe-Xe siècle*, trad. par Charles Pellat, Alger, Éd. Carbonel, 1950 (texte arabe et traduction).

Al-Qashani, *Traité de prédestination et de libre arbitre*, trad. Saint-Guyard, Paris, Éd. Orientales, 1978.

Al-Qayrawânî Ibn Abî Zayd, *La Risâla* ou Épître sur les éléments du dogme et de la foi de l'Islâm selon le rite mâlikite, trad. L. Berchet, Alger, Éd. Carbonel, 1949.

AL-SOUYOUTI ('Abd al-Rahmane Ibn Bakr), *Nuits de noces* ou Comment humer le doux breuvage de la magie licite, tract. R. Khawam, Paris, Albin Michel, 1972.

AL-TÎFACHÎ (Ahmad), *Les délices des cœurs*, trad. de R. Khawam, Paris, J. Martineau, 1971.

AUZIAS J.-M., « Ni vierge, ni martyre : tentative de description anthropologique de la femme vivaraise », in *Femmes corses et femmes méditerranéennes*, Colloque d'Ajaccio, 1976 ; Éd. Maison de la Culture de la Corse, *Études corses*, nº 6-7, p. 80-97.

AZRIÉ A., *L'épopée de Gilgamesh*, Paris, Berg International, 1979.

BACHELARD G., *La psychanalyse du feu*, Paris, Gallimard, 1938.

BASSET H., *Le culte des grottes au Maroc*, Alger, J. Carbonel, 1920.

BELGUEDJ M.-S., *La médecine traditionnelle dans le Constantinois*, Strasbourg, Impr. Cultura, Wettem, 1966.

– « Le chapelet islamique et ses aspects nord-africains » in *Revue des Études islamiques*, 1962/2, p. 291-322 (tiré à part, Paris, Libr. Orientaliste P. Geuthner, 1969, 30 p.).

BEN JELLOUN T., *La plus haute des solitudes* « Misère affective et sexuelle d'émigrés nord-africains », Paris, Seuil, 1977.

BENSCHEIKH Dj.-Éd., « Poésies bachiques d'Abû Nuwâs, Thèmes et personnages » in *Bull. d'Études orientales*, Damas, t. XVIII, 1963-1964, p. 7-84.

– *Le rationalisme d'Ibn Khaldoun*, Extraits de la *Muqaddima*, Alger, Centre pédagogique maghrébin, Hachette, 1965,

– « Les Mille et Une Nuits » in *Encyclopaedia Universalis*, vol. II, 1980, p. 29-30.

BERTHELLIER R., « Tentatives d'approche socioculturelle de la psychopathologie nord-africaine » in *Psychopathologie africaine*, Dakar, vol. V, nº 2, 1969, p. 171-222.

BETTELHEIM B., *Les blessures symboliques*, Essai d'interprétation des rites d'initiation, Paris, Gallimard, 1971.

BIBLE (LA), *Ancien Testament*, trad. et notes Éd. Dhorme, Paris, Gallimard, coll. La Pléiade, 1967.

BITTARI Z., *Ô mes sœurs musulmanes, pleurez !* Paris, G.-P. Maisonneuve, 1964.

BLACHÈRE R., « Les principaux thèmes de la poésie érotiques au siècle des Umayyades de Damas », in *Annales de l'Institut d'Études orientales*, t. V, 1939-1941, 82-128.

– *Introduction au Coran*, Paris, G.-P. Maisonneuve et Larose, 1977.

– *Le Coran*, traduction et notes, Paris, G.-P. Maisonneuve-Max Besson, 1957.

BONAPARTE M., *La sexualité de la femme*, Paris, PUF, 1951.

BONNAFONT, *La femme arabe dans la province de Constantine*, Paris, E. Maillet, 1977.

BORRIS G., *Les cérémonies du mariage*, Paris, Impr. Nouvelle de France, 1951.

BORRMANS M., « Perspectives algériennes en matière de droit familial » in *Studia Islamica*, Paris, XXXVII, 1973, p. 129-153.

– *Statut personnel et famille au Maghreb de 1940 à nos jours*, Paris, La Haye, Mouton édit., 1977.

BOUCEBCI M., « Multiparité, mutations socioculturelles et psychopathologie », in *Confrontations psychiatriques*, nº 21 (Psychiatrie et cultures), 1982, p. 103-148.

Boudjedra R., *La répudiation* (roman), Paris, Denoël, 1969.

Boudot-Lamotte A., « L'expression de la malédiction et de l'insulte dans les dialectes arabes maghrébins » in *Arabica*, t. XXI, février 1974, fsc. 1, p. 53-71.

Bouhdiba A., « Le hammam, contribution à une psychanalyse de l'Islam » in *À la recherche des normes perdues*, Tunis, Maison tunisienne de l'édition, 1973.

– *La sexualité en Islam*, Paris, PUF, coll. Sociologie d'aujourd'hui, 1975.

Boullet J., *Le symbolisme sexuel dans les traditions populaires*, Paris, J.-J. Pauvert, 1961.

Bourdieu P., *Sociologie de l'Algérie*, Paris, PUF, coll. Que sais-je ?, 1970.

Bousquet G.H., *L'éthique sexuelle de l'Islam*, Paris, G.P. Maisonneuve et Larose, 1966.

Boutarfa S.-Éd., « Le voile », in *Ibla*, Tunis, t. XXVI, p. 297-321.

Brantôme (Pierre de Bourdeille dit), *La vie des Dames galantes* (XVIe s.), Paris, Le Livre de Poche, 1962.

Breteau Cl., Galley M., « La pastèque et le couteau », in *Littérature orale arabo-berbère*, Paris, CNRS/EPHE, 1970, p. 57-66.

Caillois R., *L'homme et le sacré*, Paris, Gallimard, 1963.

– *Le mythe et l'homme*, Paris, Gallimard, 1972.

Carboni Gl., Nobili D., *La mauvaise mère*, Phénoménologie et anthropologie de l'infanticide, Paris, Payot, 1977.

Castro L., Finder J., Tomkiewicz S., « La dysmorphophobie chez la jeune fille et son abord par le photodrame », in *Bull. de Psychologie*, XXVII, n° 309, 1973, 74, 1-4, p. 117-127.

CENTRE DE CRÉATION INDUSTRIELLE (C.C.I./Centre culturel G. Pompidou) Revue *Traverses*, n° 14-15, avril 1979, « Panoplies du corps »

CERVANTÈS, *La fausse tante*, Paris, Libr. J. Taillandier, 1903, p. 93-127.

CHAMLA M.-Cl., DEMOULIN F., *Croissance des Algériens de l'enfance à l'âge adulte* (région de l'Aurès), Paris, Éd. du CNRS, 1976.

CHAMPAULT F.-D., *Une oasis du Sahara nord-occidental : Tabelbela*, Paris, CNRS, 1969.

CHARNAY J.-P. et coll., *L'ambivalence dans la culture arabe*, Paris, Éd. Anthropos, 1967.

CHARRIÈRE C., *La signification des représentations érotiques dans les arts sauvages et préhistoriques*, Paris, G.-P. Maisonneuve et Larose, 1970.

CHASSEGUET-SMIRGEL J. *et alii.*, *Recherches psychanalytiques nouvelles sur la sexualité féminine*, Paris, Payot, 1964.

CHEBEL M., *Le corps dans la tradition au Maghreb*. Paris, PUF, 1984.

– *Le livre des séductions*, Paris, Lieu Commun, 1986.

CHELHOD J., *Les structures du sacré chez les Arabes*, Paris, G.-P. Maisonneuve et Larose, 1964.

– « Hidjab », in *L'Encyclopédie de l'Islam*, 2e édit., t. 3, 1971, p. 370-372.

CIVILISATION DE LA FEMME DANS LA TRADITION AFRICAINE (LA), Rencontre organisée par la Société africaine de culture, Paris, Présence africaine, 1975.

CLARK D., *Le nu*, Paris, Le Livre de Poche, 1969, 2 vol.

COLOGNE A., *L'escole des amans ou les questions d'amours*, augmenté de la *Boussole des amans*, chez P. Marteau, XVIIe siècle, cote B.N. Réserve p y2 2660.

CORAN (Le) : quatre traductions ont été utilisées :

celles de Blachère, de Hamidullah, de Kasimirski et de Masson. Également utilisé, le *Tafsîr al-Jalalaïn*, l'édition commentée en langue arabe.

CUISENIER J., « Endogamie et exogamie dans le mariage arabe » in *L'Homme*. t. II, n° 2, mai-août 1962, p. 80-105.

DE FONTANES M., « La situation de la femme en Italie méridionale » in *Femmes corses et femmes méditerranéennes*, Ajaccio, *Études corses*, 1976, n° 6-7, p. 98-113.

DE GUBERNATIS A., *La mythologie des plantes ou les légendes du règne végétal*, Paris, G. Reinwald et Cie, 1978.

DEHOÏ E.F., *L'érotisme des « Mille et Une Nuits »*, Paris, J.-J. Pauvert, 1960.

DEJEUX J., « Connaissance du monde féminin et de la famille en Algérie : essai de synthèse documentaire 1967-1974 », in *Rev. algérienne des sciences juridiques, économiques et politiques*, vol. V, n° 4, déc. 1968, p. 1247-1311.

DELACAMPAGNE Ch., « Orient et perversion » in *En marge, l'Occident et ses œuvres*, Collectif, Paris, Aubier-Montaigne, 1978, p. 137-150.

DE LENS A.-R., *Pratiques des harems marocains*, Paris, P. Geuthner, 1925.

DELUMEAU J., *La peur en Occident*, XIVe/XVIIIe siècle, Paris, Fayard, 1978.

DERMENGHEM R., *Vie des saints musulmans*, Alger, Baconnier, 1943.

– *Le culte des saints de l'Islam maghrébin*, Paris, Gallimard, 1954.

DERRIDA J., *La dissémination*, Paris, Seuil, 1972.

DESCAMPS M.-A., *Le nu et le vêtement*, Paris, Éd. Universitaire, 1972.

DFSCLOITRES R., DEBZI L., « Système de parenté et

structures familiales en Algérie », in *Annuaire d'Afrique du Nord*, Paris, CNRS, 1963, II, p. 23-59.

DEUTSCH H., *Psychoanalyse der Weiblichen Sexualfunktionen*, Leipzig-Wien-Zürich, Internationaler Psychoanalytischer Verlag, 1925, chap. VI : Der Deflorationsakt, p. 44-59.

– *La psychologie des femmes*, Paris, PUF, 1969.

– *Enfance et adolescence*, t. 2, *Maternité*, Paris, PUF, 1969.

DE VAUX R., « Sur le voile des femmes dans l'Orient ancien » in *Revue biblique*, Paris, n° 49, 1935, p. 397-412.

DEVEREUX G., *Ethnopsychanalyse complémentariste*, Paris, Flammarion, 1972.

DIB M., *Cours sur la rive sauvage* (roman), Paris, Seuil, 1964 ; *Habel* (roman), Paris, Seuil, 1977.

DICTIONNAIRE DES CIVILISATIONS AFRICAINES, Balandier G., Maquet J., et coll., Paris, F. Hazan, 1968.

DICTIONNAIRE ÉTYMOLOGIQUE DE LA LANGUE FRANÇAISE, Bloch O., Von Warburg W., Paris, PUF, 1975.

DICTIONNAIRE FRANÇAIS DE MÉDECINE ET DE BIOLOGIE, Manuila A., Manuila L., Nicole M., Lambert H. et coll., Paris, Masson et Cie, 1970, 4 vol.

DICTIONNAIRE DE LA MYTHOLOGIE GRECQUE ET ROMAINE, Grimal P., Paris, PUF, 1969.

DICTIONNAIRE DE POÉTIQUE ET DE RHÉTORIQUE, Morier H., Paris, PUF, 1975.

DICTIONNAIRE DES RELIGIONS, Royston Pike E., Adaptation française Hutin S., Paris, PUF, 1954.

DICTIONNAIRE UNIVERSEL DU XIXe SIÈCLE, Larousse P., Paris, Éd. P. Larousse, 1865, 17 vol.

DJEDIDI T.-L., *La poésie amoureuse des Arabes : le cas des 'Udrites*, Contribution à une sociologie de la littérature arabe, Alger, SNED, 1973.

DOUCET-BON L.-V., *Le mariage dans les civilisations anciennes*, Paris, Albin Michel, 1975.
DOUGLAS M., *De la souillure*, Essai sur les notions de pollution et de tabou, Paris, Maspero, 1971.
DOUTTE Éd., *Magie et religion dans l'Afrique du Nord*, Alger, Typo, A. Jourdan, 1909.
DOZY R., *Dictionnaire détaillé des noms de vêtements chez les Arabes*, Amsterdam, J. Müller, 1845.
– *Supplément aux dictionnaires arabes*, 2 vol., Leyde, E.-J. Brill 1881 (cote B.N., 8°02g.36).
DULAURE J.-A., *Les divinités génératrices*, Verviers, Bibliothèque Marabout, 1974.
DURKHEIM É., *Les formes élémentaires de la vie religieuse*, Paris, F. Alcan, 1912.

EIBL-EIBESFELDT I., *Éthologie, biologie du comportement*, Paris NED-Édit. scientifiques, 1972.
EL-BOKHARI, *Les traditions islamiques*, trad., index, notes de Houdas O., Paris, Libr. d'Amérique et d'Orient A. Maisonneuve, 1977, 4 vol.
ELLIS H., *Étude de psychologie sexuelle*, trad. A. van Gennep, Paris, Cercle du livre précieux, 1964, *Œuvres*, 10 vol.
EL MASRY Y., *Le drame sexuel de la femme dans l'Orient arabe*, Paris, R. Laffont, 1962.
EL SAADAOUI N., *La face cachée d'Ève*, Paris, Éd. des Femmes, 1982.
ENCYCLOPÉDIE DE LA DIVINATION, Le Scouézac (G.) *et alii.*, Madrid, H. Veyrier, 1973.
ENCYCLOPÉDIE DE L'ISLAM, Dictionnaire géographique, ethnographique et biographique des peuples musulmans. Houstsma Th., Wensinck E., Lévi-Provençal E., Amold T.W., Heffening W., *et alii.*, Leyde, E.J. Brill-Paris, A. Picard, 1916-1927. Coédition assurée maintenant par Maisonneuve-Larose (Paris), 6 vol. pour l'ancienne édition.

ENCYCLOPAEDIA UNIVERSALIS, Paris, Encyclopaedia Universalis France, 1968, 20 vol.

ENGELS F., *L'origine de la famille, de la propriété privée et de l'État*, Paris, Éd. Sociales, 1966.

FAHD T., *La divination arabe*, Études religieuses sociologiques et folkloriques sur le milieu natif de l'Islam, Leiden, E.-J. Brill, 1966.

FANON F., *Sociologie d'une Révolution* (L'an V de la révolution algérienne), Paris, Petite Collection Maspero, 1968 (1re édit. 1959).

FARES B., *L'honneur chez les Arabes avant l'Islam*, Paris, Libr. d'Amérique et d'Orient Adrien-Maisonneuve, 1932.

FEDIDA P., « L'extrémité du désir », in *Psychanalyse à l'Université*, t. 1, nº 2, mars 1976, p. 279-290.

FEKKAR Y., « La femme, son corps et l'Islam en Algérie », in *Le Maghreb musulman en 1979*, CRESM/CNRS, 1981, p. 135-146.

FERAUD L., « Notice sur les Oulad Abd-en-Nour » in *Ann. Soc. Archéol. Const.*, vol. VIII.

FERENCZI S., *Thalassa, psychanalyse des origines de la vie sexuelle*, Paris, Payot, 1969.

– « Mots obscènes, contribution à la psychologie de la période de latence », in *Œuvres complètes*, t. I, 1908-1912, Paris, Payot, 1968, p. 126-137.

FERRETTI C., *Sténose du méat urétral chez l'enfant et circoncision*, Paris, Éd. médicales et universitaires, 1971, 37 p. (thèse de médecine, Paris-V, nº 142).

FLAUBERT, « Novembre », in *Œuvres*, Paris, Gallimard, coll. La Pléiade, t. 2, 1952, p. 485-536.

FLIESS W., *Les relations entre le nez et les organes génitaux féminins, présentées selon leurs significations biologiques*, Paris, Seuil, 1977.

FLÜGEL J.-C., *The Psychology of clothes*, London,

The Hogarth Press and the Institute of Psychoanalysis, 5e édit., 1971.
FREUD S., *Trois essais sur la théorie de la sexualité* (Drei Abhandlungen zur Sexualtheorie-1905), trad. B. Reverchon-Jouve, Paris, Gallimard, 1971.
– *Le mot d'esprit et ses rapports avec l'inconscient* (Der Witz und seine Beziehung zum Unbewussten-1905), trad. M. Bonaparte et Nathan, Paris, Gallimard, 1971.
– *La vie sexuelle*, trad. J. Laplanche et coll., Paris, PUF, 1971, 5e édit. dont « Contribution à la vie amoureuse : III, Le tabou de la virginité » (Beiträge zur Psychologie des Liedeslebens ; III : Das Tabu der Virginität, 1918), trad. D. Berger, p. 66-80.
– « L'inquiétante étrangeté » (Das Unheimliche-1949), in *Essais de psychanalyse appliquée*, Paris, Gallimard, 1976, p. 163-210.
– « La tête de Méduse » (Das Medusenhaupt-1922), trad. J.-D. Nasio et J. Taillandier in ORNICAR ?, nº 5, hiver 1975-1976, p. 86-87.
– « De quelques mécanismes névrotiques dans la jalousie, la paranoïa et l'homosexualité » (Uber einige neurotische Mechanismen bei Eifersucht, Paranoïa und Homosexualität-1922), trad. J. Lacan, in *Rev. française de psychanalyse*, 1932, V, nº 3, p. 391-401.
– *Inhibition, symptôme et angoisse* (Hemmung, Symptom und Angst-1926), trad. M. Tort, Paris, PUF, 1971.
– *Névrose, psychose et perversions*, trad. J. Laplanche et coll., Paris, PUF, 1973.
FRIEDMAN L.-J., « Viginität in der Ehe, der Konflikt zwischen Liebe und Aggression », in *Psyché*, nº 17, 1963, p. 185-196.

GAIGNEBET Cl., *Le folklore obscène des enfants*, Paris, G.-P. Maisonneuve et Larose, 1974.

GALLEY/AOUDA, *Badr az-zîn et six contes algériens*, Paris, A. Colin, coll. « Classiques africains », 1971.

GARDET L., *Les hommes de l'Islam* (Approche des mentalités), Bruxelles, Éd. Complexe, 1984.

GAUDRY M., *La femme chaouia de l'Aurès*, Paris, Libr. Or. P. Geuthner, 1929.

– *La société féminine au djebel Amour et au Ksel*, étude de sociologie nord-africaine, Alger, Société Algérienne d'Impressions Diverses, 1961.

GAUTHIER X., *Surréalisme et sexualité*, préf. de J.-B. Pontalis, Paris, Gallimard, coll. Idées, 1971.

GESSAIN R., « Vagina Dentata » dans la clinique et la mythologie in *La Psychanalyse*, vol. 3, 1957, p. 247-295.

GHAZALI, *Le livre des Bons Usages en Matière de Mariage*, extrait de l'*Ih'ya' 'ouloum ed-Dîn* ou : Vivification des sciences de la foi, trad. L. Bercher et G. H. Bousquet, Paris, A. Maisonneuve-Oxford, Thornten and Son – Alger, Impr. de Giviauchain et Cie, 1953.

GOICHON A.-M., *La vie féminine au M'zab*, étude de sociologie musulmane, Paris, Libr. Orientaliste P. Geuthner, 1927.

GOMBROWICZ W., *Bakakaï* (contes), Paris, Denoël, coll. Lettres nouvelles, 1967.

GORDON P., *L'initiation sexuelle et l'évolution religieuse*, Paris, PUF, 1964.

GRANOFF W., *La pensée et le féminin*, Paris, Éd. de Minuit, 1976 (chap. « Membranes, pellicules : l'hymen », p. 186-204).

GREEN A., « De la bisexualité au gynocentrisme », postface aux *Blessures symboliques* de B. Bettelheim, Paris, Gallimard, 1971, p. 213-234.

GRODDECK G., *Au fond de l'homme, cela* (Le livre du ça), trad. L. Junel, Paris, Gallimard, 1963.

– *La maladie, l'art et le symbole*, Paris, Gallimard, 1969.

GROSRICHARD A., *Structure du sérail*, La fiction du despotisme asiatique dans l'Occident classique. Paris, Seuil, 1979.

HANRY P., *Érotisme africain*, Le comportement sexuel des adolescents guinéens, Paris, Payot, 1970.

HERBER J., « Tatouage du pubis au Maroc » in *Revue d'ethnographie et des traditions populaires*, Paris, Soc. française d'ethnographie, 1922, t. III, nº 912, p. 37-47.

HÉRODOTE, *L'enquête*, IV, Paris, Gallimard, coll. La Pléiade, 1964.

HEYMER A., *Vocabulaire éthologique* (all., angl., fr.), Berlin et Hambourg, Parey/Paris, PUF, 1977.

HORNEY K., *La psychologie de la femme*, trad. G. Rintzler, Paris, Payot, 1969.

IBN HAZM, *Le collier de la colombe (Taqw al-hamâma)*, trad. L. Berchet, Paris, Papyrus, 1983.

IBN KHALDOUN, *Histoire des Berbères et des dynasties musulmanes de l'Afrique septentrionale*, trad. Baron de Slane, t. 2.

– *Prolégomènes*, trad. Baron de Slane, Paris, L. Orientaliste P. Geuthner, 1936.

– *Discours sur l'histoire universelle*, *Al Muqaddima*, trad. V. Monteil, Paris, Sindbad, 1967-1968, t. 2.

ISRAËL L., *L'hystérique, le sexe et la médecine*, Paris, Masson, 1976.

JACQUES-MEUNIE D., *Le prix du sang chez les Arabes de l'Atlas*, Paris, Impr. Nouvelle, 1964.

JAMES E.O., *Le culte de la Déesse-Mère dans l'histoire des religions*, Paris, Payot, 1960.

JONES E., *Essais de psychanalyse appliquée*, t. 3 –

Psychanalyse, folklore et religion, trad. de l'anglais N. Pathé, Paris, Payot, 1973.
JOUAD H., LORTAT-JACOB B., *La saison des fêtes dans une vallée du Haut-Atlas*, Paris, Seuil, 1979.
JOUIN J., « Du langage imagé des citadines marocaines », in *Actes du premier Congrès d'études des cultures méditerranéennes d'influence arabo-berbère*, sous la direction de M. Galley, Alger, SNED, 1973, p. 365-370.

KASHAMURA A., *Famille, sexualité et culture*, Essai sur les mœurs sexuelles et les cultures des peuples des Grands Lacs africains, Paris, Payot, 1973.
KATEB Y., *Le cercle des représailles*, Paris, Seuil, 1959.
KHALIL (Ibn Ishaq ibn Ja'qoub al-Maliki), *Code musulman*, rite malékite, texte établi et trad. N. Seignette, Paris, A. Challamel, 1911.
KHATIBI A., *La blessure du nom propre*, Paris, Denoël, 1974.
KHAYYAM O., *Robaiyat*, trad. du persan par F. Toussaint, Paris, H. Piazza, 1940.
– *Rubaiyyat*, Téhéran, Amir-Kabir, 1961.
KLEIN M., *et alii.*, *Développements de la psychanalyse*, Paris, PUF, 1966.
KLEIST H. de, « La cruche cassée » in *Théâtre*, trad. de l'all. S. Geissler, Paris, Denoël, 1956, p. 193-259.

LABICA G., *Le rationalisme d'Ibn Khaldoun*, extraits de la *Muqaddima*, Alger, Centre pédagogique maghrébin-Paris, Hachette, 1965.
LACAN J., « Propos directifs pour un congrès sur la sexualité féminine », in *Écrits*, Paris, Seuil, 1966, p. 725-736.
LACOSTE-DUJARDIN C., *Dialogue de femmes en ethnologie*, Paris, Maspero, 1977.
LAGACHE D., « De l'homosexualité à la jalousie », in

La psychologie du criminel, *Œuvres*, II, 1947-1952, Paris, PUF, 1979, p. 97-112.

LAHBABI M.-A., *Le personnalisme musulman*, Paris, PUF, 1967.

LALANDE A., *Vocabulaire technique et critique de la philosophie*, Paris, PUF, 1968.

LAPLANCHE J., « La défense et l'interdit », in *La Nef*, n° 31, juil.-oct. 1967, p. 43-55.

– *Hölderlin et la question du père*, Paris, PUF, 1969.

– *Vie et mort en psychanalyse*, Paris, Flammarion, 1970.

– « Une métapsychologie à l'épreuve de l'angoisse » in *Psychanalyse à l'Université*, t. 4, n° 16, sept. 1979, p. 709-722.

– *Problématiques*, Paris, PUF, t. I, *L'angoisse* ; t. 2, *Castration-Symbolisation* ; t. 3, *La sublimation*, 1980.

En collaboration avec J.-B. Pontalis :

– *Fantasme originaire, fantasme des origines, origine du fantasme*, Paris, Éd. des Grandes-Têtes-Molles de notre époque (tiré à part de la revue *Les Temps modernes*, n° 215, avril 1964, p. 1833-1868).

– *Vocabulaire de la psychanalyse*, Paris, PUF, 1967, 5e édit., 1976.

LAPLANTINE F., *Les 50 mots clefs de l'anthropologie*, Toulouse, Privat, 1974.

LARGUECHE E., *L'effet injure*, Paris, PUF, « Voix nouvelles en psychanalyse », 1983.

LASCAULT G., *Figurées, défigurées, petit vocabulaire de la féminité représentée*, Paris, UGE, coll. 10/18, série « Esthétique », 1977.

LATAILLADE L., *Coutumes et superstitions obstétricales en Afrique du Nord*, Alger, Impr. G. Charray, 1936, 171 p. (thèse de médecine, Alger, 1936, n° 7).

LEDERER W., *Gynophobia ou la peur des femmes*, Paris, Payot, 1970.
LEGEY, *Essai de folklore marocain*, Paris, Geuthner, 1926.
LE GUERINEL N., « Les fantasmes de la relation thérapeutique dans une autre culture » in *Fantasme et formation*, Paris, Dunod, coll. Inconscient et culture, 1973, p. 140-149.
LEIRIS M., *L'âge d'homme*, Paris, Gallimard, 1972.
LEMSINE A., *Ordalie des* voix, Paris, Nlle Soc. des Éd. Encre, 1983.
LÉON-DUFOUR X., *Dictionnaire du Nouveau Testament*, Paris, Seuil, 1975.
LE ROY LADURIE É., « L'aiguillette », in *Europe*, mars 1974, p. 134-146.
LEVI-MAKARIUS L., *Le sacré et la violation des interdits*, Paris, Payot, 1974.
LÉVI-STRAUSS Cl., *Les structures élémentaires de la parenté*, La Haye-Paris, Mouton et Cie, 1967.
– *Anthropologie structurale*, Paris, Libr. Plon, 1958.
– *Anthropologie structurale II*, Paris, Libr. Plon, 1973.
LEWINTER R., *Groddeck et le royaume millénaire de Jérôme Bosch*, Paris, Éd. Champ Libre, 1974.
LITTMAN E., « Alf Layla wa-Layla », in *Encyclopédie de l'Islam*, 1975, t. I, p. 369-375.
LOPEZ-IBOR J.-J., « Conflits névrotiques et mariage » in *Mariage et célibat*, Paris, Éd. du Cerf, 1965, p. 99-110.
LOTHE H., « Au sujet du port du voile chez les Touaregs et les Teda », in *Notes africaines*, Dakar, n° 52, 1959, p. 108-111.
LUNEAU R., *Les chemins de la noce*, La femme et le mariage dans la société rurale au Mali, Lille, Université Lille-III, Service de reproduction des thèses, 1975.

MACHIAVEL, « La mandragore » (théâtre), in *Œuvres complètes*, Paris, Gallimard, coll. La Pléiade, 1952, p. 187-236.
MALINOWSKI B., *La sexualité et sa répression dans les sociétés primitives*, trad. J. Jankélévitch, Paris, Payot, 1967.
MARANZ G., « Les conséquences de la circoncision, essai d'explication psychanalytique de l'antisémitisme », in *Psyché*, nº 8, 1947, p. 731-745.
MARÇAIS W., « L'euphémisme et l'antiphrase dans les dialectes arabes d'Algérie », in *Orientalische Studien*, Theodore Nöldeke zum Siebzigsten Geburtstag (2 März 1906), Carl Bezold-esterband Gieszen-Verlag, Alfred Töpolmann, 1906, p. 425-438.
MARCHAND H.-F., « La défloration digitale vindicative en milieu musulman », in *Mélanges d'anthropologie et de sociologie nord-africaine*, Alger, Vollet, 1951, p. 157-165.
MARROU H.I., *Les troubadours*, Paris, Seuil, 1971.
MASSIGNON L., *Parole donnée*, Paris, UGE, coll. 10/18, 1970.
– *Idem*, Paris, Seuil, 1983, p. 273-280.
– *Diwân* de Al-Hallaj, Paris, Seuil, 1981.
MAZAHERI A., *La vie quotidienne des musulmans au Moyen Âge* (Xe-XIIIe siècle), Paris, Hachette, 1951.
MEAD M., *Mœurs et sexualité en Océanie*, Paris, Plon, 1963.
– *L'un et l'autre sexe*, Paris, Gonthier, 1966.
MERNISSI F., *Le harem politique*, Le Prophète et les femmes, Paris, Albin Michel, 1987.
MICHEA J., « Technologie culturelle », in *Ethnologie générale*, Paris, Gallimard, coll. La Pléiade, 1968, p. 823-880.
MICHON J.-L., *Le Sufi marocain Ahmad Ibn 'Ajiba*

(1746-1809) et son mi'râj, Paris, Librairie philosophique Vrin, 1973.

MIQUEL A., *L'Islam et sa civilisation* VIIe-XXe *s.*, Paris, Albin Michel, 1977.

MISKAWAYH, *Traité d'éthique (Tahdib ai-'Akhlaq wa tathir al'A-'Raq)* trad. M. Arkoun, Damas, Institut français de Damas, 1969.

MORÈRE M., *Influence de l'amour courtois hispano-arabe sur la lyrique des premiers troubadours*, Melun, Impr. Administrative, 1972.

M'RABET F., *La femme algérienne*, Paris, Maspero, 1979.

– « La femme dans le Tiers Monde : le cas du Maghreb », in *Encyclopaedia Universalis*, Paris, 1968, vol. 6, p. 1007-1010.

NABOKOV V., *Lolita*, Paris, Gallimard, 1959.

NAHAS H., *La femme dans la littérature existentielle*, Paris, PUF, 1957.

NEFZAOUI M., *Le jardin parfumé (Al-Rawdh el 'âter fi nuzhatiel-khâter)*, Tunis, Al-Manar, vers 1523 – texte en arabe –, trad. en français R. Khawam, Paris, Éd. Phébus, 1976.

NELLI R., *L'érotique des troubadours*, Paris, UGE, coll. 10/18, t. 2, 1975.

NEMECECK O., *Die Wertschätzung der jungfräulichkeit*, Wien, Asexl Verlag, 1953.

NICOLAS F., « Le voilement des Twaregs », in *Mémoires de l'IFAN*, Dakar, n° 10, 1950, p. 492-502.

NUNBERG H., « Tentative de rejet de la circoncision », in *Nouvelle Revue de Psychanalyse*, vol. 7, printemps 1973, p. 205-228.

OLIVIER J., *L'alphabet de l'imperfection et malice des femmes*, Rouen, J.B. Besongne, 1683, 456 p. (cote B.N. 8° Le Senne 4352).

ORTIGUES M.-C. et E., *Œdipe africain*, Paris, UGE-Plon, coll. 10/18, 1973.
OTTO W. F., *Dionysos, le mythe et le culte*, Paris, Mercure de France, 1969. Chap. 15 : « Dionysos et les femmes », p. 180-189.
OUGOUAG-KEZZAL C., « Le costume et la parure de la mariée à Tlemcen », in *Libyca*, Alger, n° 18, 1970, p. 253-268.

PAQUES V., *L'arbre cosmique dans la pensée et la vie quotidienne du Nord-Ouest africain*, Paris, Université de Paris-Institut d'ethnologie, 1964.
PAULME D., *La mère dévorante*, Essai sur la morphologie des contes africains, Paris, Gallimard, 1976.
PELLAT Ch., « Les esclaves-chanteuses de Gahiz », in *Arabica*, X2, 1963, p. 121-147.
PÉRÈS H., « La poésie à Fès sous les Almoravides et les Almohades », in *Hespéris*, t. XVIII, Fasc. I, 1934, p. 9-40.
– *La poésie andalouse en arabe classique au XIe s.*, Paris, Librairie d'Amérique et d'Orient A. Maisonneuve, 1953.
PESLE O., *La femme musulmane dans le droit, la religion et les mœurs*, Rabat, Éd. La Porte, 1946.
PESTALOZZA U., *L'éternel féminin dans la religion méditerranéenne*, Bruxelles, Revue d'études latines, 1965.
PLUTARQUE, *Iris et Osiris*, Trad. M. Meunier, Paris, Éd. de la Maisne, 1979.
PONTALIS J.-B., « L'insaisissable entre deux : bisexualité et différence des sexes », in *Nouvelle Revue de Psychanalyse*, n° 7, printemps 1973, p. 13-23.
– (en coll. avec J. Laplanche) *Vocabulaire de psychanalyse*, Paris, PUF, 1976.
POUILLON J., « Une petite différence ? », à la suite de *Les blessures symboliques* de B. Bettelheim, Paris, Gallimard, 1971, p. 235-247.

PREMARE A. de, « La mère et la femme dans la société familiale traditionnelle au Maghreb : essai de psychanalyse appliquée », in *Bull. de Psychologie*, XXVIII, 314, nº 1-6, 1974/75, p. 295-304.

PREMIERS PSYCHANALYSTES (LES), Minutes de la Société psychanalytique de Vienne, I, 1906-1908, édité par H. Nunberg et E. Federn, trad. de l'all. N. Schwab-Bakman, Paris, Gallimard, 1976, 424 p. (séance du 16 oct. 1907 : « De l'impuissance fonctionnelle »).

RADCLIFFE-BROWN A.R., *Structure et fonction dans la société primitive*, Paris, Éd. de Minuit, 1968.

RANK O., *Le traumatisme de la naissance, étude psychanalytique*, Paris, Payot, 1968.

RAVIS-GIORDANI G., « La femme corse dans la société villageoise traditionnelle : statuts et rôles », in *Femmes corses et méditerranéennes*, Colloque Ajaccio, Éd. Maison de la culture de la Corse, 1976 – *Études corses*, nº 6-7, p. 6-19.

REBOUL J., « La tache d'encre : sexualité féminine et névrose obsessionnelle » in *La Psychanalyse*, vol. 7, 1964, p. 201-211.

REED E., *Féminisme et anthropologie*, Paris, Denoël-Gonthier, 1979.

REIK Th., *Le rituel : psychanalyse des rites religieux*, Paris, Denoël, 1974.

RESCH Y., *Corps féminin, corps textuel*, essai sur le personnage féminin dans l'œuvre de Colette, Paris, C. Klincksieck, 1973.

RIVIÈRE J., « La féminité en tant que mascarade », trad. V. Smirnoff in *La Psychanalyse*, vol. 7, 1964, p. 257-270.

RIYA S. (pseud. de Rasid Pacha), *Harems et musulmanes, lettres d'Égypte*, Paris, F. Juvien, 1902.

RODINSON M., *Mahomet*, Paris, Seuil, 1968.

ROHEIM G., *Psychanalyse et anthropologie*, Culture, personnalité, inconscient, Paris, Gallimard, 1967.
– *Héros phalliques et symboles maternels dans la mythologie australienne* : Essai d'interprétation psychanalytique d'une culture archaïque, Paris, Gallimard, 1970.
– *Origine et fonction de la culture*, Paris, Gallimard, coll. Idées, 1972.
ROMI (pseud. de M. Robert), *Les maisons closes dans l'histoire, l'art, la littérature et les mœurs*, Paris, Éd. Berg, 1965, 2 tomes.
– *Mythologie du sein*, Paris, J.-J. Pauvert, 1965.
ROUSSEAU J.-J., *Œuvres complètes IV*, Paris, Gallimard, coll. La Pléiade, 1969 (« Émile ou de l'éducation », p. 245-877).

SAFOUAN M., *Études sur l'œdipe*, introduction à une théorie du sujet, Paris, Seuil, 1974.
– *La sexualité féminine dans la doctrine freudienne*, Paris, Seuil, 1976.
SERHANE A., *Les enfants des rues étroites*, Paris, Seuil, 1986.
SION S., *La circoncision : considérations historiques, sociologiques et médico-chirurgicales*, Paris, Dupuytren-Copy, 1970 (thèse de médecine, Paris n° 29).
SLAMIA M., *Contribution à l'étude de la circoncision : historique et technique*, thèse de médecine, Paris, 1950, n° 556,
SMITH P., « L'efficacité des interdits » in *L'Homme*, t. XIX, n° 1, janv.-mars 1979, p. 5-47.
SOLIE P., *Médecines initiatiques*, Aux sources des psychothérapies, Paris, Éd. Épi, 1976.
SONNECK M.-C., « Six chansons arabes en dialecte maghrébin », in *Journal asiatique*, juil.-oct., t. XIII-XIV, 1899.
SOURDEL D. et J., *La civilisation de l'Islam classique*, Paris, Arthaud, 1968.

Spies O., « Mahr », in *Encyclopédie de l'Islam*, Leiden, E.-J. Brill/Paris, C. Klincksieck, 1936, p. 142-144.

Spitz R., *De la naissance à la parole*, La première année de la vie, Paris, PUF, 1963.

Steckel W., *La femme frigide*, Paris, Gallimard, 1950.

Stocker A., « Essai psychanalytique sur la "Cruche cassée" de Greuze », in *Encéphale*, 1921, p. 78-84.

Sutter J.-M., Pelicier Y., « Mariage et psychoses nuptiales en milieu algérien musulman » in *Mariage et célibat*, Paris, Éd. du Cerf, 1965, p. 111-116.

Taal A., « Variations et usages du voile dans deux villes d'Iran », in *Objets et Monde*, Paris, II, 1970, p. 95-116.

Tabari, *Les prophètes et les rois*, De la création à David, Paris, Sindbad, 1984, p. 150/157.

Tillion G., « Les femmes et le voile dans la civilisation méditerranéenne », in *Mélanges Julien (Charles-André)*, Paris, PUF, 1964, p. 25-38.
– *Le harem et les cousins*, Paris, Seuil, 1966.

Tomiche N., « La femme en Islam », in *Histoire mondiale de la femme*, dir. P. Grimal, Paris, Nouvelle Librairie de France, 1974.

Toualbi N., *La circoncision, blessure symbolique ou promotion sociale*, Alger, SNED, 1975.
– « La circoncision, blessure narcissique ou promotion sociale », in *Bulletin de Psychologie*, XXVIII, 1974-1975, n° 1-6, p. 345-349.

Turki A.-M., « Femmes privilégiées et privilèges féminins dans le système théologique et juridique d'Ibn Hazm », in *Studia Islamica*, Paris, XLVII, G.-P. Maisonneuve et Larose, 1978, p. 25-82.

Vadet J.-Cl., *L'esprit courtois en Orient dans les cinq premiers siècles de l'Hégire*, Paris, G.-P. Maisonneuve et Larose, 1968.

VAN DER LEEUW G., *La religion dans son essence et ses manifestations*, Paris, Payot, 1970.
VAN GENNEP A., *Les rites de passage*, La Haye-Paris, Mouton, 1969.
VATIN C., *Recherches sur le mariage et la condition de la femme mariée à l'époque hellénistique*, Paris, Éd. E. de Boccard, 1970.
VATSAYANA, *Le Kama Soutra*, Manuel d'érotologie hindoue, Paris, M. Trinckel, 1973.
VERDIER F., *Façons de dire, façons de faire*, La laveuse, la couturière, la cuisinière, Paris, Gallimard, 1979.
VIAL C., *Le personnage de la femme dans le roman et la nouvelle en Égypte de 1914 à 1960*, Lille, Service de reproduction des thèses, 1974.

WALTHER W., *Femmes en Islam*, Paris, Éd. Sinbad, 1981.
WEININGER O., *Sexe et caractère*, Paris, L'Âge d'Homme, 1975.
WENSINK J., « Khitan », in l'*Encyclopédie de l'Islam*, Leyde, E.-J. Brill-Paris, A. Picard, 1927, p. 1013-1016.
WESTERMARCK E., *Les cérémonies du mariage au Maroc*, Paris, E. Leroux, 1921.
– *Survivances païennes dans la civilisation mahométane*, Paris, Payot, 1935.
WOLKOW T., « Rites et usages nuptiaux en Ukraine », in *L'Anthropologie*, 1891, t. 2, p. 408-437 ; 1892, t. 3, p. 541-588.
WORLD HEALTH ORGANIZATION (WHO) – REGIONAL OFFICE FOR THE EASTERN MEDITERRANEAN (EMRO), *Traditional practices affecting the health of women and children*, Female circumcision, childhood marriage, nutritional taboos, etc. Report of a Seminar, Khartoum, 10-15 février 1979.

ZARKA C., « Maison et société dans le monde arabe », in *L'Homme*, Paris, t. XV, nº 2, avril-juin 1975, p. 87-102.
ZERDOUMI N., *Enfants d'hier*, l'éducation de l'enfant en milieu traditionnel algérien, Paris, F. Maspero, 1970.

TABLE

Achevé d'imprimer en janvier 2006
par Novoprint (Barcelone)

Dépôt légal : janvier 2006

Imprimé en Espagne